U0580175

DANGDAI

ZHONGGUO

JIAZHI

JIAOYU

YANJIU

当代中国价值教育研究

石中英 / 丛书主编

价值品质论

崔岐恩 / 著

北京师范大学出版集团
BEIJING NORMAL UNIVERSITY PUBLISHING GROUP

北京师范大学出版社

序

　　2022 年 10 月，党的二十大胜利召开，习近平总书记在大会上作了《高举中国特色社会主义伟大旗帜 为全面建设社会主义现代化国家而团结奋斗》的报告。报告明确提出新时代新征程中国共产党的使命任务："从现在起，中国共产党的中心任务就是团结带领全国各族人民全面建成社会主义现代化强国、实现第二个百年奋斗目标，以中国式现代化全面推进中华民族伟大复兴。"①为团结带领全国各族人民更好地朝着第二个百年奋斗目标努力，习近平总书记特别指出，要在全社会广泛践行社会主义核心价值观，"社会主义核心价值观是凝聚人心、汇聚民力的强大力量"②，并就新时代如何广泛践行社会主义核心价值观作出具体指示：要弘扬以伟大建党精神为源头的中国共产党人精神谱系，用好红色资源，深入开展社会主义核心价值观宣传教育，深化爱国主义、集体主义和社会主义教育；突出

———————————

　　①　习近平：《高举中国特色社会主义伟大旗帜 为全面建设社会主义现代化国家而团结奋斗》，21 页，北京，人民出版社，2022。

　　②　习近平：《高举中国特色社会主义伟大旗帜 为全面建设社会主义现代化国家而团结奋斗》，44 页，北京，人民出版社，2022。

理想信念教育在社会主义核心价值观教育中的首要地位，推动理想信念教育常态化制度化，持续抓好"四史"（党史、新中国史、改革开放史、社会主义发展史）教育，引导广大人民包括青少年知史爱党、知史爱国，不断坚定中国特色社会主义的共同理想；要努力用社会主义核心价值观铸魂育人，构建大中小学一体化的思想政治教育工作体系；要坚持依法治国和以德治国相统一，将社会主义核心价值观纳入法治建设、融入社会发展、融入日常生活。这些重要论述，为党的二十大之后深化社会主义核心价值观教育乃至全部的价值观教育提供了思想遵循和实践指南。有了这些重要思想的指引，未来我国的社会主义核心价值观教育必将进一步深化、具体化和生活化，成为全体人民全面建设社会主义现代化强国的精神纽带，为亿万青少年成长为堪当民族复兴大任的时代新人指明价值方向。

价值观教育是立德树人和全面发展教育的重要组成部分，也可以说是一个核心的部分。德智体美劳"五育"都肩负着价值观教育的重任，价值观教育与健康人格的培育也有内在的关联。健康和高尚的人格其实就是正确、积极和高尚的价值观的内化和主体化。也正因为这样，古今中外的教育莫不重视价值观教育。就是那些宣称不赞成学校进行价值观灌输的学者们，其实也是在以一种"不教"（不直接灌输）的方式进行某种特定的价值观教育。从这个角度来说，不存在不进行任何价值观教育的学校，学校教育永远不可能在价值观的真空中进行。至于学校进行何种价值观教育，则完全取决于学校所处的时代和社会背景。在不同的时代、不同的社会背景中，人们接受着不同的价值观教育。学校的价值观教育，往往与社会上占主导地位的价值观具有高度的一致性。这是一个显而易见的社会事实。就我国而论，古代社会的价值观教育当然不同于近代和当代社会的价值观教育，社会制度不同，学校里开展的价值观教育的目的、内容、途径和方法当然也会不同。就西方而论，古希腊时期学校所重视的核心价值观、古罗马时期所重视的核心价值观，以及后来中世纪所重视的核心价值观、文艺复兴时期学校所重视的价值观和近代资产阶级革命时期学校所重视的价值观也都存在很大的不同。社会生产力与生产关系的基础变了，占主导地位的价值观自然会发生很大的变化，学校里所开展的价值观教育也会发生相应的变化。这体现了价值观和价值观教育的历史性、社会性。那种认为从古到今、从中到外，存在一种永恒不变的、普遍合理的价值观体系和价值观教育模式的观念，是不符合历史与社会事实的。

当然，在看到价值观和价值观教育的历史性与社会性的同时，并不意味着否认不同时期价值观和价值观教育的继承性，以及不同社会背景下价值观和价值观教育的共同性。在任何一个社会中，学校里所开展的价值观教育都有着源远流长的传统，虽然很多价值观的内涵和外延随着时代变迁发生了很大的变化。不同社会背景下学校里开展的价值观教育，也常常有许多共同的地方，虽然大家对同样一种价值观的理解和行为表现方式存在差异。在价值观教育实践中，处理好古与今、中与外、抽象与具体、变与不变等的关系，是教育者的一项基本任务。

　　我国的学校非常重视价值观教育，这也是一个不争的事实。只不过，在党的十八大之前，价值观教育并没有作为教育实践的一个相对独立部分被教育者、学习者认知，往往包裹在思想政治教育、道德教育、心理健康教育、智育、美育、体育、劳动教育等丰富多彩的教育实践活动中。思想政治教育中常常进行政治价值观、经济价值观和文化价值观的教育，如"爱党""爱国""爱人民""爱劳动""爱社会主义"以及"合法经营""文化宽容"等。道德教育当然主要是开展道德价值观的教育，这里面既包括一些政治价值观（"大德"），也包括一些社会价值观（"公德"），还包括一些个体价值观（"小德"或"私德"）。在心理健康教育中，也常常开展一些诸如"尊重""换位思考""自我悦纳""宽容"的价值观教育。至于智育、美育、体育、劳动教育，则更是包含着丰富的价值观教育内容。党的十八大之后，价值观教育作为教育的一个重要组成部分被提出来，有助于我们进一步增强对价值观教育重要性的认识，并且整合各育当中的价值观教育因素，形成学校整体的价值观教育行动框架。党的十八大、十九大、二十大对社会主义核心价值观教育的重要论述和政策部署，为推动我国大中小学的价值观教育提供了重要的思想指导和政策支撑。

　　人的价值观形成是有规律的，以此为基础，学校的价值观教育也是有规律的。违背人的价值观形成和学校价值观教育的规律，价值观教育的有效性就会大打折扣。如以前教育界常常批评的"小学讲共产主义，中学讲社会主义，大学讲人生观教育"的现象，究其实质而言，就是没有能够很好地反映一个人的政治价值观和人生价值观形成的规律，出现了某种价值观教育目标、内容、途径和方法的"倒置"现象，最终难以在青少年心中形成正确的、稳定的价值观体系，并影响到他们的健康成长。又如，在价值观教育中，培育学生的价值理性，帮助学生形成在多种价值观中进行比较、分析、判断和选择的能力至关重要。但是，以往的价值观教育往往不太注重价值理性的培育，导致学生不知道如何分析不同的价值观，在各种价值观面前缺少分辨力和判断力，容易受到不良价值观的影响。再如，对青少年学生的价值观教育，有直接和间接两种途径。直接途径就是开展价值观教学，围绕某些价值主题开展学习，这是思想政治课或道德与法治课的任务。间接途径则是通过整个学校的生活方式开展潜移默化的价值观教育。从这个角度来说，学校的文化、制度等都具有价值观教育的意义，提高学校校长和教师的价值领导能力就变得至关重要。在全党全社会都非常重视青少年价值观教育的今天，加强对人的价值观形成规律和价值观教育规律的研究，探索人的价值观形成和学校价值观教育（包括某些特定价值观教育）规律的研究，就变得极其重要。

正是基于上述政策背景和实践考虑，我们组织出版了"当代中国价值教育研究丛书"。这套丛书从主题上看，都是研究价值观教育问题的，其中有研究教育中的价值判断问题的，有研究价值理性及其培育的，有研究共同价值培育的，有研究价值品质的，有研究儿童宽容价值体验的，有研究儿童正义感及其培育的，有研究学校决策中的价值准则与价值追求的，还有研究教师的价值教育意识的。这些主题都非常前沿，在理论上有较好的创新性，整体而言是对新时代我国价值观教育理论研究的贡献。在这套丛书中，我自己承担了《价值教育哲学导论》一书的撰写，该书试图系统地讨论价值（观）教育的哲学基础问题，建构价值教育哲学的基本框架，并对当前我国价值教育实践中的一些基本问题和重大问题开展哲学分析。我衷心地希望该丛书的出版能够为新时代我国大中小学的价值观教育，特别是社会主义核心价值观教育的开展提供一些可资借鉴的理论资源，能够激发更多的学者特别是青年教育学者参加到价值观教育的理论、政策和实践研究中来。丛书在充分借鉴国外价值观教育理论成果的同时，着力构建中国本土的价值观教育理论体系，更好地服务新时代社会主义核心价值观教育，以期培养和造就德智体美劳全面发展的社会主义建设者和接班人。

丛书的出版得到了北京师范大学出版社教师教育分社社长郭兴举编审和鲍红玉编辑的大力支持。在此我代表丛书作者对两位老师的策划和辛勤付出表示衷心的感谢。由于水平有限，丛书中难免存在不足，敬请各位读者批评指正！

石中英

2022 年 11 月 24 日

前　言

自 2006 年 10 月党的十六届六中全会提出系统的社会主义核心价值体系以来，价值研究成为我国政界和学界的一个重要研究领域。《国家中长期教育改革和发展规划纲要（2010—2020年）》明确提出立德树人，把社会主义核心价值体系融入国民教育全过程；加强马克思主义中国化最新成果的教育，引导学生形成正确的世界观、人生观、价值观；培养学生诚实守信、团结互助、艰苦奋斗、遵纪守法的良好品质。2016 年 12 月，中共中央办公厅、国务院办公厅印发了《关于进一步把社会主义核心价值观融入法治建设的指导意见》，就社会主义核心价值观融入法治建设做了具体部署。2017 年 10 月，党的十九大对培育和践行社会主义核心价值观提出新要求，指出"培育和践行社会主义核心价值观，要以培养担当民族复兴大任的时代新人为着眼点"。2018 年 3 月，"国家倡导社会主义核心价值观"被写入宪法，社会主义核心价值观成为国家意志的体现。2021年 3 月，十三届全国人大四次会议通过的《中华人民共和国国民经济和社会发展第十四个五年规划和 2035 年远景目标纲要》

将"社会文明程度得到新提高"确立为"十四五"时期经济社会发展主要目标。

价值教育的直接目的是培育价值品质，然而何为价值品质？这既是教育命题也是伦理学题材，人们既熟悉而又不甚清晰。搞清"价值品质是什么"成为培育价值品质的前提。

价值、价值品质、价值教育直接关涉人的精神世界，是关于教育培养什么人、怎样培养人的重大问题。价值品质研究使笔者廓清迷思，重拾信心。关于价值原则与价值品质、价值原则与价值智慧的关系的解析，将为推进价值教育实践起到基础性作用。

本书以对品质的概念分析为切入点，首先对品质和价值品质做了基本界定，然后采取由古到今、从内到外、从存在到生成的逻辑顺序展开。

本书写作的目的在于以品质论和规范论作为理论资源，对价值实践和价值教育中存在的品质问题、影响教育效果的关键要素和参量进行伦理学考察，探索提高价值教育效果的内在机理与活动机制，建立一种以品质论为主线的价值教育哲学，为优化我国价值教育的实践提供基础性理论支持，进一步丰富价值教育理论体系、优化学校价值教育实践。

崔岐恩

2022 年 10 月

目　录

第一章

品质与价值品质

　　亚里士多德以"何谓善"的问题导入其博大精深的伦理学研究，他对该问题的回答是："一种合乎德性的灵魂的活动。"在亚里士多德看来，德性是体现在习惯性活动中的性格或品质特征。因此，"什么样的品质使人成为道德上的好人?"或"为了培养品质，人应当怎样生活?"等问题成为亚里士多德伦理学的起点和核心问题。本研究试图挖掘"正当而行"的内在依据或曰个体心理特征，因此，本研究的逻辑起点也是品质，进而阐释怎样的品质才是令人景仰的良品。

第一节　品质的概念与实质

一、品质的词义解析

人和事物所具有的各种优秀性状，可由 arete 一词来表示，即古希腊所谓"良品"①。在现代希腊文中，hexis（复数是 hex-eis）就表示人的"品质"，它从动词"有"（hekein）而来，字面意义是 a having。英译本通常把 hexis 译为 character 或 disposition（倾向、性格、气质、性情）。②"品质"一词的英汉双解是：（1）character of people，指人的行为和作风所展示的思想、品性、认识等实质，如某人品质高尚。（2）character of things，指东西的质量，如某个超市的货物品质值得信赖。我们发现，这两个英语解释的核心词是不一样的，但是汉语语境里，两者没有明显的界限。从目前的文献看，英语中表示"品质"的 5 个常用词是 character，trait，quality，attribute，virtue。这 5 个词在《牛津在线词典》等词典中与"品质"有关的解释摘录如下。

Character：个人独特的心理和道德素养（the mental and moral qualities distinctive to an individual）；某个东西的特性（the distinctive nature of something）；道德的力量、品格（moral strength）。该词起源于中世纪英语，由拉丁语和法语词逐步演化而来。在 16 世纪早期，其意思同"独特的标记""特征""与众不同的品质"等。

Trait：某个人显著的品质或特征（a distinguishing character or characteristic，typically one belonging to a person）；由基因所决定的性征（a genetically determined characteristic）。该

---

① 良品或德性的概念最初用来描绘诸神的优越性，后来用于歌颂英雄人物的勇敢，再后来用于称赞城邦生活中表现出色的公民品质，最后用于赞扬任何生命物的好特征。

② 任继琼：《论亚里士多德的德性是品质》，载《天府新论》，2009(3)。

词 16 世纪中期来源于法语，由拉丁语 tractus 演化而来。早期意思是"图画中钢笔或铅笔的线条"，在 18 世纪中期其意思变迁为"特定功能的心态或性格"。

Quality：作为衡量其他相似物的标准；卓越的东西（the standard of something as measured against other things of a similar kind；the degree of excellence of something）；某人或某事独特的品质或特征（a distinctive attribute or characteristic possessed by someone or something）。该词起源于中世纪英语，意思同 character，指特征、特性，由拉丁语 qualitas 和法语词 qualité 逐步演化而来。

Attribute：品性、属性、本性（a character or feature regarded as a characteristic or inherent part of someone or something）。该词起源于 15 世纪晚期，由拉丁语 attributus 和法语词 attribut 逐步演化而来。

Virtue：被认为是人的道德善或值得拥有的良好品质（a quality considered morally good or desirable in a person），如耐心是一种良品（patience is a virtue）；东西的好或者有用的品质（a good or useful quality of a thing）。该词从古代法语进入中世纪英语，最早来源于拉丁语的"男子气概"和"道德完满"，是古希腊伦理学中的常用词。

从以上 5 个词的解释和词源可以得出 4 个结论：（1）character 与 quality 更接近，侧重于后天的、经过某种过程之后的结果式品质；而 trait 与 attribute 更接近，侧重于先天的、固有的品质。(2)5 个词中，只有 trait 可以表示贬义的品质；quality 含有比较强烈的正向价值偏好，即"优秀品质"；virtue 含有最高程度的价值偏好，即"卓越品质"。(3) character、quality、attribute、virtue 都可以表示伦理道德意义上褒义的品质，但 character、quality 指经过教育或实践体验之后形成的品质，attribute 所指品质为性善论意味下人性所固有的，而 virtue 所指品质是先天禀赋和后天获得的综合。(4)品质的对象既可以是人也包括物。其共同内涵可概括为"内在的稳定特性"。这种"特性"从品质的词源看应该是一种客观状态，即"价值中立"。

这里需要强调，根据以上解析，当需要明确表示"卓越""优良"的品质时，则用 virtue(应该译为"美德"而非很多文献误译为的"德性")。当我们研究教育实践和其作用对人的效果时，应该用 character 或 quality。其实，在中文语境的习惯用法中，一般将 character 翻译为品格、人格，如品格教育(character education)；而 quality 多翻译为素质、素养，如素质教育(quality education 或 quality-oriented education)。在国外的伦理、道德、教育研究领域，character 也是一个高频词语。

二、心理学视域的品质

根据以上第四项结论，品质作为人的"内在的稳定特性"，应该包含人的心理品质、身体品质、文化与价值品质等。其中，心理品质与心理学中的一个核心概念"个性"(personality)

内涵基本一致。个性一直是心理学研究最重要也是最复杂的领域之一，是指个体心理特征和心理倾向的总体性心理面貌。心理倾向性指人所具有的意识倾向，是人们各种活动或行为的原始动力，它决定着人们对现实的态度以及对实践对象的趋向或选择。心理倾向性在内外各种因素作用下如果"固化"则成为个性心理特征。个性心理特征呈现出个体总体心理面貌的独特性，是一个人经常地、稳定地表现出来的心理特点（含气质、性格、能力）。①

所以，心理学视域中的品质是指一个人稳定的、概括的心理倾向和心理特征。其成分多样，包含偏好、动机、欲望、观念、能力、气质、性格等。品质在认知、情感、意志和行为活动过程中表现出来，是将人与人区别开来的重要标志。人的品质既有先天禀赋，又有后天获得的第二天性，是自然性与社会性、稳定性与可塑性在个体身上的统一。教育这一社会历程使人的部分先天劣性品质转化为良品，所谓去伪存真、化性起伪、扬善去恶、转识成智。然而人成长的曲折性和境遇的复杂性，也可能令先天的、遗传的优良品质逐渐凋蚀。品质不同成分的稳定性各不相同，如能力品质（直接影响活动效率的个性特征，表现为知识、技能迁移的速度、广度和深度等）能够通过环境、主观能动性和教育较快地改变，但是气质品质、性格品质则较难改变。

---

① 叶奕乾、何存道、梁宁建：《普通心理学》，1～3 页，上海，华东师范大学出版社，1997。

国外心理学界、社会学界、教育学界很早就关注品质的研究。如苏联较早开展思维品质相关研究的心理学家有斯米尔诺夫(1957)、彼德罗夫斯基(1970)、波果斯洛夫斯基(1973)。美国心理学界对思维品质研究最有影响的学者是吉尔福特(1967—1991)，他提出创造性思维品质包含 6 个因子：流畅性、敏感性、独创性、灵活性、细致性和再定义能力。欧美心理学家在此基础上从思维的深度、周密度、速度三个维度深化思维品质研究并发掘品质的培养途径和方法等。约翰·斯图亚特·密尔于 1843 年筹划创立一门新的学科——品质学(ethology)①，探究联想主义心理学视域的不同种族之品质。②

中国心理学界自 20 世纪 20 年代就开始研究心理品质，如陈大齐、廖世承、肖孝嵘等。新中国成立后，著名学者朱智贤、章志光、李伯黍、林崇德、杨中芳等从多个角度探究品质问题。其中，朱智贤从独立性、批判性和深刻性方面揭示思维品质的实质，并探讨创造性思维的培养。李伯黍自 1978 年开始研究儿童道德品质和道德判断，开创了我国品德心理研究这一领域的先河。林崇德提出了思维品质的 5 个因素：独创性、灵活性、批判性、敏捷性和深刻性。沈国方等认为心理品质含意向和认识两方面的品质。③认知品质是关于速率和精确率的度量，其中速率的度量是单向量(→)，如思维品质，在精确前提

---

① Ethology 又译作品性论，派生于希腊文 ethos，释义为"品质"。
② 江畅：《论品质及其道德性质》，载《社会科学战线·伦理学》，2011(4)。
③ 沈国方：《心理品质之我见》，载《心理科学》，2003(3)。

下，应该是越快越好。而意向品质应该是双向量(←→)，两个极端都不好。例如，意志自制性品质(行为的自制程度方面的特征)就有一个恰当的度，自制程度太高，会缺少主见而扼杀创造性，自制程度过低，则易分心或放纵。近年对心理品质的某些方面开展了大量实证研究，如 2011 年南京师范大学于文华、喻平开发了《思维品质问卷》，并探讨个体思维品质和自我监控能力对数学学业成绩的影响模式。该调查显示思维品质直接影响数学学业成绩。①

总之，作为心理学中的核心概念，心理品质包含动态过程与静态特征两个维度。心理品质包含情绪情感品质、兴趣品质、动机品质、意志品质、思维品质、能力品质、气质品质、价值品质等。稳定的心理品质构成个性，决定人的心理发展水平，进而影响人的整个精神面貌。

三、伦理学视域的品质

从结构和特征来解析品质乃心理学的强项，伦理学借鉴了心理学的成果并认同"品质是一种心理特征和行为倾向"，但伦理学、教育学中多以"品格"论之，且主要关注品质保有者的善恶、幸福等问题。②人性的复杂性、多样性决定了人的品质的多维性。在人的各维度品质中，伦理品质是人之为人的最重要的

---

① 于文华、喻平：《个体自我监控能力、思维品质与数学学业成绩的关系研究》，载《心理科学》，2011(1)。

② 品格是包含有价值追求的、与他人和社会相关的认知、情感和行动的倾向性。人们的品格是基因、环境和自我互动的结果，人们在很大程度上能够对自己品格的形成负责任。参见张亚月：《道德品格与实践智慧》，博士学位论文，北京大学，2008。

一项特征。伦理品质即与善恶、正当与不正当有关的内在稳定的、人的性质与特征。人们将那些更有利于他者和共同体的品质看作道德品质。古希腊德性伦理学家深切认识到品质具有道德意义，故把品质当作伦理学的最重要研究对象。

伦理品质中，最核心的便是道德品质。伦理品质既有关于道德的（moral），如道德品质（即具有道德评价意义的心理及行为的特点和倾向）和道德意志品质（即道德行为的自觉性、果断性、坚持性和自制性），也有不道德的（immoral）。因为如前所述，意向品质一般包含双向量（←→）。但是，非道德的（non-moral，即与道德无关的）倾向和特征不属于伦理品质。正如鲁迅在《伪自由书·文人无文》中所说："自然，头皮痒和嘴唇干，古今圣贤均不称其为美德，但似乎也没有斥之为恶德的。"

这里须要注意，moral 即"道德"。第一个意思是关于对或错、正当或不正当行为的原则（concerned with the principles of right and wrong behavior）；第二个意思是坚持或践行高尚的价值原则（holding or manifesting high principles for proper conduct）。

从这里能够看出，第一个意思并未明确价值判断，即包含两个向量：一是正向的"正当的、对的"，二是负向的"不正当的、错的"。第二个意思则有明确的价值判断，仅指符合高尚的、正当的思想、行为。"道德"自身的复杂性、多义性使其与"品质"相关联时，令很多人产生困惑。其实，这是源于语言的"时空错位"，即古代用法和意义与当代用法和意义混淆或冲突。例如，先秦时期的人对"德"的理解亦可分为两种。一种是把"德"理解为人或物的中性的内在品质特征，本身无所谓好坏、善恶。如果需要做出价值判断则应在德前加上修饰语，如《荀子·尧问》："其为人宽，好自用，以慎。此三者，其美德也。"《尚书·商书·说命中》："爵罔及恶德，惟其贤。"另一种则把"德"直接褒义化为关于人的善的、好的、正当的品性（具有道德意义），也可褒义化为关于物的优秀的品性（不具道德意义）。当主体是物，"德"不具有道德意义的优秀品质，如《道德经》中的"道生之，德畜之，物形之，势成之。是以万物莫不尊道而贵德"。又如《庄子·天地》："泰初有无，无有无名。一之所起，有一而未形。物得以生，谓之德。"这一点正如古希腊关于 $\alpha\rho\epsilon\tau\eta'$（virtue）的一种用法："马之德""长矛之德""药草之德"等。德，在古代虽然意义多样，但是由于儒家文化单向度地强调"性善""君子"，在千年之后的当下，我们只对其正向的、含有道德意义的用法刻骨铭心。

品质问题一直是哲学家、教育家、伦理学家们的兴趣点。除了中国先秦时代诸子百家从不同进路探讨人性及品质外，几乎在同一时期，古希腊人也有关于人性和品质的经典论述，并成为西方人学或伦理学思想的最重要渊源。赫拉克利特说，"品格决定命运或品质即命运"（Character is destiny）[1]。据廖申

---

[1]　伦理学者、教育学者将其翻译为"品格决定命运或品质即命运"；心理学者翻译为"性格决定命运或性格即命运"。参见杨绍刚：《道德教育心理学》，5 页，上海，上海教育心理学，2007。

白教授译注，亚里士多德最早系统地研究品质问题，他在《尼各马可伦理学》中交替使用 $ε''ξις$ 和 $διά'θεσις$ 来表达相同的"品质"意义——指人通过实践产生或获得的身体和心灵的某种稳定的状态。亚里士多德认为，人的品质可区分为两类，$αρετη'$（virtue）和 $κακι'α$（vice），其中前者是善的、好的、正当的，而后者是恶的、坏的、不正当的。两个都出于人的自由选择、处在人的能力范围之内并经由习惯而养成。亚氏把德性的种差规定为中道，把德性的属规定为品质。他认为品质是一种特殊的状况和稳定的习性，是人之为人本性的圆满。品质的实现，是指德性作为一种正向性品质会产生与这种品质内涵相通的德行。亚氏的伦理学既是一种德性伦理学，也是一种品质伦理学。[①]

亚里士多德的《尼各马可伦理学》作为伦理学经典之作，其所关注的核心议题正是人的品质。亚氏思想被当代德性论者舍曼所传承，她通过《品质的结构：亚里士多德的德性论》（*The Fabric of Character: Aristotle's Theory of Virtue*）一书专门探讨了基于亚氏伦理思想的品质问题。亚里士多德认为，好的伦理品质就是能够辨明好坏、善恶，并且能把持中道。就像射术超群的弓箭手能够射中靶心，品质良好的人是明智的（phronesis），他在实践中无过亦无不及。[②]幸福是人生的最终目的，但它并非人所具有的品质，品质可以是一种潜在能力，这种能力

---

① 任继琼：《论亚里士多德的德性是品质》，载《天府新论》，2009(3)。
② 江畅：《论品质及其道德性质》，载《社会科学战线》，2011(4)。

有助于幸福的获得。最高贵的品质是爱智慧、尚思辨。①不同的伦理学派系对于何为"好品质"看法各有不同，如斯多亚派认为，保有刚毅和自制的个性乃最重要的好品质；而基督教宣称，基督是理想品质的榜样；儒家主张坚守仁义礼智信五项价值原则，才拥有君子的优秀品质；康德论证了不折不扣地服从道德律令、履行责任和义务就是具有卓越品质的表现。

我很欣赏马永翔博士 2010 年创设的一个表达品质论伦理学的新词 characterology②，即 character ethics。它与当代道德哲学中效用论、道义论、契约论等相并列。良品论与劣品论从属于品质论，两者都同时包含对道德的和非道德的良品或劣品的讨论。我也期盼着价值品质伦理学(characterology on value，or value character ethics)的诞生。

人的潜能相对无限性与生存境况的复杂性使得人的品质呈现多维性和多层性，其中心理品质、生理品质是最主要的两项。心理品质包含情感、能力、意志、价值等各种彼此难以分离的品质，价值品质的核心是伦理品质或道德品质。这些可以无限细分的个别化的品质共同构成一个大写的、总括的、丰满的人的品质，简称"人品"。当然，循着以上思路，人品不仅包含道德性的品质，也包含非道德性的品质。这与日常用法中近

---

① 苗力田：《品质、德性与幸福——亚里士多德选集〈伦理学卷〉前言》，载《中国人民大学学报》，1999(5)。

② 马永翔：《美德，德性，抑或良品？——Virtue 概念的中文译法及品质论伦理学的基本结构》，载《道德与文明》，2010(6)。

乎"品德"的人品意义尚有区别。与"人品"（人的品质）并列的还有"物品"（物的品质，也即性质），两者皆可用 aretee 一词来表示。①

综上所述，品质有广义和狭义之分。广义的品质指人或物独特的、稳定的性质和特征，对象可以指人也可指物，如心理品质、意志品质、思维品质、道德品质、价值品质、服务品质等。狭义的品质专指伦理意义上与道德价值有关的、内在的、稳定的性质和特征，其主体只能是具有自由意志的人。心理学与伦理学关于品质有一些交叉领域，如道德意志品质（即道德行为的自觉性、果断性、坚持性和自制性）、善良意志品质（康德所谓"一种在道德上'善'的气质或意向、一种出于对道德律的尊重而履行义务的意志品质力量"②）、价值智慧品质（人对价值原则进行判断与择取、解构与重构、内化与实践过程中表现出的批判性、广阔性、灵活性、独立性、信仰性、敏捷性等）。心理学、伦理学领域关于品质的理论资源直接引导品质的教育实践并推动价值品质的深入研究。

---

① 苗力田先生说："德性 aretee 可泛指一切事物的优越性，但在伦理学里，比较严格地规定为对功能完满实现的具有。具有 eknein 是动词，这里作为实词，采用它的名词形式 heksis。这样能力的具有不但见之于人，同样见之于物。由于这种对象的区别，就把人的行为 heksis 称为品质，把物的存在 heksis 称为性质，行为的德性即被界定为可称赞的品质。品质的具有是更为根本的，欲求提高德性，就须先培养品质。品质是自身所具有，不是从外面加上去的，故不分东西，古代圣哲们都是把修身置于第一位的。"参见苗力田：《品质、德性与幸福——亚里士多德选集〈伦理学卷〉前言》，载《中国人民大学学报》，1999(5)。

② [德]康德：《道德形而上学》，见《康德著作全集》6 卷，396 页，北京，中国人民大学出版社，2006。

第二节　正当即合理

本书的核心为价值品质，从概念分析的角度看，既然前一小节分析了品质，那么本节自然应该考察价值。为了减少笔墨，这里不再赘述其含义和历史，而直接引用石中英的定义并将其作为整个研究的立论基础——"价值就是主体(包括个体和社会)提出和满足需要的正当性"[①]。本书不加批判地直接引用该定义是因该定义是目前最好的定义。"最好"的判断基于这些理由：(1)石中英深刻认识到单纯以功效视角(即有用性)来分析价值，已经产生诸多恶果和困惑，因而亟须引入方式视角(即正当性)来重估价值。根据已有文献，石中英第一个同时从以上两个视角透视价值、赋予价值新意。首先，"主体提出和满足需要"是以功效视角(即有用性)来界定价值——这是对传统价值思想的承继；其次，"正当性原则"是以方式视角(即正当性)来界定价值——这是价值思想的重大转向。(2)根据亚里士多德、罗尔斯等的观点，善、正当、道德价值是伦理学中最基本的概念，善与正当的界定和联结方式直接决定着伦理学理论体系。[②]其中社会基本"善"(权力与机会、权利与自由、收入和财富、自尊)是人们在"原初状态"为"提出和满足需要"必然会追求的东西；罗尔斯的正义论是关于在公平条件下被特定主

[①]　石中英：《关于当前我国中小学价值教育几个问题的思考》，载《人民教育》，2010(8)。
[②]　杨伟清：《正当与善》，3页，北京，人民出版社，2011。

体所选取的正当性价值原则体系及其说明。①石中英的定义言简意赅，巧妙地把握住了伦理学中的三个核心概念。

正当一直是伦理学、政治学中的核心命题之一，如西季威克提出：伦理学与政治学这两个学科共同的独特目标是系统思考如何行为才算是正当的。②在古希腊伦理学中，正当、善、美好生活三者内在统一，但是在康德之后日益分离。越来越多的伦理学者提出善无法与正当画等号，如罗斯强调，正当更多的意义在于行为的合法性，而善则取决于动机，因此正当的未必善而善者未必正当。③唐凯麟则认为"正当"所指为非道德行为，即无关乎善恶问题。④康德、西季威克、罗斯、罗尔斯、波特等把正当（right）与应当（ought）看作意义相同的概念。⑤但也有很多人并不认同，如布劳德反对道："应当的都是正当的，但是正当的未必都是应当的。"⑥"应当"可分为道德应当与非道德应当（知识应当）两种。西季威克同时认为正当是人们实践推理的第一个直接尺度，但是它绝不同于善。⑦生态伦理学者莱奥波尔德说："一种事情趋向于保护生物共同体的完整性（integrity）、稳定（stability）和优美（beauty）时，它就是正当的，而当

① John Rawls, *Theory of Justice*, Boston, the Belknap Press, 1999, pp. 12-13.

② ［英］西季威克：《伦理学方法》，49 页，北京，中国社会科学出版社，1993。

③ 倪愫襄：《善恶论》，112 页，武汉，武汉大学出版社，2001。

④ 唐凯麟：《德治建设中一个重要问题——把握行为"应当"、"失当"和"正当"的维度》，载《道德与文明》，2001（5）。

⑤ 王海明：《新伦理学》，46 页，北京，商务印书馆，2001。

⑥ ［英］布劳德：《五种伦理学理论》，134 页，北京，中国社会科学出版社，2002。

⑦ ［英］西季威克：《伦理学方法》，49 页，北京，中国社会科学出版社，1993。

它们与此相反时，它就是不正当的。"①生物伦理学家彼得·辛格认为正当的事情就是尽力满足由行为引起的所有人的偏好。廖申白教授认为，正当行为通常以满足那行为所处的同其他相关行为关系的那些特有约束性的方式去做出的行为，这种行为对我们自身或相关他人是适度的、合宜的，因而是正当的②。

康德在《道德形而上学》中提出外在自由与内在自由（拥有实践理性的人进行自我立法是人的内在自由），自由法则相应有外在律法（实践理性的权利法则，由外在立法机关规定的义务即法律义务或权利义务）与内在律法（实践理性的道德法则，即善德的义务或伦理的义务）。正当行为是出于我们对外在律法的尊重。《法权论》中德语"Recht"有公正、正当、权利等义，且隐含道德性正当。③在康德看来，"可普遍化原则"是判断行为是否正当的一个标准。康德基于正当（权利）的普遍规律，认为正当同他人自由兼容，行动者只要不侵犯他人正当，就不必苛求行动者自身德性的完善，而仅需行动本身的正当即可（如同性恋等）。康德之后的权利论规范伦理学有个明显的趋向——善、正当、德性各自分崩离析。正当不以善目的为根基，也不再内嵌于德性，而是从人的实践理性的外在自由中直接引申出独立的正当概念。此正当须通过社会正义来实现，以制度、律

① Aldo Leopold, *A Sand Country Almanac*, New York, Oxford University Press, 1966, pp. 224-225.
② 廖申白：《伦理学概论》，85页，北京，北京师范大学出版社，2009。
③ 刘静：《正当与德性的分离——康德在伦理学主题现代转向中的作用》，载《道德与文明》，2011(1)。

法、权利等为表征。罗尔斯的《正义论》成为此种进路的标杆。对于全球化、多元化社会共同生活而言，社会正义是首要价值，因此相比于德性而言，正当（法权）更具优先价值。事实上，今天的网络环境、市场经济中，法理性正当已经成为整个社会生活正常运行的坚实基础。

根据罗莎琳德·赫斯特豪斯（Rosalind Hursthouse）的分析，道义论（deontology）的逻辑结构可如此表示：

D1. 一个行动是正当的，当且仅当这一行动与一条价值原则一致。

D2. 这条价值原则是（？）的规则。

这样便在"行动的正当性"和"价值原则"两个概念之间建立了联系，可是无法切实指导人们行动，因为人们不清楚是何种价值原则。所以第二条就对价值原则的假设做具体界定。括号中可能的界定是"常识要求""自然法命令""上帝赋予""理性需要"等。在康德式道义论中则是"理性"，从而使理性与价值原则相互映衬。

功利主义（utilitarianism）特别是行动功利主义（action utilitarianism）的逻辑结构亦始于对行动正当性的假设：

U1. 一个行动是正当的，当且仅当这一行动产生最好的结果。

U2. 最好的结果是那些"快乐最大化"的结果。

这种逻辑使"行动的正当性"与"后果"和"快乐"之间相连接。

品质伦理(virtue ethics)的逻辑结构：

V1. 一个行动是正当的，当且仅当它是品质卓越者在这种情境中出于其品质特征总会做出的行动。

V2. 品质卓越者是源于其内在品质而行动的人，也即具有并践履良好品质的人。

V3. 良好品质是人兴旺繁荣(flourishing)或美好生活所需的品质特征。

赫斯特豪斯解析了行动正当性的三种逻辑结构，并且力推规范美德伦理学(normative virtue ethics)。在他看来，规范美德伦理学对行为正当性的辩护基于行为者的美德品质，换言之，这种伦理学对行为正当性的主张是以行动者为中心的(agent-based)，这有别于其他如道义论或功利主义的正当性辩护——他们以行动为中心(action-centered)。这正是规范美德伦理学之优势。本研究企图为将来建构价值品质伦理学初做探索就是借鉴于此，希望把基于行动本身的行为正当性的价值原则与基于行为者本身的内在品质相融合。

目前，关于正当已经出现多维的理解，正当既有道德性又含非道德性，既专注行动本身又不放弃目的善。如合目的性的建制性正当与基于内在冲动的原生性正当之间的关系问题成为不同"道德谋划"间的派别之争，也是道德"反知识论""反理论"的争论焦点。①

---

① 王强：《何谓"认同行动"？——规范伦理学的一种拓展性分析》，载《北京师范大学学报(社会科学版)》，2011(3)。

石中英以"主体提出或满足需要的正当性"①来定义伦理学、哲学领域的价值。他认为正当性原则并非直接相关于客体本身属性,而是与主体行为直接有关,是支配与引导主体行为的重要因素。因此这种"价值"可称为"主体的价值"或"人的价值"。在此意义上,"价值"即指人们(包括个体和群体)在行动时所应该坚持和体现的正确原则,同时也是人们评价其他人行为"对错"(真理意义)、"好坏"(法理意义),或"高尚与低俗"(伦理意义)的重要标准。这种认识对于本研究的价值品质论具有开创性启发意义。

基于此,本书认为,正当或正当性虽如罗斯所言②难以做统一的定义,但是我们可尝试从三种意义上进行应用分析:真理意义的正当 right(conforming to facts or truth;acting or judging in accordance with truth or fact)、伦理意义的正当 right(being in accordance with what is just, good, or prop-er)③、法理意义的正当 right or legitimate(accordant with law or with established legal forms and requirements)④。为何从这

---

① 石中英:《关于当前我国中小学价值教育几个问题的思考》,载《人民教育》,2010(8)。

② 罗斯曾说,"正当是复杂的、非自然的、无法定义的。任何企图给正当性做出具体定义的努力都将陷入谬误"。参见:W. D. Ross, *Foundations of Ethics*, Oxford, Oxford University Press, pp. 54-55。

③ [美]罗尔斯:《正义论》,3~4页,北京,中国社会科学出版社,1988。

④ 拉丁语 legitimus,法语 légitimité,德语 legitimitat,意指合于法律。随着现代法哲学的发展,这些词的含义已超越"符合法律"之义,而渐趋靠近"正当性"。参见 [法]夸克:《合法性与政治》,佟心平、王远飞译,北京,中央编译出版社,2002。另外,法理意义的正当亦可用 right,如 doctrine of right(正当的学说)。参见廖申白:《伦理学概论》,80页,北京,北京师范大学出版社,2009。

三个方面对正当性进行分析？三分法主要来源于石中英的价值思想，同时还参考了蒋开富①、金观涛②等的观点。

　　真理意义、伦理意义和法理意义都含有一个"理"③，为了遵从奥卡姆剃刀原理，特此提出一个简明精要的概念——正当即合理（大写的 RIGHT，异于日常用语之"理"、具体理域之"理"。后两类可称为小写的 right）。这也契合了金观涛的观点："理"是正当性的最终根据。④ 其实，在伦理学史上，"正当""善""合理"这些概念一直相伴左右，彼此从未远离，如西季威克认为"善的"就是"合理地被欲求的"，个人为了他人的更大幸福而

---

　　① 蒋开富认为正当性有道德上的、客观上的、法律上的含义。参见蒋开富：《正当性的语义学与语用学分析》，载《广西社会科学》，2005(5)。

　　② 金观涛、刘青峰：《天理、公理和真理——中国文化"合理性论证"以及"正当性"标准思想史研究》，载《中国文化研究所学报》，2001(10)。

　　③ 在汉语语境中，"理"是指事物内在"本元性"规定。根据中国古代对道、理的理解，理等同于天理、本元性规定，如朱子说："帝是理为主。"纵使是上帝，也得依照理，故理便成为上帝的主宰了。《易·系辞》："易简而天下之理得。"王弼注《易经》，说："物无妄然，必有其理。"这是说宇宙间一切万物，绝不是随便而成其为这样的，宇宙万物，必有其一个所以然之理。违背理的行为很难说是正当的，如郭象注《庄子》言："物无不理，但当顺之。"宇宙万物皆有理，故当依顺于理。《说卦传》："穷理尽性以至于命。"也有道、理不分的，如《吕氏春秋·察传篇》注说："理，道理也。"高诱《淮南子·原道训》注说："理，道也。"参见钱穆：《中国思想通俗讲话》，7～10 页，北京，生活·读书·新知三联书店，2005。

　　在西方，以"理"作为正当之据源远流长。如在西塞罗和古罗马法典中，法理被看作一种"与个人无关的理性"(impersonal reason)。基督教的自然法传统亦如此。在近代，西方用理(ratio)作为政治权力以及一切社会行动正当性的判据，这一观念衍化过程被称为理性化(rationalization)。帕累托(Pareto)说："理性化其实乃人对自己行为正当性进行论证之过程。"西方所有的合理性论证中，均包含合理性根据(即正当性论证的前提)和推导规则两个不可化约的要素。所以所谓理性化，实际是以特定普遍原则或合理性标准对社会制度、行为规范的正当性进行论证并对宇宙秩序做出解释的过程。参见金观涛、刘青峰：《天理、公理和真理——中国文化"合理性论证"以及"正当性"标准思想史研究》，载《中国文化研究所学报》，2001(10)。

　　④ 金观涛、刘青峰：《天理、公理和真理——中国文化"合理性论证"以及"正当性"标准思想史研究》，载《中国文化研究所学报》，2001(10)。

牺牲他自己的善或幸福实际上也是正当的。弗兰克纳认为，伦理学方法可解释为某种"合理"程序，据此我们可以决定每个人"应当"做什么——或者对他们来说做什么才是"正当的"。陈江进说："正当是指人们只要按此行动就肯定是根本合理的。"①

正当性原则即合理性原则。合理性原则具体化为 3 种小写的"理"：合真理（right truly）——真理正当性；合伦理（right morally）——伦理正当性；合法理（right legally）——法理正当性。具体领域"理"（right）是大写"理"（RIGHT）之种，大写"理"是具体领域"理"之属。现实行动中的正当性依据何种"理"，需要价值智慧②运作。价值理性的能量有限，在由价值智慧选定"理"之后，在具体的理域中方能凸显理性的运作功能。最完美的实践行为应该在三种意义上都具备正当性或者达到某种和谐，可以被称为三维正当，也可称为"厚正当"③，只有"厚正当"才与"应当"完全对应。三者关系如此：真理意义的正当性是基础，也是正当性的背景性条件；伦理意义的正当性乃核心，常常扮演终极价值的角色；法理意义的正当性是对前两者的确认和固化，经常有滞后性。人类在迈向终极的幸福社会过程中，三者

---

① 陈江进、郭琰：《试析西季威克的实践理性二元论及其理论意义》，载《武汉大学学报（人文科学版）》，2008（1）。

② 价值智慧就是价值主体在各种情感、天赋、理性和经验的作用下对价值原则进行判断与择取、解构与重构、内化与实践过程中表现出的多元智能。详见第三章、第五章。

③ "厚正当"概念源于但异于普特南思想。在 2002 年的《事实与价值的二分法的崩溃》中，普特南用"thick ethical concepts"（厚伦理概念）来解释事实和伦理价值间的"纠缠"。普特南区分了"薄伦理概念"和"厚伦理概念"："薄（thin）伦理概念"，即"抽象的伦理概念"，如"善"和"正当"等；"厚（thick）伦理概念"，即"较多描述性、较少抽象的概念"，如"勤奋""节俭""认真"等。参见[美]希拉里·普特南：《理性、历史与真理》，157 页，上海，上海译文出版社，2005。[美]希拉里·普特南：《重建哲学》，86～87 页，上海，上海译文出版社，2008。

总是处于紧张的互动中。首先是真理及其实践的基础作用，使得由此决定的伦理正当性和法理正当性在总体上螺旋式上升。人类从初级阶段走向高级阶段，因其理智而逐渐从必然王国迈向自由王国，进而因其"自由"，人才能真正践履并享有伦理正当性和法理正当性。在人类对"自由"的获得性历程中，其正当性也同步演进，日益合理、完备。①在其中任意两种意义上具备正当性，可称为二维正当；仅仅满足一个意义上的正当性，可称为一维正当。在现实中，很难达到厚正当，因而我们所谓的正当性总是不完备的。一维正当如只合伦理，就会出现"好心办坏事""老好人"；一维正当如只合法理，就会出现"合规行为产生坏效果""大义灭亲""公报私仇""愚忠"；一维正当如只合真理，就会出现"太较真儿""认死理"。日常生活中，我们常会听到、看到、想到一些行为或事情，它们似是而非，第一感觉是这样，而仔细较真之后发现真相却是另一种景象。获取真知、真相有时非常曲折，一含糊就会产生误解、曲解，从而犯错误。

哥白尼冲破教会禁锢、超越托勒密地心说而开创日心说，体现其真理性正当。但他并未与伦理性正当决绝（愿为亲情而还俗），也未弃绝法理性正当（拥护教会、教皇，并且交代"待我死后再出版违背教义的日心说论著"）。在《天体之运行：导言》里，

---

①　虽然亚里士多德、康德等诸多哲学家一再论证了自由及自由意志的重要性，但关于"人的自由何以可能"的可行性是令人怀疑的。马克思系统论述了在必然王国向自由王国迈进中，自由通过争取和斗争而成为可能。自由既然是一种"可能"和"趋近"，那么基于自由意志的伦理性正当和法理性正当便永远处于趋近过程之中；也因为日益自由而使好奇心这种天性得以更大张扬，致使真理日渐散亮而无限逼近物自体，故真理性正当也在无限逼近理想状态。

他阐述了挚爱天文学是因宇宙蕴含着真善美之源，这种对真善美的整全性追求不正是力求厚正当的行为吗？

一、真理性正当

真理即客观规律或事实真相，真理性正当即合真理——遵循客观规律、实事求是和取得某种客观功效。作为行为正当性的理据之一，这里所说的"真理"有别于自然科学中那些与价值无涉的真理，即贴近于伦理学中所说的"良知"[①]。

福柯说，"真理其实是在某一历史环境中被当作真理的事物"，因此合真理其实是以当时人们所掌握的知识为判据。知识不仅支配人们的日常生活，且在某些特定场域更具有一种赋予它所描述、解释之对象以某种正当性的力量(尽管该力量有时是扭曲或固化性质的)，邓正来称之为"正当性赋予力量"[②]。皮尔士(Peirce)也认为"真理这个概念要通过一种永无止境的探索、试验活动来获得理解，而且真理服从于为我们的经验所认可的东西。那是在某一阶段、某一范围达到真的效果，是暂时的真理"[③]。王成兵、林建武在解析皮尔士的科学形而上学观时说，不管是"意义的澄清"还是"信念的确立"，最终要达到的都是对实在的

[①] 廖申白在《伦理学概论》中说："良知是思想、理智的诚实，良知内在地要求理智对实践事务的根本性质的真实呈现和理智对所持信念与思想的真实表达，并要求这种呈现和表达不受当事人的利益、处境、窘困等的扭曲……良知是真实的知。"参见廖申白：《伦理学概论》，413 页，北京，北京师范大学出版社，2009。

[②] 邓正来：《规则·秩序·无知》，序言 6~7 页，上海，上海三联书店，2004。

[③] Collected Papers of Charles Sanders Peirce, Cambridge, Harvard University Press, 1931—1958.5.416. 转引自王成兵、林建武：《论皮尔士的科学形而上学观》，载《江汉论坛》，2007(5)。

真理性的把握。①虽然这里的真理性相殊于本文之义，但"意义""信念"很难脱离与价值的干系，也即价值和某一境遇的所谓真理天然具有联系。诚如龚群所说，价值问题是以事实问题为前提的。价值如果离开了事实，就抽掉了价值问题的客观基础。②

基于效果论和功利主义的合理内核，我们认为真理性正当还关涉着行为的客观功效，正如文德尔班及其弟子鲍赫认为真理和效用是价值存在的条件③。张岱年认为，正确的认识，称之为真。谋求满足主体的需要，必须对于客体和主体自身有正确的认识，即对于客观世界与人类自身有正确的认识。④ 这里"谋求满足主体的需要"与石中英对价值的界定"主体提出和满足需要的正当性原则"具有很强的相通性，也即关涉价值。张岱年也认识到价值与"真"的内在关联性，"真"便是正确认识、客观规律、经验事实等。客观规律或经验事实被人所掌握或体悟就化为人们所知的"知识"，知识是真理的化身、是人们认识客观世界的结果，同时也是人们指导自己行为的准则之一。正如实用主义(pragmatism)者的主张，知识是"行动的工具"，"真理"就是"符合实际效用"或"行动的成功"。⑤这一点契合于亚里士多德的观点。⑥如果我们评价一个行为是正当的而实际上却没有成功，

----

① 王成兵、林建武：《论皮尔士的科学形而上学观》，载《江汉论坛》，2007(5)。
② 龚群：《关于道德价值的概念及其层次》，载《哲学动态》，1998(1)。
③ 谢地坤：《道德敬畏与价值判断——从康德到新康德主义》，载《哲学研究》，2020(6)。
④ 张岱年：《论价值的层次》，载《中国社会科学》，1990(3)。
⑤ 参见俞吾金：《杜威实用主义与现代哲学》，北京，人民出版社，2007。
⑥ 亚里士多德认为，德性是既使得一个人好又使得他出色地完成他的活动的品质。

那么这种正当只是一种个人玄虚。用实用主义奠基者詹姆斯的
一句名言来说就是"有用的就是真理"。所以真理意义上的正当
还意味着行为符合实际、取得某种功效，但并非纯粹个人功利
主义的。①马克思所说的客观尺度(人类必须按照客观世界的本来
面目去认识和改造世界，追求和服从真理)与主观尺度(人类按
照自己的尺度和需要去认识和改造世界，使社会适应人类的生
存和发展)启示我们：真正的正当行为应该在"真"(真理)与"正"
(正当)上力求达到统一。美德伦理学家也强调这样的事实：若
我们教育孩子们要诚实，那么仅仅教育他们不要说谎难以奏效。
我们必须教育他们要珍视真理。

　　维特根斯坦说，意义存在于用法之中。在这里我们将规律、
事实、科学权当同一组近义的概念。因为日常生活中，这组概
念经常被混用，并且都相通于知识。在古希腊，"德性"(virtue)
即人的能力和优秀性，包含优秀的价值品质(excellent character
of value)。苏格拉底说"德性即知识"，开启了伦理学探索的一个
基本方向，即"德性"与"知识"的基本维度。这也是伦理学中价
值与真理关系问题的基本视域。苏格拉底认为，没有人是故意
作恶的，恶行乃是缺少善知识之故，因而拥有关于善的知识就

---

　　① 亚氏品质论"出色地完成他的活动"也是注重功效的，功效是德性的附带性条件。实
用主义或功利主义把这种附带性条件推向极致——功效成为正当性的首要条件。石中英对价
值的定义"主体提出和满足需要的正当性原则"也和亚氏相通："正当性"作为首要条件，而
"提出和满足需要"作为附带性条件——笔者愚钝地认为，这个附带条件就是关涉功效的。
这种功效论传统在价值理论中必得归位，已有理论将其归纳为"有用性"并作为价值内涵中唯
一的、首要的指标——这在哲学、伦理学、教育学中缺少解释力并有误导。石中英把"正当
性"排在首位，以此制衡有用性。笔者沿此思路进一步细化，暂将功效放入真理维度的正当
性里。

成为价值行为的前提。人类对自然、社会以及自身的认识由浅入深、由简单到复杂，这些认识结果作为真理的一部分，是对客观规律的把握，经过提炼凝结可称为知识或科学知识。人类行为无时无刻不受制于科学知识，知识的水平与标准成为人类行为正当性的基础性标尺。当然，从真理的意义的角度探讨正当性，是有很大风险的。然而基于如下理由，是否能够成立呢？

第一，虽然真理意义的正当并非简单地相关于行为的物理性质，而是行为的方式，但是方式也依据一定的客观规律。康德提出要按照自己同时也能成为普遍规律的准则去行动[①]。自由规律、道德律和善良意志难道没有客观规律吗？客观规律不仅是关于自然的，还有关于社会的和人自身的，而正当着重言说的对象是后两个。马斯洛说："包罗一切的一般法则，即在它们充满事实这一属性上，事实的现实性的增加会同时导致这些行为的义务属性的增加。"[②]我们可以说，现实性产生义务性，义务性增强价值使命感。某事或某行为越"是"未必越正当，但是越"不是"则一定离厚正当越远。

第二，正当与善在德性伦理学中的同质性过渡到规范伦理学中二者分立，我们发现，正当的内在要求含有一种共性，那就是对某种客观法则的满足——在亚里士多德那里，意味着适度、中道，在康德那里则是责任、义务。廖申白说："说一个行为是正当的，是说它满足它所处的同其他相关行为的关系的那

---

① ［德］康德：《道德形而上学原理》，38页，上海，上海人民出版社，2002。
② 彭运石：《事实与价值的融合——马斯洛内在价值论述评》，载《求索》，1999(1)。

种(那些)特有的约束性……"①我认为，这里所说的"约束性"也包含了基于客观规律或经验事实的客观法则。正当也意味着行为具备可靠理由和根据，因为这些行为与事情是出于对一个值得尊重的力量的尊重。②这里"可靠理由和根据""值得尊重的力量"似乎不应该排除真理或客观规律。

第三，哈贝马斯认为，"合理的"两种含义③都不能脱离道德真理来讲合理性。它对于我们形成有关正当的基本共识来说是合理的，或我们认为它是含有真理的。他认为有共识必然有真理，无真理即无共识，共识必然包含真理。互竞的正义理论往往通过比较与真理的切近性，从而证明其正当性。

第四，弗兰克纳认为，生活的自然基础，例如生命、意识和活动，健康和力量，真、知识、真意见、判断力、智慧、友爱、美、安全、和谐、互助合作和自由等，都正在获得目的善的地位。以上所列的"真"和"知识"不正是真理意义正当性的基础吗？他还说"一个正当的行动就是真正正确的行动"④。

第五，罗素认为，道德是一种奇特的功利主义和迷信的混合物，而迷信的部分则在其中占有较大的比例。智慧、善良、仁慈、艺术能力等，这些东西无疑都会因科学而增加。只要人

① 廖申白：《伦理学概论》，83 页，北京，北京师范大学出版社，2009。

② 同上书，255 页。

③ 一是指对于实践理性来说是"合理的"，即"道德上的真"；二是指"深思熟虑的"。参见[德]哈贝马斯：《通过公共运用理性实现和解：评罗尔斯的政治自由主义》，载《哲学杂志》，1995(3)。

④ [美]弗兰克纳：《伦理学》，16、173 页，北京，生活·读书·新知三联书店，1987。

们明智地利用科学，在创造美好世界方面所能做的事情，几乎是无止境的。[①]我们有理由认为，科学正在消解道德中的迷信和功利主义成分并以此为手段来重构科学的、人性化的、日益正当的新道德。

第六，休谟问题(从是难以推导出应当)和摩尔教条(事实与价值绝对二分)[②]正在被普特南的“厚伦理概念”解答或矫正[③]。很多学者认为，事实与价值鸿沟(fact-value gap)正在日益消弭，人类就如所有生物，即整个自然系统类似，他们自己内含目标定向系统。

真理意义的正当性具有客观性、科学性，即俗语的“合理”(小写的“right”，异于元概念“正当即合理”中大写的“RIGHT”)。石中英在其专著《知识转型与教育改革》中认为，在可预见的范围内，人类有四种知识型。[④]当代基于后现代知识型的教育改革和教师行为是否正当(在此也可用“恰当”，英语中均可用 right)正是教育评价中需要重点考察的内容。从真理维度来看，这种知识性质的变革呼唤着正当性教学行为——有意识地培养学生的人文意识、怀疑意识、批判意识和创新意

---

① 刘烨：《罗素的道德哲学》，7 页，北京，中国戏剧出版社，2008。

② 龚群：《重新审视事实与价值的区分》，载《湖北大学学报(哲学社会科学版)》，2004(1)。

③ 郑林：《事实与价值的缠结与“是—应该”问题》，硕士学位论文，华南师范大学，2007。

④ 知识型，即对与知识概念有关的四组问题(知识与认识者的关系问题、知识与认识对象的关系问题、知识作为一种陈述本身的逻辑问题、知识与社会的关系问题)具有逻辑一致性的回答所构成和产生的、具有结构特征的知识形态。人类已有知识型包括原始知识型(神话知识型)、古代知识型(形而上学知识型)、现代知识型(科学知识型)、后现代知识型(文化知识型)。石中英先生认为现代知识型向后现代知识型转变体现在三个方面：从客观性到文化性，从普遍性到境域性，从中立性到价值性。

识，使学生从小懂得知识都是相对的，任何真理都需批判和建构。所以正当性教学行为应以问题为核心，师生共同探索真理、价值。

布鲁诺是真理正当性的典型实践者。由神甫养育长大的孤儿布鲁诺捍卫和发展哥白尼的日心说，提出"宇宙无限论"，并把它传遍欧洲，被世人誉为反教会、反经院哲学的无畏战士，捍卫真理的殉道者。他的行为在真理意义上具备正当性，但其正当性的不完善表现在法理意义上（违背当时教义、教廷）和伦理意义上（僭越师长、忤逆不孝）。有些人为了伦理意义和法理意义的正当性，而装疯卖傻、难得糊涂，故意如鸵鸟把头埋进沙里，因而大部分人的生活都建立在假象之上，也即缺乏真理意义的正当性。

基于真理意义的正当性原则主要有追求真理、求真务实、实事求是、胸怀坦荡、光明磊落、良知、诚实、认真、求实、尚思、崇理、理性、创新、与时俱进、质疑精神、批判意识、精益求精、寻根问底、一丝不苟、勤俭节约、勤学苦练、学而不厌、不耻下问、追根求源等①。

---

① 这一组原则的提出主要基于真理的特定意义"客观规律和经验事实"，其中胸怀坦荡、光明磊落、良知、诚信看起来似乎有点远，且在正当性的三个维度都有部分体现，但它们与真理性正当更为切近，也都是对真理的遵循。在法理中，尽管也诉求诚实，但那还是以事实为根据；在伦理中，虽然也强调诚实，但对其正当性辩护不在于所能获取更大善——以更大善辩护的论据同时也辩护着不诚实行为。

二、伦理性正当

伦理指人与人相处的良心①和道德善，伦理性正当即合伦理——基于人与人相处的良心和道德善而行事。此种意义的正当性具有目的性、内在性，即俗语的"合情"（小写的"理"，异于元概念"正当即合理"中大写的"理"）。一些行为虽然在伦理意义上具有一维程度正当性，然而明显违背历史发展规律。我们对其批判主要基于真理意义和法理意义上的不正当。伦理性正当的典型实践如二十四孝，当然其中也有个别故事牺牲了法理正当性或真理正当性，如《戏彩娱亲》的孝子老莱子为了使父母高兴，居然在 70 岁时装嫩卖小；又如《哭竹生笋》《卖身葬父》显然是"善意的谎言"（善者即伦理性正当；谎者即真理性不正当）。

伦理意义上的正当性，非常强调道德善，甚至认为正当即道德善。例如，摩尔在《伦理学原理》中宣称，"正当"意味着"能产生尽可能多的善"。②杨义芹认为恶即不正当，就是不利于

---

① 良心是伦理学中最重要的核心概念之一。"对不起天地良心""昧良心"是我们日常伦理中最严重的伦理审判。西方奥古斯丁把良心看作神谕；巴特勒认为行为的四种心灵根源"特殊感情、自爱、仁爱、良心"中最高的一个是良心；卢梭说"良心在不差不错地判断善恶，它使人的天性善良和行为合乎道德"。亚当·斯密认为，良心是社会关系的产物。康德认为良心是一种根据道德准则来判断自己的本能、能力。孟子说良心是固有之本心、是不忍人之心。朱熹说："良心者，本然之善心，即仁义之心也。"王夫之说："必须说个仁义之心，方是良心。盖但言心，则不过此灵明物事，必其仁义而后良也。"廖申白认为，良心是心灵中那些有德性的内省感情的综合体。曾钊新说，良心是一个人最大的美德。参见廖申白：《伦理学概论》，382～389 页，北京，北京师范大学出版社，2009。夏伟东：《道德本质论》，145 页，北京，中国人民大学出版社，1991。亚当·斯密：《道德情操论》，北京，商务印书馆，1999。

② ［英］罗斯：《正当与善》，林南译，60～65 页，上海，上海译文出版社，2008。

社会存在与发展；凡有利于社会存在与发展的就是善，也就是正当的。①有人认为，符合道德目的者，便是所谓的正当；违背道德目的者，便是所谓的不正当。②正如石里克说："道德上的善只是更一般的善的特殊情形。"③在传统的德性伦理学中，目的、善、德性是内在统一的，德性中自然就蕴含着正当概念④。德性论者认为，善永远优先于正当，"怎样过一种好生活，怎么成为有德性的人"是首要关注点。康德就认为，德福统一就是最高善。⑤而正当就包含在德性之内，并不需要展开。

"有用性"是经济价值，"真"是科学价值，"善"和"正当性"是伦理价值，"美"是艺术价值，"力"是军事价值，"巧"是技术价值。"善"作为伦理价值在中华文化的价值系统中，是统摄和支配其他一切价值的。"正当性先于有用性""德高于力""义重于利""文以载道""诗以言志""智知善恶""学以成德""技以扬善"等都是中华文化关于善的价值统摄各种文化价值的精练概述。中华文化的价值观集中体现在"止于至善"的思想中。"止于至善"是善的最高境界。"止于至善"出自《大学》："大学之道，在明明德，在新民，在止于至善。"世界各民族文化有一

①　杨义芹：《公正、善、正当辨析》，载《山东社会科学》，2010(5)。

②　王海明：《伦理学原理》，28 页，北京，北京大学出版社，2001。

③　[德]石里克：《伦理学问题》，张国珍、赵又春译，22 页，北京，商务印书馆，1997。

④　仅有希腊语 καλόυ 与"正当"稍有相近。其本义为美的，由美发展出好的(good)、公正的(fair)、高尚的(noble)之意。因此 τοκαλόυ 也有善良、高尚、良品之意，是指在道德上美善的东西、正确的行为。参见刘静：《正当与德性的分离——康德在伦理学主题现代转向中的作用》，载《道德与文明》，2011(1)。

⑤　谢地坤：《从道德的"至善"到道德的"底限"——读阿多诺〈道德哲学的问题〉》，载《江苏行政学院学报》，2002(2)。

个共性，那就是以追求真善美的价值为共同目标，但它们在对真善美的理解和对真善美的价值层次安排及其内在联系等方面的认识有较大不同。"至善"是中华文化最高的价值追求，因而其他价值追求都被"善"所统摄，都服从于"善"。

在个体的具体行动中，若仅从伦理角度判断是否正当，那就意味着"只要一个人的动机是好的，不管他做什么都行"。而这从直觉上看也是站不住脚的。韩东屏曾举"好心办坏事"的例子：某人突发心脏病时，一个遵循见义勇为价值原则的路人背起病人就往医院跑，结果由于不知颠簸对心脏病人有害而导致病人死亡。[①] 很多人认为这是善行，正是基于伦理维度正当性，而忽视了真理维度正当性。所以完善的正当性应该从真理、伦理和法理三个角度来透视。如真正的仁爱包括准确发现哪些人需要帮助，在何种程度上他们需要帮助，帮与不帮会产生何种后果等。这表明仁爱以及其他令人赞赏的善目的本质上包含对发生在行动者相关情境的真实性的关注，也即从真理维度上论证正当性。

人类的道德准则和良心的内涵具有情境性、历史性（参见本书第四章表 4-1"中外哲学流派与价值思想的历史流变"），因而正当性也在不断变迁。基于伦理意义的正当性原则犹如恒河沙数，中国儒家文化实际就是一种伦理文化，其中所含的大量道德原则即属此列，从表格中已能管窥一二。

---

① 韩东屏：《论对行为的道德评价方法》，载《华中科技大学学报（社会科学版）》，2011(4)。

三、法理性正当

法理即关于契约、法律的内在逻辑与精神主旨。法理性正当即合法理——遵循契约、法律及其内在逻辑与精神主旨。这种内在逻辑或精神主旨贴近于亚当·斯密所说的"与人类天性一致的正当性原则"[①]，也即满足上一节伦理正当性的某些约束条件。伦理性正当和真理性正当披上"政治外衣"可能摇身一变成了法理性正当——这是一种真的正当性；真理性不正当、伦理性不正当或"与人类天性不一致的正当性原则"披上"政治外衣"也会鱼目混珠地拥有了法理性正当——这是一种伪正当性。按照亚当·斯密的分析，伪正当性附着在少数强权者的法律上，基于这种强权者法律的正当性已经为真正的正当设下了陷阱。所以法理意义的正当性首先包括但不仅限于守法，还包含对法（规则、制度、契约、法律等）本身的批判和建构。

契约（contract），源于拉丁文 contractus，意为"共同交易"。契约与法理的关联进而与价值正当的连接源远流长。古罗马时人们把契约当作神授意的结果，契约行为应对神灵负责。因此，契约是神圣的，任何契约中欺诈、掠夺和不正当行为必遭天谴，而恪守信用会得到神灵的保佑。[②]契约精神就是一种理性、自由、平等、互利至上的精神和品格，它意味着价值正当是人理性选择的结果，是人自己为自己立法。休谟认为，利己心才是正义法则的真正根源；个体间的利己心彼此冲突，

---

① ［英］亚当·斯密：《道德情操论》，427～428 页，北京，中国华侨出版社，2010。

② 王国银：《德性伦理研究》，116 页，长春，吉林人民出版社，2006。

所以需要契约。人们行为正当意味着不要毁约，契约精神是对价值品质的最好诠释，因为服从契约更能满足大多数人总体的善。①近代契约观念认为契约即正义，契约内容是当事人之间自由意志的选择或真实意思的表现，当事人之间可以任意订立契约，契约被认为体现了最大公平原则。罗尔斯采取排除法②论证了社会契约是制定社会合作公平条款和正义原则的最有"合理性""直觉性"的方式，并指出是公正的理性（rational）或合情合理性（reasonableness）成分在契约制定中发挥着关键作用。③

　　法理与正当性的耦合源远流长。在古希腊城邦与中国春秋战国时期，百家争鸣，权力与正义的不平衡使得政治思考有了必要。人们对"权力应该掌握在谁的手里"的追问反映出人们对法理正当性的关切，先人们其实已对追问做出回应——谁最了解城邦的美德与善业。柏拉图认为，只有哲人的智慧方能把握节制与激情，才能使个人的仁爱与城邦的正义和谐起来。亚里士多德将合法理与作为公正的德性相联系："合法理和平等当然是正当的，而不合法理和不平等是不正当的。"④诚如康德所言，正当的行为仅仅是出于我们对外在性律法的尊重。康德在《道德形而上学》第一部分《法权论》中专门探讨"Recht"（德语

---

①　[英]休谟：《人性论（下册）》，560～570 页，北京，商务印书馆，1980。

②　罗尔斯认为，制定公平条款和正义原则的方式有四种：外在威权如上帝律法，理性直观把握到的价值秩序，自然法则，自由平等个体的约定和协议。只有第四种方式是社会契约的途径，它更符合我们作为自由、平等的个体身份，更符合直觉性观念，因而在现代社会更具合理性。参见杨伟清：《正当与善》，32 页，北京，人民出版社，2011。

③　[美]罗尔斯：《政治自由主义》，35 页，南京，译林出版社，2000。

④　苗力田：《亚里士多德选集：伦理学卷》，102 页，北京，中国人民大学出版社，1999。

词，表正当、公正、权利等）。他认为与别人自由共存的正当
无须行动者自身德性之完善，只需行动本身正当。这种与他人
自由并存的正当主要处理的是人与人之间的外在实践关系，并
不优先考虑个体意愿的内容和目的，只考虑形式本身。"我绝
不应当做其他的事情，我能够意欲的，就是我的准则应当成为
一种普遍的立法。"①假如一位老师面临学生处于地震危险中，
无论他是否出自心甘情愿的真心、是否强健、是否会急救，也
无论当时地震有多危险，他都应当义无反顾地救学生于危难之
中。至于他是否能把学生救出，他将会遭遇何种后果，则无须
考虑，因为普遍性律令（法理）不允许考虑这些外在因素。康德
之后的权利论规范伦理学有个明显的趋向——善、正当、德性
各自分崩离析。正当不以善目的为根基，也不再内嵌于德性或
品质，而是从人的实践理性的外在自由中直接引申出独立的正
当概念。此正当须通过社会正义来实现，罗尔斯1971年的大作
《正义论》正是沿此路径的重大探索。这种正当更多地体现为一
种法律、正义、规则、权利、制度、秩序，须通过外在建构的
社会政治来实现。这将为弥补价值实践中个体品质的脆弱性留
下空间。

黑格尔从哲学视角阐释法理，在其《法哲学原理》中用辩证
思维深度解析了伦理、道德与法之间的关系。真正的自由一定
受制于普遍性法之限制，法正是自由意志之体现，伦理是客观

---

① 谢地坤：《从道德的"至善"到道德的"底限"——读阿多诺〈道德哲学的问题〉》，载
《江苏行政学院学报》，2002(2)。

精神的真实实现，是法与道德之统一、客观与主观之统一。道德与法均无现实性，它们须基于具备现实性的伦理而存在。①黑格尔认为伦理演变经历了家庭、市民社会和国家三个阶段。国家是伦理理念的最高阶段，个人只有成为国家成员才能充分得到自由，才具有真理性、客观性和伦理性。

亚里士多德曾把公正与合乎法（lawful）联系起来，而公正其实可被理解为一种正当，从而，正当与法理就有了内在的联系。"法"是一种强制性的价值原则，尽管它不同于道德律，但在价值原则性上，它与价值领域的"当然之则"又有相通之处。立法行为本身内含着价值判断，它是一套价值观念的体系化。在立法之前，立法者也总是基于特定社会关系和价值原则来立法的。②而以"法"来注解价值正当，则从一个方面确认了价值品质与价值原则之间的联系。在法治社会，我们尤须警惕把法理性正当推向极致，忘记法理性正当仅仅是厚正当的三分之一维，僭越这个度便是另外一种"法理不正当"。关于这一点，韦伯的提醒言犹在耳。③

另外，合法理首先包括但不仅限于守法，还包含对法（规则、制度、契约、律法等）本身的批判和建构。一个人如何能

①　[德]黑格尔：《法哲学原理》，161～163 页，北京，商务印书馆，1982。

②　解兴权：《通向正义之路——法律推理的方法论研究》，194～195 页，北京，中国政法大学出版社，2000。

③　韦伯说："法治原则使经过正当程序制定的律法无须再为其正当性寻求外在支持，且还成为评价政治正当性的依据。在'法治国'中，'合法'（legal）与'正当'（legitimate）成为同义词。这样一来正当性信念就萎缩成合法性信念，从而丧失了超验的或者道德的维度。"参见郑戈：《迈向一种法律的社会理论》第四章，http://www.cngdsz.net/book/law/law-socialtheory/，访问日期：2020-08-10。

够做到这看似矛盾的两件事呢？科尔伯格所说的阶段 6（以普遍的道德原则为定向），价值主体就有超越或建构法理的可能性。法的有效运行，不仅取决于法本身的合理性或正义性以及执法的合法性与公正性，而且取决于理性化、契约化的，以正义为灵魂的法理精神作为法治体系运行的内在机理和公民内部影响力的生成。[①]我们以马丁·路德·金（Martin Luther King）于 1965 年在伯明翰监狱写的信作为例子。

　　人们很可能会问：你怎么能提倡破坏一些法律而又服从另一些法律呢？答案在于法律具有两种类型（公正的法律和不公正的法律）这一事实。一个人不仅有一种法律义务，而且有一种道德义务去服从公正的法律……一个人有一种不服从不公正法律的道德义务……不公正的法律是不以永恒的法则和自然的法则作为基础的人为的法律。任何提高人类存在意义的法律就是公正的，任何贬低人的存在意义的法律都是不公正的……一种不公正的法律就是在人数和权力上占优势的团体强迫劣势团体服从而对他们自己却无约束力的法律，这是一种已被视为合法的差异。[②]

　　法律并不必然契合于正当性原则，有时国家受特定阶层的影响，导致一些法律条款偏离正当性原则。[③]特定的社会制度有多大的正当性，主要不是通过该制度下个体价值品质显示出来

---

　　① 龙兴海：《现代性道德谋划：中国背景下的探讨》，载《道德与文明》，2011(5)。

　　② 魏贤超：《道德心理学与道德教育学——科尔伯格研究》，133 页，杭州，浙江大学出版社，1995。

　　③ [英]亚当·斯密：《道德情操论》，427 页，北京，中国华侨出版社，2010。

并得以确证的，而是通过制度体系自身的正当性显示出来的。只有制度普遍建基于客观规律和经验事实（真理性正当）并以伦理价值标准（伦理性正当）为指针，公民的行为才可能自觉地遵循社会制度体系，个人才可能在良好的制度规范下充分地享有公民权并保障公民权的顺利实现。对法理的批判和建构是更深层次的法理性正当，它要求主体具备高超的价值智慧方可驾驭，从而消解"伪法理"，使法律不仅体现出法理正当性，还体现出伦理意义和真理意义的正当性。对于价值智慧不高的主体来说，循规蹈矩、单纯守法也是一个不错的选择，至少也具备浅层的法理正当性。

法理意义的正当性具有境遇性、外在性，即俗语的"合法"。例如，我国刑法规定法院可以强制被告人亲属出庭作证，那么父子或夫妻之间的揭发行为在法理意义上就是正当的，但却有违亲亲相隐的传统伦理美德。为了纠正伦理意义的不正当性（或修复伦理正当性），2011年8月全国人大常委会审议刑事诉讼法修正案，规定被告人的配偶、父母、子女有权不出庭作证。这样就确保了法理性正当与伦理性正当的某种统一。

基于法埋意义的正当性原则主要有服从约定、重诺守信、忠诚[1]、爱国、守法、敬业、尽职、责任、公正、和谐、秩序、维护稳定等。

基于罗尔斯的论述，我们认为，法理性正当的实现也需三

---

[1]　忠诚，根据对象可分为两种，一是针对个体的，它属伦理性正当原则；二是针对组织的，它属法理性正当原则。

类平台，即一般公共组织、国家组织、国际组织，它们各自的正当性逻辑有同有异。以下是以国际组织为背景的正当性辩护案例。1999 年北约轰炸南斯拉夫后，遭到多国的谴责。哈贝马斯撰文《兽性与人性：一场法律与道德边界上的战争》为其正当性辩护：第一，尊重基本人权是国际社会义不容辞之责。为了减少人道悲剧，北约有义务保护南斯拉夫境内弱势者人权不受侵犯。故北约的外部干预具有伦理正当性。第二，北约导弹"外科手术般"的精确制导打击能够定点清除敌人并最大化减少平民伤亡。这便使北约轰炸具有真理性正当。但哈贝马斯无法在法理正当性上自圆其说，因为联合国安理会并未对这次轰炸授权。

单纯追求法理正当性的行为历史上数不胜数，如岳飞的"愚忠"（忠，即对组织忠诚，满足法理正当性；愚者，不合真理正当性也）。再如，崇祯十四年初，刘孔晖（1592—1642 年）被任命为河南新郑县令。此时中原遍地烽火，多数士大夫把去这个地方当官视为畏途。当时刘母已逝数年，父亲年逾七旬，有人劝他以父年老需奉养为由，干脆推辞。而刘孔晖答曰："国家养士，恩礼不薄，何至缓急不可恃乎？平日虚谈义节，急则委城而去，所愧鬓眉，吾耻之。读圣贤书，所为何事？吾志决矣。"赴任数月后即遭李自成大军围攻，他明知必死无疑，但毫不退缩，修书一封，差人送给其父。信中说："人谁不死，今死得其所也。老父不得尽孝之子，得尽忠之子，亦可矣。"刘孔晖后宁死不屈，终慷慨就义。他的行为满足典型的法理性正当，但却未能尽孝，故牺牲了伦理性正当；且未能看清当时明朝专制集权、官宦腐败、民不聊生的现实，他没有审时度势，故丧失了真理性正当。

四、三维正当综析

如果分别择取真理性正当原则之"文明、诚信、敬业、富强"，伦理性正当原则之"友善、自由、和谐、平等"，法理性正当原则之"法治、公正、民主、爱国"，这便凝聚成为党的十八大所提的 12 项社会主义核心价值观。2013 年 12 月中共中央办公厅印发《关于培育和践行社会主义核心价值观的意见》进一步阐释：富强、民主、文明、和谐是国家层面的价值目标，自由、平等、公正、法治是社会层面的价值取向，爱国、敬业、诚信、友善是公民个人层面的价值准则。显然，三维正当性理论在学理上夯实了这 24 个字的社会主义核心价值体系。

最完美的实践行为应该在三种意义上都具备正当性，即合情合理又合法可以被称为三维正当，或厚正当（thick right）。伟大的哲学家、思想家正在尝试三者合一的可能性，如西方的亚里士多德（吾爱吾师，吾更爱真理）、康德、马克思等，中国的曾子也主张厚正当，"吾日三省吾身，为人谋而不忠乎？与朋友交而不信乎？传不习乎？"（《论语·学而》）。"为人谋而不忠乎"体现对他人的契约践履或对组织的忠诚爱岗，此为法理性正当；"与朋友交而不信乎"显示人际互动的伦理性正当；"传不习乎"则从认识论角度突出真理性正当。三种意义的正当性在"原初状态"①或"理念世界"②应该是统一的，因而可以实现完备性。然而在现实世界三者之间会有各种冲突，这种冲突弥散在社会的每个角落。贝尔在分析资本主义社会矛盾时深为此虑，如批判帕森斯等所持"社会乃一个统一体的有机结构"，提出相互冲突的三个特域——经济技术域、文化域、政治域，其轴心原则分别是功利原则、自足原则、平等原则。三者间不可调和的冲突造成各种社会矛盾③。

另外，真理性正当具备较大的普遍性（即不同主体的共识

---

① 借用罗尔斯所说的"原初状态"（original position）的描述，将如下 12 条的各个 A 选项结合起来就是其含义。1. 各方的性质【A. 连续的人们（家长或遗传链）；B. 单独的人们；C. 联合体（国家、教会或别的联合体）】。2. 正义的主题【A. 社会的基本结构；B. 社群团体的规范；C. 国际法】。3. 选择对象的提出【A. 较短（或较长）的清单；B. 各种可能性的一般特征】。4. 进入的时间【A. 活着的人们（在理智成熟的年龄）的任何时候；B. 所有现实的人们（那些在某一时期活着的人）同时地；C. 所有可能的人同时地】。5. 正义的环境【A. 休谟的中等匮乏的条件；B. 在上述条件外，再加上进一步的极端的条件】。6. 原则的形式条件【A. 一般性、普遍性、公共性、有序性和终极性；B. 对上述条件的修正，比方说，较少的公共性】。7. 知识与信念【A. 无知之幕；B. 充分的信息；C. 部分的知识】。8. 各方的动机【A. 相互冷淡（有限的利他主义）；B. 社会团结和良好意愿的因素；C. 完全的利他主义】。9. 合理性【A. 以统一的期望和对概率的客观解释来采取达到目的的有效手段；B. 同上，但没有统一的期望并使用不充足理由的原则】。10. 契约的情形【A. 永远一致的同意；B. 在某一有限时期的大多数人或任何其他范围内的接受】。11. 服从的情形【A. 严格的服从；B. 不同程度的部分服从】。12. 无一致点的观点【A. 一般利己主义；B. 自然状态】。

② 借用柏拉图的理念用意，他认为存在着一个由形式和观念组成的客观而普遍可靠的实在世界，即所谓"理念世界"（ideal world），相对于现象世界（phenomenon world）。理念世界是独立于个别事物和人类意识之外的实体，永恒不变的理念是个别事物的"范型"，个别事物只是完善理念之不完善的"影子"或"摹本"。在《理想国》里，柏拉图以苏格拉底之口通过与他人对话的方式设计了一个真、善、美相统一的政体，即可以达到公正的理想国。人类追求的正义与善就是柏拉图理想国的主题，他认为国家、政治和法律要朝向真正的存在并与人的灵魂相关才有意义。在理念的世界里，自由意味着认识理性的逻辑，并服从理性的逻辑。把理性的自己和功利的现实剥离开来，回归一种纯粹，用纯理性解释这个世界，并让这个世界按照纯理性的方式运行，从而达到精神世界的自由。柏拉图在区分现象世界与理念世界的基础上，将其法理观建筑在理念世界的殿堂之上。

③ ［美］丹尼尔·贝尔：《资本主义文化矛盾》，56～60页，南京，江苏人民出版社，2012。

性、通约性)，"真理无国界"即含此意；伦理性正当的普遍性
最低①，因为良心和道德善迄今为止仅仅在抽象的意义上被达
成某种共识，我相信每个主体"内在心灵的呼唤"是各不相同
的；法理性正当的普遍性居中，它是在对真理性正当和伦理学
正当的确认与固化中，政治博弈的结果。

　　法理和另外两个一样，单维的正当性尚不完备。例如，一
个老师利用课余时间叫一些学生到办公室，义务给他们"开小
灶"。但他不叫那些长相丑的或者有狐臭的，且用各种借口掩
饰其显见的理由。同事们私下交流，有人觉得这是教师的个人
行为，不算违法，似乎是正当的。但直觉告诉我们，其行为的
正当性明显不足，至多在法理意义上具备一定的正当性。我们
认为，一个好的教师应该追求"厚正当"行为——合真理、合伦
理、合法理三者的统一。

　　作为正当性依据的真理、伦理、法理都有相对性、境遇性
和变动性。例如，我的一个表哥和一个表妹两小无猜、青梅竹
马，互相爱慕并准备结婚。这种行为在古代有正当性吗？今天
为何正当性不足？这里显示了人类对科学知识的认识变迁，即
真理的相对性和变动性。相对于古人，我们对遗传学、优生学
有了更加深入的认识——近亲结婚的成员从共同祖先那里获得
同一基因，很可能按常染色体隐性遗传方式传递给子女，则其

---

　　① 黑尔基于维特根斯坦日常语言哲学、奥斯汀言语行为理论考察了价值语言的日常
用法，提出：道德或价值判断既有规定性，又是可普遍化的，是规定性与可普遍化性的统
一[王刚：《休谟问题研究述评》，载《自然辩证法研究》，2008(3)]。我们认为，这种普遍
化是次生性的，次生于真理普遍性之上的。

子女会因突变纯合子而发病。所以从"目前所掌握的"真理意义上说，我的表兄妹结婚不正当。而今天法律规定"近亲禁止结婚"也是基于目前人类所掌握的真理或知识。但从伦理意义上看，这是"亲上加亲"，无论古今，都是正当的。

真理正当性往往作为背景性条件，在人们行为处事中看似"有之不显，无之则非"。真理的发展会推动伦理和法理的逐步变迁，正如王志康所说，"科学认识与伦理观念的提出有直接相关性，特别地，人类对生物及自身进化的理性认识，反过来作为伦理的标准和行为指南将作用于人类的进化，进而影响社会未来的发展"[①]。那些所谓正当的社会制度其实并不必然比其他社会制度更加正当，而极有可能是借由知识或真理的名义对其进行诠释而获致某种正当性（当然也有权力和经济的合谋）。[②]

法理正当性与伦理正当性一般情况是一致的，但有时却相冲突。我们在实施低阶价值行为[③]时，应以法理正当性为首要满足条件；但在高阶价值行为中应该更多地考虑伦理正当性。伦理考虑比法理考虑更为深入，虽然两者都来源于个人权利和社会准则，两者几乎同样重要。科尔伯格对道德认知发展经过30 年跟踪研究后写道：

"这从法律上讲是不对的，但在道德上看却又是对的。法

---

　　① 参见王志康 2012 年 3 月 6 日于北京师范大学"科学与人文"论坛讲座《进化论、理性、道德与人类社会发展》。

　　② 邓正来：《规则·秩序·无知》，序言 6～7 页，上海，上海三联书店，2004。

　　③ 低阶价值行为是指价值冲突少、正当性的程度和边界清晰的价值行为；反之为高阶价值行为。

律制度只有在其反映理智者公认的道德法则时，才是正确的。人们必须考虑人身公平——这一社会契约的基础，社会赖以产生的基础不仅仅在于那些编入法律的东西，而且还在于人人公平——同等对待各种情况下的个人要求这一人皆有之的权利。人身公平意指把每一个人视为目的而不是当作一种工具。"①

其实，伦理与法理各有边界，它们在互补中促进社会的动态和谐。若无伦理，则法理根基不深，难以令人心服；若无法理，则伦理不稳，难以服众。美国学者班菲尔德所描绘的现代社会"去道德化"境况，就是呈示了伦理性正当在人们心中日渐式微。现代化这个奇异的东西推崇法理性正当、追逐真理性正当，最终令人碎片化和原子化，形成"公地悲剧"② 和"囚徒困境"③。

在现实中，三种正当性纠缠在一起的窘境很多，不仅有个体行为的，也有群体行为和组织行为的。例如，劳凯声在分析教育体制改革与改革伦理问题中，就揭示了公立学校的法人问题(关涉法理性正当)、公共性或公益性中的平等问题(关涉伦

---

① 魏贤超·《道德心理学与道德教育学——科尔伯格研究》，146 页，杭州，浙江大学出版社，1995。

② 1958 年，美国政治学家爱德华·班菲尔德(Edward C. Banfield)出版了《落后社会的道德根据》(*The Moral Basis of a Backward Society*)。在一个无道德家庭主义者所组成的社会中，只有官员会参与公共事务，因为这是他们的职责，任何普通公民参与公共事务都会被视为不正当或不正常。在一个无道德家庭主义者所组成的社会中，政府工作人员将只会付出其最低限度的工作努力来维持其职位或赢得晋升，而受教育的职业人士也不会具有多少使命感。政府中的职位以及职业的训练只会被其所有者当作武器来对付他人或牟取利益。此种伦理境况被称为"公地悲剧"。

③ 囚徒困境(prisoner's dilemma)：两个被捕的囚徒之间的一种特殊博弈，说明为何甚至在合作对双方均有利时，保持合作亦很困难。

理性正当)、教育对象的个性化差别问题(关涉真理性正当),由于这些问题相互缠绕,因此当前教育改革应当追寻第三条道路①——我们认为这一定应该是距离厚正当更近的某条路。

现实的行为总是复杂而生动,其正当性判据也是多维而不居。即使同一判据也有三个维度的意义之别,如"自由":真理意义的自由是指对客观必然性的认识以及对客观世界的改造;伦理意义的自由指主体自觉自愿地按照体现历史必然性的价值原则去行动;法理意义的自由则指主体在法律、制度规定的范围内行为的可能性。②当三种意义的判据纠缠在一起时,到底以何为先? 或者在实践中面临此种窘境时,当如何行为才算正当? 看来这是一个艰深的问题,很难做出直白的回答。

价值多元论者伯林认为,价值冲突是由一种"概念性的真实"(conceptual truth)所决定的③;因为这些价值之间不可通约,人们很难用一个合理标准加以裁决;冲突在所难免,我们无法在多元冲突中做出任何一种正确的价值选择——任何一种选择都意味着某种牺牲,都意味着我们不可避免地要放弃某种我们珍视的价值。客观价值冲突和价值选择两难困境,构成了生活中许多悲剧的深层原因。

很多学者包括杜威也认为,不应再追问哪一种原则是唯一

---

① 劳凯声:《教育体制改革与改革伦理问题》,载《首都师范大学学报(社会科学版)》,2011(4)。
② 李建华:《道德秩序》,55页,长沙,湖南人民出版社,2008。
③ [英]约翰·格雷:《伯林》,43页,北京,昆仑出版社,1999。

的、最终的，而应尝试协调各种力量间的内在冲突。①罗尔斯即使在设置了原初状态、给定了两大基于公平的正义原则之后，仍然难以决断实践中的价值优先性问题。②基于他的建议，人们在特定价值形势中，须对所有相关的具有价值意义的特征做出考察，分析所有价值理由，最终做出实际的价值行为。不同场域的主体，对正当性的优先性诉求也不尽相同，如对政治场域的公务员而言，法理性正当一般具有优先性；对教育领域的教师而言，伦理性正当具有优先性；而对学术领域的研究人员而言，真理性正当一般具有优先性。但是，一方面"优先"并不意味着排他，另一方面，"厚正当"才是最高旨趣。实际上，每当两维正当性之间发生价值冲突，当我们引入第三维正当性时，总会产生"柳暗花明又一村"的 A＋B＞C 之效。古特曼对此有过很好的分析。③

人们的价值实践中，社会得以良性运作，须把"以事实为根据、法理为准绳、人性化为内核"作为宏观管理思想。如果

①　董礼：《论杜威共同体思想的道德意蕴》，载《道德与文明》，2011(5)。

②　John Rawls, *Theory of Justice*, Boston, the Belknap Press, 1999, pp. 340-342.

③　古特曼借用了伯林提出的一个价值冲突的经典范例：正义(justice)与仁慈(mercy)的冲突。对于某些人来说这二者在某些具体情况下是不兼容的。在理论上这种不可公度的价值之间一旦发生冲突是不可能和解的，因而牺牲也不可避免。南非人在废除种族隔离制度之后，对于过于许多人犯下的种族迫害罪行如何解决？他们似乎不得不在使用纽伦堡审判的方式来实施正义还是忘记过去而施以仁慈之间进行选择。但他们选择了第三条道路。1995 年南非通过的《民族团结促进法》成立了"真相与和解委员会"(Truth and Reconciliation Commission)，鼓励罪人坦白自首和忏悔道歉来换取受害者的宽恕。古特曼对此分析：受害者知道正义的含义，但仍然认为仁慈和同情与获得坦白和道歉结合一起，完全可以取代或超越正义的价值。在这种实践中，两种冲突的价值获得了和解。参见：Amy Gutmann, "Liberty and Pluralism in Pursuit of the Non-Ideal," *Social Research*, vol. 66, no. 4 (Winter 1999), p. 76。

我们企图寻找一种固定的、单一的善势必会把价值问题转嫁给价值智慧。实际上，好的价值行为的确需要卓越的价值智慧（将在第五章探讨）或者西方哲学所说的"实践智慧"（practical wisdom）。孔子在《中庸》里以其智慧告诉我们"致广大而尽精微，极高明而道中庸"，亚里士多德曾言"美德乃是一种中庸之道"，毕达哥拉斯曾言"在一切事情里，中庸是最好的"（《金言》）。看来我们应该学习中外先贤价值智慧，"叩其两端，执两用中"，坚持中道而行。①

案例 1-1　丁忧

丁忧，指古代官员的父母死去，官员必须停职守制的制度，源于汉代。西汉时规定在朝廷供职人员丁忧（离职）三年，至东汉时，丁忧制度已盛行。宋代，由太常礼院掌其事，凡官员有父母丧，须报请解官。其后历代均有规定，凡品官匿不丁忧，则受严惩。我国的法文化传统一直以来受儒家伦理的影响，是以儒家伦理为本位来组织社会的，具有"以礼入法"的传统法律文化特点。丁忧这种行为的正当性何在？

首先在于"伦理正当性"。丁忧体现子女对父母的孝，因为小孩出生，三年不离母身，时刻都要父母护料，所以父母亡故后，子女也应还报三年。这是对父母孝心的最好体现，也是对子女是否孝顺的考验。

其次在于"法理正当性"。丁忧的文职官员必须请假二十七

---

① 石中英：《中庸之道：超越激进主义与保守主义》，载《宁波大学学报（教育科学版）》，2004(6)。

个月，回家乡守丧，事后重返官场。武将丁忧不解除官职，而是给假 100 天，大祥、小祥、卒哭等忌日另给假日。但是为了顺应各种局势，"夺情"可以合法地不守礼制，如《周书·王谦传》："朝议以谦父殒身行阵，特加殊宠，乃授谦柱国大将军。以情礼未终，固辞不拜，高祖手诏夺情，袭爵庸公。"唐代已经建立起较为完备的夺情起复制度。"忠孝不能两全"正体现了合伦理与合法理的冲突。

再次在于"真理正当性"。《礼记·曲礼》明确规定"居皮之礼，头衬创则冰，身有病则治，有疾则饮酒食肉，疾止复初"，就是说病者和年迈者可以权变。另外，丁忧也反映了在古代人们对客观事实的把握状态，古人认为，人死后，亡灵在三年内尚未走远，逢七会回来，因而子女应该"卧苫枕砖"，即睡草席，枕砖头，陪同逝去的父母受难。今天，人们的认识水平提高了，认为那是迷信，丁忧的行为在合真理的意义上便失去了正当性。丁忧也基于这样的事实，即人出生后很长时间需要父母操劳呵护，所以父母亡故后，孩子理应三年感恩守孝。但是现代社会的事实发生改变，婴儿出生后有保姆、保健站、托儿所、幼儿园等承担抚育之责。因此正是基于这些事实的变迁，很多人才觉得丁忧的做法在现代社会缺少正当性。

最后，我们通过这样一个社会现象发现，丁忧从事实性基础（三年哺育）到伦理性仪式（卧苫枕砖）再到法制化守制（去官持服、回籍守制）至退出历史舞台，经历了事实伦理化、伦理法制化、法制解构化之过程。

案例 1-2　亲亲相隐

特定亲属之间有罪可以互相隐瞒，不做证和不告发均属正当行为，不被定罪。那么亲亲相隐这种行为的正当性何在？

首先在于"伦理正当性"。在《论语·子路》中孔子言"父为子隐，子为父隐，直在其中矣"。中国古代提倡"百善孝为先"，人类情感皈依始于家人间的孝心，并扩展至亲人间的互亲互爱。法律本意乃维护正义，但若以伤害亲属间至真情感为代价，则整个社会将失去信任底线。"大义灭亲"的做法实质是以法理正当性僭越伦理正当性。

其次在于"法理正当性"。据传汉宣帝时已有法令免除亲人间初次窝藏罪。《唐律·名例》和《唐律疏议》将"有罪相为隐"的范围从直系亲属扩大到一起生活的非血缘关系间，包括奴婢和部属，在宋律、元律以及明清的法律中，隐匿范围扩大到兄弟姐妹和岳父母、女婿间。除罪大恶极外，亲属间皆可相隐不告。民国时期，亲属间窝藏罪犯可不受重罚。目前，美、英、日、德等国均坚持亲亲相隐行为具有法理正当性[①]。

再次在于"真理正当性"。亲人间的关爱更有利于罪犯悔过自新，而亲人间的举报揭发反而引发后续更多的报复行为；另外很多人为了亲人而甘愿冒险窝藏，若都严酷处罚，则可能导致家破人亡。同时亲亲相隐尊重特定血缘关系这一客观事实。

---

　　① 范忠信：《中西法传统的暗合》，12页，北京，中国政法大学出版社，2001。例如《德国刑法典》(1998年11月13日颁布，自1999年1月1日生效)分则第21章规定的是"包庇与窝藏罪"，其中第257条规定了"包庇罪"，第258条"使刑罚无效"第6项专门规定："有利于其亲属而犯本罪者，不处罚。"

2011 年 8 月,全国人大常委会审议刑事诉讼法修正案:"证人应当出庭作证,无正当理由不出庭的,法院可强制其到庭,还可处以十日以下拘留,但是被告人的配偶、父母、子女除外。"这是对我国刑法第 310 条的窝藏、包庇罪的修订。这种修订也是基于"亲亲相隐"的伦理原则。另外,随着科技和侦破手段的发展,不依靠亲人举证而破案的可能性越来越大。

最后,我们从亲亲相隐这样一个社会现象中发现,从人类事实性基础(亲人间最原始、最美好的情感)到家庭伦理(亲人间应当互敬互爱)再到法制化至 1949 年退出历史舞台,体现了三种合理性。2011 年 8 月的刑事诉讼法修正案体现了法理意义的另一种正当——对法理的批判与建构。

第三节　价值与品质

一、品质与价值的关系

品质是内在的行为倾向与心理特征,价值是外在的行为正当性判据与社会要求。价值是"丿",品质是"乀",二者交汇而形成一个"人"字。整个教育研究说到底,无非就是探索两者的契合。正如汪丁丁所说,教育目的就三件事——knowledge,value,character,这三个层次由低到高[①]。本研究的难点正是探索品质与价值合璧的必要性、可行性。

---

① 汪丁丁:《跨学科教育文集》,275 页,大连,东北财经大学出版社,2009。

政治生活是价值实践的最重要场域。这个场域的事实已然明示品质与价值的不可分割性。以中国儒家传统的"学而优则仕"为例,这里的"学"当然是以价值为核心的三德、四书、五经、六艺的全面内化,"学而优"意味着价值品质优秀。"仕"则是投身于政治生活,即品质的价值外化——价值实践。2010年5月6日,国务院总理温家宝主持召开国务院常务会议,审议并通过《国家中长期教育改革和发展规划纲要(2010—2020年)》,纲要明确提出,要立德树人,把社会主义核心价值体系融入国民教育全过程;引导学生形成正确的世界观、人生观、价值观;培养学生团结互助、诚实守信、遵纪守法、艰苦奋斗的良好品质。每种"良好品质"都有与其名称相同的一条价值原则,若根据前面第二节的论述,一定要把这些价值原则按照三维正当(真理、伦理、法理)来划分,则可发现,"团结互助"乃伦理意义之价值正当;"诚实守信、艰苦奋斗"乃真理意义之价值正当;"遵纪守法"乃法理意义之价值正当。"有两种品质是极其重要的,即爱真理和爱邻居。"①这是罗素的名言,说明他充分认识到品质与价值的关系,尽管这里漏掉了法理维度的价值,不过,法理只是对真理和伦理的确认和固化而已。

品质有优良与低劣之分,优良品质(virtue,简称良品)是伦理学的主要题材之一,并被古今中外的伦理学家以"善"作为内隐符号、以"正当"作为行为的标示性特征;而低劣品质

---

① 朱志方:《什么是实用主义》,http://dzl. ias. fudan. edu. cn/ShowTopic. aspx? topicid=13938,访问日期:2020-08-10。

(vice，简称劣品)的伦理学内隐符号是"恶"，其行为的标示性特征是"不正当"。当然从低劣到优良之间是一个近于光谱的谱系，所有的品质都可在该谱系中找到自己的坐标。外在的正当性也有一个谱系，即从最不正当(-3)、比较不正当(-2)、不正当(-1)，到最小限度的正当(如前文论述的一维正当性)，到二维正当，再到厚正当(即三维正当性)之间也有一个谱系。这样内在谱系和外在谱系就构成一个映射关系①。诸葛亮在《出师表》中说："勿以恶小而为之，勿以善小而不为。"这一方面说明了良品与劣品的谱系性，另一方面警示人们："恶小而为"反映了内在品质不够优良，如此行动，虽小也是不正当的；"善小而为"反映了内在品质还不是特别拙劣，如此行动，虽小却也有一定程度的正当性。同时，内在的心理品质与外在行为的正当性从总体上共同演绎着质变与量变之规律。

　　品质虽然是个人的，但判断和评价品质的根据或标准总是社会性的，而非个人的。一个人的品质是良或劣不全由自己认定，而是社会(如社会舆论、伦理、制度等形式)说了算，尽管不一定有专门的评判机构或组织。这样内在价值品质其实难以脱离社会性价值原则。同样，外在规范性的价值原则只有内化为品质，才能一贯地、真正地践行价值。所以价值原则与价值

----

　　① 映射是数学中描述两个集合元素之间一种特殊对应关系的术语。设 A 和 B 是两个非空集合，如果按照某种对应关系 f，对于集合 A 中的任何一个元素 a，在集合 B 中都存在唯一对应的一个元素 b，那么，这样的对应叫作集合 A 到集合 B 的映射(Mapping)，记作 f：A→B。其中，b 称为 a 在映射 f 下的象，记作：b=f(a)；a 称为 b 关于映射 f 的原象。集合 A 中多个原象的集合记作 f(A)。

品质在实践中总是水乳相融、相互关照的。价值原则作为外在规范时，它是行为正当性的外部判据；当价值原则内化为品质时，其价值行为则出自内在价值自由意志，行为的判据就是善意志或良心本身，无须做外部论证。由外在价值原则内化后所形成的品质也可称为价值品质之原则（可简称为内在价值原则）。外部价值原则只有经过价值智慧的发掘、批判、重构而内化后，才能转化为内在价值原则（价值品质之原则）。可以说，外部价值原则是内部价值品质原则之根据，内部价值品质原则是外部价值原则的升华或人格化。

价值原则与价值品质基于价值序列与逻辑顺序共生共融，共同调节生活实践。价值序列上，价值原则是价值品质的手段，价值品质是价值原则的目的。在逻辑顺序上，价值品质始于价值原则，价值原则成于价值品质。价值品质论契合于最古老的伦理学理论——德性论或良品论，其核心命题是"我们应当成为什么样的人？"或"我们应当过什么样的生活？"。价值品质论以人性潜能为切入点，对终极意义上的善的生活方式保持着关切与反思，向人们明示正当行为与保有价值智慧的生活态度，并最终指向幸福。古希腊伦理学和中国古代伦理学在坚持目的性价值命题的同时，一直关切其手段性命题。为了获得作为幸福构成要素的价值品质，孔子说："导之以政，齐之以刑，民免而无耻；导之以德，齐之以礼，有耻且格。"孟子说："徒善不足以为政，徒法不能以自行。""刑"和"礼"等外在价值原则固然重要，然而对于成就幸福生活或终极性的"成人"来说，它们仍处于工具性或者手段性地位。"行仁义"的最终指向是孕育卓越的价值品质进而是幸福生活。

近代西方伦理学随着分析哲学的崛起而疏远品质论，转向对价值语词的逻辑分析或者对价值原则的厘定。价值原则论从非价值的善推导出价值的善，有利于社会政策的制定；康德式伦理学中的绝对律令符合人们关于回报与公正的观念，"可普遍化形式"具有价值直觉上的合理性，为行动者提供了简单明了的行为指引。① 但是价值原则论将丰富的生活击碎，忽略了伦理的根本目的在于人、在于生活本身，而非价值原则。正如舍勒所说，义务和规范都不能构成伦理学的出发点，或不能冒充自己是这样一个标准——根据该标准才有可能区分善与恶②。因此，我们在承认规范伦理的同时，务必固守品质伦理这个根基。

在现代社会，"正当行为"日益与先哲所理解的"好生活"逐渐疏远，行为的正当与否在常识层面就变得仅仅与行为自身有关。而且，正当同任何目的的联系都令其显得专断。③通过反思"应过怎样的生活""应成为怎样的人"，价值品质论引导人们认识生活目的并为实现"善生活"而孕育内在品质。另外，价值品质论的焦点是整体生活的样式或者成为人的状态，故其价值评价方式就不在于对一次"行动"（action）的考量，而是综合考评

① 陈真：《当代西方规范伦理学》，南京，南京师范大学出版社，2006。
② ［德］马克斯·舍勒：《伦理学中的形式主义与质料的价值伦理学》，230 页，北京，商务印书馆，2011。
③ 廖申白：《伦理学概论》，116 页，北京，北京师范大学出版社，2009。

"行为"(behavior)以及由行为构成的生活。前者是片段，后者是整体。如此的"360°绩效评估"更符合日常生活经验对人的判断模式。本·拉登偶尔接济穷人，但其因一贯行为构成的整体品质而被定位为"恐怖主义分子"。"不以善小而不为，不以恶小而为之""试玉要烧三日满，辨材须待七年期"都一再告诫我们：价值判断不是看偶然的个别行动，而应透过行为现象考察其内在品质。价值品质论使用"好""善"等评价语词更加符合人们的生活实际，生活中的许多价值行为难以还原为义务式的话语。

行为有正当与不正当之分，品质有优劣之分，所以一个真实的人必然是良品与劣品同在，其价值行为也必然有各种形态。儒家过分强调良品①而忽视人之劣品，没有看到良品仅仅是人的品质谱系之一色。按照亚里士多德的中道思路亦可发现劣品与良品同样多，这些劣品与良品共同对人的行为实践产生深刻的、现实的影响。古语说：百善孝为先，原心不原迹，原迹贫家无孝子；万恶淫为首，论迹不论心，论心世上少完人。人的本性在于谋求更好的生存。只有向善，人才能更好地生存。因此，善的品质或者说良品才是幸福生活所需的人性或人性的总体倾向。

---

①　在我们的经典读物中，关于"君子""大人""士"的论述颇多，如《中庸》的"仁者，人也"之义；孔子的"人之生也直"(《论语·公冶长》)、"天生德于予"(《论语·述而》)；孟子的"人之初，性本善"。孟子认为人生而具有仁义礼智的"善端"，而这些善端不是后天加于人的，而是人生而固有的。但是他在肯定良品的同时否定了劣品："人性之善也，犹水之就下也。人无有不善，水无有不下。"

二、品质与内在价值体系

在品质心理学的视野里，品质是指个体在行为中体现的较为稳定的内部倾向性，是个体被社会化形塑的个性化特征，它以价值观、态度、情绪、智力、体质、兴趣等融汇而成的整体性精神面貌呈现[①]。内在价值体系是个体基于一定意义和结构对价值原则进行选择、批判、重构后所形成的内心价值观念系统，它是外在社会价值体系的内化和人格化。一个拥有价值智慧的人应该具备完善的内在价值体系，也即保有结构完整、层次合理、意义正当的价值原则集合体。任何内在价值体系都蕴含着特定的价值标准、价值观念。品质的形成和发展，是通过个体内在价值体系投射于外在实践，并在实践中不断重组价值体系从而自行构建出个性化的品质特征。斯普朗格认为品质类型"被定义为一种独特的价值取向"，并于 1928 年归纳出六种理想品质类型。[②]可见，内在价值体系在品质生成中起着核心作用。

个体内在价值体系在主客体交互作用的构建中受到诸多因素制约，所以每个人的价值体系不尽相同，这一差异性影响着个体对外部信息的加工方式，最后孕育出不同的品质。新建构的价值体系重组原有价值体系，品质的生成过程与价值体系的构建过程相互影响、制约。在其过程中，根据"价值同一性"

---

① 范蔚：《我国人格心理学的发展与人格教育实践》，载《教育理论与实践》，2003(3)。

② ［德］鲍利克：《国际心理学手册》，399 页，上海，华东师范大学出版社，2002。

(value identity)①程度，可以区分出两类价值体系，一是高"价值同一性"的内在价值体系——所建构的内在价值体系具有较高的总摄性、稳定性、深刻性，且同时体现着社会的价值原则和个体的价值原则时，就可以为品质社会化进程提供有力而持久的推动力，从而促进品质健康发展。高同一性价值体系因为有利于建立品质自我调节与监控体系，从而优化个体对自身心理活动的认知、体验和调节的能力，它将为个体心理效应与行为方式提供一个自我评价与调节的参照系，从而使青少年学会权衡轻重与明辨是非，形成对规则体系的社会责任感。当青少年受到异质文化与多元价值冲击时，能够免于被错构的价值观念支配而产生偏激心理与逆反心理。这将有助于青少年获得品质的和谐统一。二是低"价值同一性"的内在价值体系——所建构的价值体系只是反映个体价值原则，或个体价值原则与社会价值原则之间，或个体不同价值原则之间存在着矛盾、冲突，无法为个体行为提供一致的价值取向。这种价值体系使个体对外界现实缺乏客观的估计和适当的协调机制，从而影响良品生成甚至诱发心理障碍。

_____

① 价值同一性是关于"如何行为才能正当"和"愿意成为什么人"的自我概念，是价值理想与个人同一性的整合，是将价值原则注入个人的自我感，是一种塑造系统一致的自我感的过程。价值同一性概念源于社会同一性(social identity)和道德同一性(moral identity)。"moral identity"国外也有学者称之为"moral self-identity"(道德自我同一性或道德自我认同感)。参见万增奎：《道德同一性的心理学研究》，112页，上海，上海教育出版社，2009。[美]科尔伯格：《道德发展心理学——道德阶段的本质与确证》，11页，上海，华东师范大学出版社，2004。陈会昌：《道德发展心理学》，222页，合肥，安徽教育出版社，2004。

第四节　价值品质的概念与实质

一、价值品质的概念

以内在心理品质为主要研究进路的伦理学是德性论，以外在行为正当性为主要研究进路的伦理学是规范论。两者各有千秋，但是都有其局限性，故本研究以价值品质论统摄德性论与规范论。价值品质以石中英先生的价值思想[①]为根基，现初步构想如下。

价值品质（value character）——是主体以外在价值原则内化而形成的内在价值体系（value concept system）为基础、以价值智慧（value wisdom）为核心的价值素养，是个人依据一定价值原则在行为中所表现出来的稳定而和谐的心理特征和行为倾向。[②]

价值品质是个人性情或精神状态。一个人若是诚信的，那么他在实际生活中就会以各种价值行为（显性或隐性）展现诚信这种品性；在其内在性情上，他会倾向并乐于诚实待人、遵守诺言。价值品质的形成首先在于价值原则的内化，其次通过实

[①]　石中英：《关于当前我国中小学价值教育几个问题的思考》，载《人民教育》，2010(8)。

[②]　本定义主要借鉴了亚里士多德关于德性的观点（德性＝道德德性＋理智德性）、罗国杰对道德品质的定义。罗国杰教授在其主编的《伦理学》中说："道德品质是一定社会的道德原则和规范在个人思想和行为中的体现，是一个人在一系列的道德行为中所表现出来的比较稳定的特征和倾向。"该定义同时还参考了江畅、魏英敏、王国银、王海明、林崇德等的伦理学和心理学相关成果。

践体验反思而形成价值智慧，这种一体两翼的结构一旦形成，就会如同习惯在个体身上镶嵌达到自主自觉。作为基于正当性理由而行动的禀性、倾向（disposition），价值品质是通过行动者的实践智慧或价值智慧而起作用的。尤其在面临多种异质性正当原则时，它会做出最优化的价值选择——不是基于经济学的理性算计，而是以内化的价值原则即正当性原则为指针，并且在价值智慧的指导下对特定对象和情境做综合考量后的结果。偶然的、并不自知的某种行为也许看似符合某种价值原则，但是它并非价值行为，这种行为也没有反映相应的价值品质。价值行为的主体应该是意志自由的、自觉自愿的、基于内化的价值原则的。价值品质就是这样一种品性——心怀仁爱、基于正当的理由而乐于做正当之事的精神状态。

亚里士多德在《尼各马可伦理学》中对善、德性、正当等有着深刻论述，虽然没有明确说出"价值品质"一词，然而从国内翻译的各种文献来看，价值品质已经得到亚氏最好的诠释。价值品质是理性和情感的融合。价值品质在实践中需要运用理智能力，也需要情感的反应，需要价值行为者知道他正在做的是什么，像客观事物所是的本来面貌看待它，这便在价值品质与真理意义的正当性感知间建立了连接。理性（真理意义的正当性）被认作人类的决定性能力。品质本身最终是在我们的理性能力之内，由我们自愿选择建构的。亚里士多德说："德性不仅仅是合乎正确的逻各斯，而且是与后者一起发挥作用的品质。"①这个论点同样适合于价值品质。一个人若具备完善的价值智慧，那么他就有了所有的价值品质。价值品质使我们能够确定目的，价值智慧使我们选择实现目的的正当性手段和正确途径。苏格拉底主张价值品质与（价值）知识的同一。人有了适当的价值知识，就会具备一定的价值品质；若有卓越的价值品质，则定会拥有适当的价值知识。因为"知识就是美德"，它们本来就是同一个东西。柏拉图认为良品离不开智慧。亚里士多德不是特别强调知识条件，知识与价值品质之间不是简单的一一对应，但仍然认为正确类型的知识是价值品质的必要条件。缺少实践智慧则不可能有完满意义上的善，没有"德性"或价值品质就不可能是一个拥有价值智慧之人。价值品质就是这样一种二维（价值原则、价值智慧）一体的完整结构。这种观点与苏格拉底的观点大同小异，拥有一种价值智慧就拥有某种价值品质，没有价值品质是基于无知的。既然价值品质是主体要用其价值智慧做出价值选择的禀性、特质，那么对价值行为者来说，基于价值品质的行动一定是正当性行动。价值品质是与外在价值实践相对应的内在观念，"当一些行动是一个公正或自制的人将会履行的那种行动时，这些行动才被称为正当或自制的行动"②。亚里士多德说："一个人被称为公正的或有节制的

① ［古希腊］亚里士多德：《尼各马可伦理学》，47～48 页，北京，商务印书馆，2003。

② ［古希腊］亚里士多德：《尼各马可伦理学》，42 页，北京，商务印书馆，2003。

人，不是因其做了这种行为，而是因为他像公正的人或有节制的人那样做了这样的行为。"套用亚氏的话我们也可以说："像卓越价值品质的人那样行为！"这也可算作一项"价值标准"吧。

麦金太尔在《追寻美德》中梳理了亚里士多德的德性传统并力挺德性乃"有益于整体生活的、获得实践内在价值所必需的善良品质"。如何理解呢？首先基于人类生活整体的视角，德性将使人们最大化免于伤害和被伤害；其次基于实践性，"德性是一种获得性人类品质，只有在践行中才能够获得"。①

顺着上面两位先贤的德性伦理学思想，笔者借鉴高国希关于德性的相关论述②，提出价值品质论题的两个主要特征。第一，价值品质不只是去行动的性情，而且也是让判断和觉解符合正确价值原则的倾向，作为人类目的的幸福生活，它要求价值品质不能囿于个体德性修养，而是迫切地要求实践。价值品质作为个体素养从实践中得来，更要作为幸福要素回到实践中去。价值品质必然会通过价值实践显现自身，内在价值品质与外在"类价值行为"③之间是双向映射关系。第二，价值品质的核心要素价值智慧能够在复杂的客观情境中综合处理各种可能信息，能够很好应对内与外、个体与社会、目的与手段、规则与自由、事实与价值等，帮助主体察觉、判断、鉴别、选择、重构价值原则而形成新的价值体系，最终做出正当行为。价值

① [美]麦金太尔：《德性之后》，257～277页，北京，中国社会科学出版社，1995。
② 高国希：《德性的结构》，载《道德与文明》，2008(3)。
③ 若把基于同一价值原则的所有价值行为看作同一类价值行为，则可简称类价值行为。参见周俊波：《论道德品质内外影射集合结构的构成》，载《教育评论》，2004(3)。

品质是价值原则与价值智慧相统一的整体。价值原则是各种正当行为的准则，价值体系是根据特定情境对价值原则优先性的排序。优先性的排序是一个包含所有价值原则的光谱，不同情境、主体、对象，其光谱相异。在大部分情境中，人类幸福在各种价值体系里都具有终极优先性。但是次终极优先性、非终极优先性该如何确定呢？我们只有借助价值智慧才能化解所面临的诸多价值困惑、价值冲突。

二、情感：价值品质的心理自然基础

义务学说通过一套规则体系倡导某种行为方式，这种方式是我们解决人生问题所必需的。[①]但是规则体系对于个人如何成为践行的可能？这就要通过个人能力体系，即价值品质。价值品质旨在提高个人和集体幸福的意志习惯和正当行为方式，价值品质的内在自然基础是其情绪情感。正如亚里士多德所说，"德性同感情与实践相关，品性的卓越（excellence of character）是通过实践获得的禀性或倾向"[②]。西季威克也强调理性与情感的关联，"（理性）道德认识在正常情况下总会伴有各种被叫作'道德情感'的东西"[③]。价值行为、价值情感与价值品质三者在实践中互动、成长，由价值品质而引发行动时会有价值情感体验，价值情感体验促动个体践行价值，价值行为和体验的积累酝酿出价值品质。所以柏拉图说，重要的是从小培养起对该快

---

① ［德］包尔生：《伦理学体系》，405 页，北京，中国社会科学出版社，1988。
② ［古希腊］亚里士多德：《尼各马可伦理学》，47 页，北京，商务印书馆，2003。
③ ［英］西季威克：《伦理学方法》，99 页，北京，中国社会科学出版社，1993。

乐之事的快乐情感和对该痛苦之事的痛苦情感。价值品质的形成离不开实践，杜威讲教育时说的"做中学"（learning by doing），用在此处也是贴切的。尽管单纯的快乐情感本身并非价值品质，但是，对正当行动感到快乐或满意乃价值品质情感所必需。真正的价值品质必须有价值选择，而单纯的自然性感情很少涉及价值选择。当行为者做价值选择时，这种选择就是一种深思熟虑的价值欲望，反过来又促成恰当的选择。价值行为者的情感与行动须契合于中道——既不过度也无不及。当我们洞悉一个人"以何为快乐"，便可知晓他"以何为价值"，也就能明白此人的价值品格状况。"不享受履行高尚行为之人，根本不是一个好人。"①"好人"是一个脱离低级趣味的人、一个行为正当的人、一个纯粹的人。人们最初被快乐情感所驱动，被恰当地培育，在一定限度上做着正当的事，快乐应该是价值品质拥有者践行价值原则时的一个副产品。我们认同麦金太尔的观点：具备良好的价值品质者坚持价值原则，而正当行动并非如康德所言，是违背个人情感喜好的行为。它是基于个人情感对价值做自由选择后的正当行为，所以价值教育也是一种情感教育。本研究不赞同康德所说"道德的人仅仅只是出于义务才活着，而不是由于他对生活感到丝毫的趣味"②。

休谟在《人性论》中，基于"既同情他者又关心自己的情感驱使物"的人性假设，阐释了道德感由自然的同情原则发展到

① ［古希腊］亚里士多德：《尼各马可伦理学》，72页，北京，商务印书馆，2003。
② ［德］康德：《实践理性批判》，120页，北京，人民出版社，2003。

外在的正义体系规定下的情感，再发展到对于人的美好性格的超功利、无偏私的赞许。①按照休谟的情感主义伦理学思想，我们也可把价值品质解读为"惬意的心灵性质"（mental qualities that are pleasing），惬意乃在于某些方面有益于"社会功益"。保有良好的价值品质，就意味着一个人拥有既惬意、适意又有用、有益的品性，价值品质卓越者能够运用价值智慧采取正当而中道的行为使内在品性发挥出社会功益。休谟认为人同时被"自利""爱""对他人的同情"所驱动，这种"同情"受到休谟特别强调，因为它是道德基础，是我们判断事物好或坏、行为正当与否、品质高尚或卑劣最自然、最原始的指标。当我们对人的行为做价值判断时，固然关涉外在功效（social utility），然而最为根本的还是察其内在动机，行动只是动机的外在表征。行动者合意的动机是价值品质践行价值行为的心理基础之一，都与同情相关联。正如石中英所说：对于教师来说，同情这种价值品质是指教师所具有的易于、愿意并能够产生同情现象，引导自己行为方向的心理状态或态度倾向。教师的同情心是教师职业伦理形成与成长的源泉，是教育教学行为正当的内在基础。②

价值品质也是从正确的视角来发现愉悦的精神性质。③受到亚里士多德的启示④，我们可以说：价值品质是一种内在的品

---

① ［英］休谟：《人性论》，6页，北京，商务印书馆，2011。

② 石中英：《全球化时代的教师同情心及其培育》，载《教育研究》，2010(9)。

③ Julia Driver, *Ethics：The Fundamentals*，Oxford，Blackwell Publishing，2007，p. 147.

④ 亚里士多德认为德性是一种品性状态，不只涉及做正确的行动，而且涉及感受正确的情感。

性状态，不仅涉及做正当行为，而且涉及感受正当的愉悦情感。当一个具备"正当意义"的价值对象令我们产生喜悦的情感，它就是正当的，若令我们产生厌恶之情，则是不正当的；当然，不应忽视一个显见的前提条件："我们"应该是保有价值品质之人。（价值）情感、欲望、智慧都是人活生生的生命之一部分，都有不可替代之用。所以价值情感和其他各种情感一样，根植于人类心灵的本性之中。

三、价值：价值品质的心理文化基础

价值（价值原则）就是主体提出和满足需要的正当性原则，它是价值品质的心理文化基础。价值原则是伦理体系的定盘星，是界定行为正当性的准绳、判断善恶的价值尺度。价值原则是历史的、情境的、现实的、多样的。在阶级社会，一定阶级或集团总会基于自己的需要而选择某些价值原则来大力倡导。所以价值原则在阶级社会又有阶级烙印。但是随着人类需求的嬗变、升级，也有越来越多的价值原则成为不同阶级或集团的共同选项。凡是符合这些原则、规范的行为，就被判定为正当的行为，否则就被判定为不正当的行为。

外在价值原则被个体鉴赏、选择、解构、重组、内化而成为个体性的内在价值体系。内化后的价值体系既是当代主流价值文化博弈的结果，也是人类传统价值文化史积淀的结晶。维果茨基以符号为中介，使文化与心理间有了联系的桥梁，从而建构了高级心理机能社会文化历史理论。该理论强调从文化的

维度解释人的心理的产生与发展，掀起西方心理学的文化转向。[①]作为正当性标准的价值原则正是这样的符号之一，它是外在社会价值实践与个体内在价值品质间的中介。价值品质论者认为价值原则和价值智慧（包括情感）都十分重要，共同构成一体两翼的结构。价值品质不仅与个体美好生活而且与人类福祉间关系密切。价值品质论者不会教条地要求每一项具体的价值判断都要从属于固定的价值原则，而是在价值智慧的指引下审时度势地做出判断。如果说价值原则是某种可以编辑的符号，那么价值智慧则难以标示，更不可能复制、粘贴。如果自然品质（或非价值品质，即与价值无关的禀性）是人的第一天性，那么价值品质则是人的第二天性，它是行为者价值社会化后稳定品性特征的反映。依据内化后的价值原则行事，就是出于价值品质的天性而实践。外在价值原则借助价值智慧内化为价值品质的构件——内在的序列化的价值体系，外在零散的价值原则与精致化的价值品质对人的不同发展阶段作用不同。如心智未成熟者以外在规制为主导，是价值原则的输入阶段，其价值观念主要来自外部（一般为父母、伙伴等重要他人），它是否定性的（不要偷窃、不能杀人等）；而心智成熟者以内在价值品质为主导，诸多价值原则已经内化并开始输出（价值的外化，即通过价值实践完成价值使命），其价值观念主要来自内部（一般为同情、良心、快乐等自我情感），它是肯定性的（如此行动让我

---

①　郑发祥、叶浩生：《文化与心理》，载《心理探新》，2004(1)。

感到心灵满足）。显然，这是一个从外部价值原则规制到内部
价值品质自我导向的历程。

根据已有的美德论和规范论思想，我们认为价值品质伦理
学也可算是"行动者为中心"理论（如亚里士多德、麦金太尔的
德性论）与"行动为中心"理论（如边沁、密尔的功利主义）的折
中。对于德性论而言，关于人之品质的界定是须首要明确的工
作——以相同品质的行动者在一种情境下会做的价值行为，来
界定何为正当行为，它强调品性甚于规则或原则；但对边沁、
密尔或后来的罗尔斯等来说，人之正当行为的界定是最基本
的、须首先确定的任务，它强调社会规则或价值原则甚于个人
品质。

四、价值智慧：价值品质的核心要素

价值品质是基于某些正当性原则而行动的性情、倾向，具
体的行动状况如何，则有赖于价值智慧。尽管相对于作为价值
主体的行为者，客观情境诡谲复杂，然而正是价值智慧作为实
践能力而综合运用理智与非理智、重新建构主客体对象及其关
系，从而使价值行为以适当的方式、以正当的理由，做正确的
事。安那斯将价值品质要求与特定情境中的特定问题结合起
来，根据个人品行就可做出价值品质的相应行为，这构成了行
动者存在的方式。而这一行为方式的深层根基，正是生活积累
的价值智慧（中文也有译为明智、智慧）。价值行动者拥有价值
智慧使他能够正当而正确地决定其行动，价值品质正是价值主

体运用价值智慧自主自愿选择的结果。保有良好价值品质的行动者在既定境遇里能察觉相关的价值因子，然后基于内化的价值原则运用价值智慧综合处理这些察觉的知识去行动。

一个真正的人，如果通过学习能够了解一些关于价值体系、原则的知识，但是如无这样的价值智慧能力还不能算真正地保有良好价值品质。价值原则、体系的知识内化后成为实践倾向的一个基础，但是缺少价值智慧的运作，则其行为是僵化教条的，很有可能好心办坏事，或者有心而无力。美国品德心理学家莱斯特(J. R. Rest)在批判和继承科尔伯格道德认知发展理论的基础上，提出道德品质(moral character)包含执行的技巧和手段(勇气、持续性、自我控制等)[①]，这些将有助于个体做出道德选择和支持有效行为的产生。价值品质虽然异于道德品质，但是它们有很多重合以及性质的相似性。因此良好的价值品质意味着有较好的实践智慧，当然也意味着具备很强的价值执行力或价值实践能力。换句话说，若一个人具备卓越的价值品质，则其一定拥有好的价值智慧；反之，若无好的价值智慧，则价值品质会大打折扣，决然算不上卓越。可以说，价值智慧就是所有价值品质的充要条件。

价值品质的孕育路径很多，但是首先在于价值实践，从实践中亲身体验。其次要求个体遵从所在的社会、文化中的价值准则与价值榜样，经过深思熟虑而决定、践行特定情境下的价

---

① 莱斯特把道德认知划分为四种基本成分：道德敏感性、道德判断、道德动机和道德品质。参见杨韶刚：《确定问题测验与道德心理的结构成分探析》，载《教育科学》，2004(6)。

值因子。亚里士多德认为，人们总是择善而行而非习规。价值
实践者的目标是以特定的正当性生活方式主动地关照生命中所
涉及的事件，而非任其漂流，更非任由外物（后果）或一堆价值
原则来决定自己的生活。生活不易，活出有价值品质的生活更
难，需要个人运用全部价值智慧去做出选择。我们目前的德育
方法乃至于近现代道德理论则在方法与主旨上与此不同。对于
复杂的价值问题，伦理学绝非近代所要求的决疑术，它不是简
单地把价值原则、理论套用到特定情境中去就能自动地生出一
个个正确的答案。价值品质论从不认为学生熟记价值原则、通
读伦理书籍就可修炼成价值品质高人。其自始至终的观点是：
卓越的价值品质需要以价值实践和基于此的价值智慧为核心。

　　价值智慧对于价值品质的必要性基于三点：一是在社会价
值原则向内心价值体系的重构中所起的聚合作用；二是根据特
定情境内在价值品质向外在价值行为转化中所起的还原作用；
三是在自然品质向价值品质升华中所起的催化作用。如果自然
品质加上了价值智慧，它们就使得行为正当且完善。离开价值
智慧，价值品质难以卓越，因为完满的价值品质需要价值智慧
来明察、鉴别、慎思和选择。

　　真正的价值品质与自然品质的关键之别在于是否有价值智
慧的介入与运作。诺丁斯（Noddings）是关怀伦理学的创立者之
一，她在强调"关怀"时，也透露出对于价值智慧的重视。当我
们基于某些自然情感（如移情、同情）或价值原则关怀别人时，
被关怀者若不能感受到，那么关怀性关系就没建立，也意味着

价值行为不是完整的。这时就需要我们运用价值智慧采取多种行为模式做多种尝试，直到建立起真正的关怀性关系（caring relation）①。根据康德的观点，妇女有天然的善和爱的倾向但可能缺乏真正德性所需要的道德推理能力。即"天然的善和爱的倾向"只是一种自然品质，"道德推理能力"不正相通于价值智慧吗？自然品质不是由价值智慧所选择或规定的，所以当然不是完善的价值品质。而当行动者以价值智慧为灵魂，则其自然品质的光辉就会破茧而出。

第五节　价值品质的特点

一、内容与形式的统一

价值品质这个概念或词语本身已经显示，价值乃形式，品质为内容。我们从个体价值品质的生长过程亦可发现这种统一性：个体在价值实践中，正当性推理和判断体现出形式和内容的统一。

皮亚杰的专著《儿童的道德判断》展现了其对儿童道德判断的深入研究。在该书中他基于大量观察、实验而阐明了儿童社会认知发展趋势——儿童品德的发展从"他律"（道德判断受他

---

①　诺丁斯 2011 年 12 月 10 日在北师大演讲时说："我们关注的是'关怀性关系'，而非只是'仁慈的美德'。当由于种种原因'关怀'不被被关怀者感受或接纳的时候，关怀伦理要求我们赶紧去作别的尝试，直到关怀关系成立。而美德伦理只是强调道德主体的个人参与、关怀者的德行品质。"参见檀传宝：《子诺子言——诺丁斯教授北京行纪》，载《人民教育》，2012(2)。

自身以外的价值标准所支配）到"自律"（道德判断受他自己内在
价值标准所支配）的过程。皮亚杰的开拓性贡献是基于道德判
断力来探究儿童道德品质的发展，他认为：10—11 岁是儿童
道德思维发展的关键期，儿童开始进入形式运算阶段。10—11
岁以下的儿童以一种两难推理来做判断，将道德规则看成固定
的、绝对的，由成人规定或上帝传下来的，道德判断以后果为
依据；而 10—11 岁以上的儿童，不再把道德原则视作定律，
而是根据目的采取多种方式来思考。

科尔伯格沿着皮亚杰的路径继续研究青少年后期乃至成人
终身的道德发展规律。他在大量实验分析后提炼出经典的"道
德发展三个水平六阶段模式"。该模式围绕"道德两难法"（moral dilemma）而展开，其典型案例是"海因茨偷药救妻"的故
事。①这是一个虚构的道德两难故事，本研究中我们将其改编为
关于行为正当性的价值两难判断的案例，以此阐明：价值品质
不是一种天赋或者外界的恩赐，而是个体在成长中通过价值实
践逐渐孕育的，孕育的过程与道德发展过程具有同一性。我们
借用科尔伯格的海因茨偷药案例设置了六个问题，让青少年学

---

① 欧洲有个妇女患了癌症，生命垂危。医生认为只有本城一个药剂师新研制的药能
治好她。配制这种药的成本为 200 元，但销售价却要 2000 元。病妇的丈夫海因茨到处借
钱，可最终只凑得了 1000 元。海因茨恳求药剂师，他妻子快要死了，能否将药便宜点卖
给他，或者允许他赊账。药剂师说："我研制这种药，就是为了赚钱。"海因茨别无他法，
便在晚上撬开药剂师的仓库门把药偷走了。参见袁振国：《当代教育学》，238～239 页，
北京，教育科学出版社，1999。

生讨论①，依此考察儿童价值发展状况。考察结果如表 1-1 所示。

1. 海因茨应该偷药吗？为何？

2. 他偷药的行为是正当的还是不正当的？为何？

3. 偷药是海因茨的义务吗？为何？

4. 为了挽救另一个生命而不计成本值得吗？为何？

5. 海因茨偷药是违法的，即在法理意义上不正当。他偷药的行为在伦理意义上是否正当？为何？

6. 你认为一个有优良品质者处在海因茨的情境会做什么？为何？

表 1-1　道德发展三个水平六阶段模式与价值正当性的耦合

水平	阶段	正当性论证	关于"海因茨偷药"行为的正当性推理		何种正当
			不正当的理由	正当的理由	
前习俗水平	1	一个行动是正当的，当且仅当这一行动产生最好的结果；最好的结果是那些快乐最大化的结果（行动功利主义）。	做小偷将被逮捕并受制裁。	仅仅偷了小东西且预先恳求过，只会轻微处罚。	真理意义：遵循客观规律和实事求是。
	2		若妻子对海因茨很差劲，则海因茨不值得为这样的老婆铤而走险。	若妻子与海因茨很恩爱，则海因茨颇有必要去冒险。	

——————————

① 调查对象包括 5 名小学生、6 名中学生、45 名大二学生。中小学生主要通过其家长了解，大学生通过笔者课堂集体讨论的形式了解。结果如表所示，中小学生的正当性推理方式与科尔伯格的结果具有相似性，不过大学生的正当性推理方式涵盖了 1—6 阶段，而非预期的集中在 5—6 阶段。一个原因可能是：采用集体讨论发言的形式，同学们以发散思维的方式列出了所有可能的推理，而非其认同的唯一推理或主导性推理。

续表

水平	阶段	正当性论证	关于"海因茨偷药"行为的正当性推理		何种正当
			不正当的理由	正当的理由	
习俗水平	3	一个行动是正当的，当且仅当这一行动与一条价值原则一致；这条价值原则是关于契约、法律及其内在逻辑与精神主旨的原则（道义论）。	当小偷是自我污名化的行为，会让自己和家人蒙羞。	丈夫有义务对妻子负责。	法理意义：遵循契约、法律及其内在逻辑与精神主旨。
	4		做贼违反法律。	若不做贼，则无法尽其义务。	
后习俗水平	5	这条价值原则还可以是"上帝赋予""自然法命令"或康德式"理性"等。	为挽救亲人生命而违反法律已经超出义务范畴。	为挽救人命而做出违法之事需要根据具体情境，若没有其他有效手段而必须采取偷的行为，那么说明法律本身需要修改完善。	合法理首先包括但不仅限于守法，还包含对法（规则、制度、契约、法律等）本身的批判和建构。
	6	一个行动是正当的，当且仅当它是一个品质卓越者在这种情境出于其品格特征总会做出的行动。一个品质卓越者是基于价值品质而行动的人，也就是具有并践履价值品质的人。价值品质是人兴旺繁荣或美好生活所需的品质特征（品质论）。	该药物也是其他病人急需的，他偷走药物使别人失去治愈机会。因此尽管救人本身没错，但所有病人应该有相同的治疗机会才体现公平。	无论救哪个人，只要是挽救生命，这种行为本身就体现了最高善。	伦理意义：基于人与人相处的良心和道德善而行事。

资料来源：袁振国：《当代教育学》，238～239 页，北京，教育科学出版社，1999；童建军：《行动正当性的美德伦理论证及其现代性困境——以赫斯特豪斯美德伦理为中心的展开》，载《华中科技大学学报（社科版）》，2011(5)；罗莎琳德·赫斯特豪斯：《规范美德伦理学》，载《求是学刊》，2004(2)；龚群：《现代伦理学》，北京，中国人民大学出版社，2010；等等。

该表格给我们呈现了价值判断内容（对行为正当性的回答）与价值判断形式（价值判断的正当性论证与推理）的统一。从该表格中我们看到：价值判断的依据从"合真理"向"合法理"再到"合伦理"的渐次发展顺序，这个顺序与科尔伯格的发现"道德发展是按照不变的顺序由低到高逐步展开的连续过程"具有一定程度的同一性。不过，科尔伯格还发现，在道德推理方式的兼容性方面，较低者不能兼容较高者，但反过来却可以。常识告诉我们，任何正当行为，除非某些特殊情境，总是以"合真理"为基础的，而合法理或合伦理的推理虽然没有明确说明合真理，但是显然"合真理"已经成为一个重要的背景性条件。我们可以想象，一种价值行为如果故意隐瞒或无视这种行为所依赖的客观规律或其明显的直接后果，那么它本身已经违背了一项重要的价值原则"真诚"或"诚实"。需要注意的是，"合真理"并不是遵循绝对的、超出价值评价者所掌握的规律、事实，它一定是主体在当时情境下所认识的、已经把握的规律和事实。

同时我们也发现，在前习俗水平和习俗水平阶段，个体正当行为所遵从的规则、原则都是外在的，而到后习俗水平，其正当性行为不再基于外在规则、原则，而是出于内在良心或为了总体的善，即"以行动者为中心"而非"以行动为中心"，也即一个价值品质卓越者在这种情况下都会如此做。按照赫斯特豪斯的说法：它关心内在价值品质而非行动本身，考虑"有价值品质者在这种情境是如何行动的"，即"是什么（being）"的问题，其关键词如善、好、德；而非"按照外在特定原则我应该做什么

（doing）"，其关键词为结果、责任、正当等。

20 世纪 80 年代初，科尔伯格又对上述"道德发展三水平六阶段模型"做了生前最后一次修正。[①]我们参照修正后的模型可以阐发出关于个体正当性推理的一般顺序：自我中心的物质功利观（依据物质后果而非依据他人心理兴趣判断行动的正当性，个体不考虑他人利益）—个人工具主义（能意识到每个人都有自己所追求的利益，且充满冲突，故"正当"是相对的。个人通过工具主义交换服务，或通过给予每个人等量公平而整合个人利益冲突）—制度情境化（意识到人所享有的协议、期望高于他个人的利益，他能设身处地地考虑问题。能依据自身在制度中的地位来确定个体角色和依据角色去做正当行为）—个体参与性（将自己看成规则的参与者、尝试超越普遍化的社会义务或契约之束缚）—契约建构（明白了正当的多维性及其相互间的冲突，努力重构契约以调和各种正当性之间的冲突）—树立主体人（任何正当性推都论必须立足于"人是目的而非手段"的价值前提）。该价值推理发展阶段以科尔伯格及其同事在美国及世界上其他地区进行 30 年的跨文化研究和追踪研究为根基，但尚未经过实证证明，这里只能以伦理学或哲学的遐想与推论初做呈示。

二、美德与规则的贯通

价值品质是主体以外在价值原则内化而形成的，以内在价

---

① 魏贤超：《道德心理学与道德教育学》，288～300 页，杭州，浙江大学出版社，1996。

值体系为基础、以价值智慧为核心的价值素养，是个人依据一定价值原则在行为中所表现出来的稳定而和谐的心理和行为倾向特征。"稳定而和谐的心理和行为倾向特征"是德性伦理的关注点。价值原则是指个人提出和满足需要的正当性原则，而正当性原则实质是外在规范。也即价值品质统合了德性伦理和规范伦理，兼具二者的优点。规范伦理的核心问题是外在行为，也就是"行动为中心"。怎样的行为是正当行为？它是形式主义的，倡导"原则"（principle），重点关注人的行为是否符合普遍价值规范。德性伦理的核心问题是内在品质，也就是"行动者为中心"。怎样的品质是有德性的？它是实质主义的，弘扬"良品"（virtue），把人的内在品质作为价值评价的重点。

"稳定而和谐的心理和行为倾向特征""价值素养"体现了价值品质的根源乃内在良品。首先，良品是价值素养之本。人类价值实践反复论证：价值原则永远无法穷尽实践中的所有个别化情境，而良品能够弥补价值原则在价值实践中的不足，能与价值原则形成一种互补。良品在使价值原则外化为价值行为方面具有重要的作用，因为外在的价值原则首先要经过价值品质之价值智慧的鉴别、筛选、批判、重构而内化为价值品质的内在元素——价值体系，价值体系在特定情境下再次通过价值智慧的运作而外化为价值行为。良品正是在价值原则的内化与外化间起到承前启后的作用，就如自行车上的电瓶，在外力作用下发电而储存，然后在特定时机将电再转化为动能使自行车运转得更好、更省力。我们也应该看到，良品局限性和价值运行机制决定了价值原则在价值实践中的特有作用。价值品质的孕育过程就是主体自觉或不自觉地根据价值原则形塑自我人格的过程。良品与价值素养的本质是同一的，良品的本质是利他性，即牺牲自我利益，而价值素养的超越性、正当性和向善性则体现了良品利他性的本质。良品在价值行为的习惯中产生并反哺式地、稳定地、一贯地决定价值行为的发生，而这正是价值教育的目标。尽管社会的正当性原则和政策对于维持一个正义的社会环境是必需的，制度、规则有助于孕育良好品格，然而价值品质论因为贯通了价值、德、福三者壁垒而使人—我、目的—手段、正当—好生活之间变通途，所以本源依据仍是内在良品。

其次，规范是价值品质的天然素材。以往的规范伦理忽视内在品质的地位，价值品质论重视价值原则（正当性原则）也即规范，规范或价值原则在价值素养的培育初期具有不可替代的作用，一方面心智未成熟者尚不能充分觉解良品，而只能在价值原则的规制下形成价值行为的习惯，由习惯逐渐形成价值素养；另一方面，价值品质不是与生俱来或偶然获得的，而是在价值实践中日积月累孕育出的，价值实践是基于正当性原则的价值行为，这些正当性原则就是规范。所以规范是价值品质的天然素材，这些素材由外至内，由行为至品质，由遵循至所欲，由规制至制规，在价值智慧的运作下逐渐成为素养——价值主体的价值素养。

最后，规范与良品在价值品质论的视域中辩证统一。规范只能满足人们底线伦理的维度，而良品是完善人、超越人、实现终极价值的基础，二者相辅相成，构成立体的伦理生态或价值生态。单纯的价值原则无法保证长久和永恒的价值实效，只有与良品相适应的原则才具有合法性和合理性，正是在这个意义上，我们说良品乃价值之本。依凭良品的伦理，是比关于价值原则、规范更为高级的伦理，可以使人上升到更高的价值境界，更有利于主体人的全面、自由发展。《追寻美德》给人的感觉似乎是要以德性伦理取代规范伦理，麦金太尔澄清道："他们误把这本书解释为对作为代替'一种规则伦理'的'一种美德伦理的辩护'。这种批评忽视了任何充分的德性伦理均需'一种法则伦理'作为其副本。"①所以，美德与规则本为一枚硬币的两面，我们不要对其有非此即彼的二元论思想，规范伦理和德性伦理相融合是我们的不二选择。事实上，很多学者已经如此践行，如赫斯特豪斯提出了规范美德伦理学（normative virtue ethics）的概念。他主张基于良品的德性与规范的有机统一。

在价值实践中，我们需要两手抓，两手都要硬。价值原则有助于人们在复杂的现实生活更加便捷地明晰何为正当，并如何去做等，尽管有点僵化教条，但是只要把握好度并引进价值智慧的导向，并不会导致严重的"价值事件"。这些看似机械的正当行为，如果假以时日便会形成习惯，进而成为人们价值品质之一部分。反过来，价值品质需要通过践行价值原则得以体

---

① 郑富兴：《美国中小学品格教育实践中的故事法探析》，载《外国教育研究》，2002(11)。

现，人们很难窥测他人内心的品质状况，所以只能用外显的行为与价值原则的符合度作为评价内在价值品质的指标。虽然不够科学，但这在所有可选范围内不是最差的指标。良品与原则间有双向互动性。卓越价值品质既意味着能"随心所欲而不逾矩"，又意味着能在价值智慧导引下对现有的原则做批判和重构，使原则根据价值实践的发展而与时俱进。价值原则借由外在的价值行为习惯而形塑品质，最终"怎样行事，则会拥有怎样的品质"，因为价值原则的集合就是良品的范畴。

三、统一与多样的结合

作为人心理定势的价值品质体现在人活动过程中的各个方面，呈现出多样性。例如，在认识方面有"好学、诚信、追求真理、求真务实"等良好的价值品质，意志方面则有"勇敢、坚韧、刚毅"等价值品质，在情感方面有"友爱、仁慈、宽容、同情"等价值品质，行为方面则有"勤奋、节俭、尊重、责任"等良好的价值品质，可以看出良好的价值品质问题存在于人活动的所有方面。因此良好的价值品质是多样态的，不只具有意志冲动性的多种倾向，而且其内在心理形式如兴趣、愿望、态度、情感等也是多样化的。这种内在品质的多样性与外在正当的多维性（真理、伦理、法理）相互映照。

价值品质统一性思想最早可追溯至苏格拉底，他说"诸德为一""美德即知识"。亚里士多德也主张良好的价值品质具有同一性——同一于"中道"。"中道"是价值智慧的最高准则，良好价值品质的灵魂和核心是价值智慧。正如舍曼所说，以价值智慧为核心的实践理性能够统筹规划各种对象、目的和手段，并能通过反思、评价获得最优方案。[①]故价值智慧是诸种良好价值品质统一性的基础，正如这样的意象：一枝漂亮的玫瑰是由花蒂和花瓣共同组成的。价值品质统一性与多样性的关系犹如花蒂与花瓣的关系，若无花蒂，花瓣将散乱飘零；若无花瓣，花蒂将了无生机。

四、内在意向性与外在指向性的融汇

价值品质作为一种心理特征和行为倾向，不是自我封闭的"顽石"，而是跃跃然随时向外迸发火苗的"燧石"。价值品质的内在心理基础是：心理特征与内在倾向性。倾向性意味着"意志冲动"，即指向一个特定目的。这种目的很大程度上由文化因子、社会规制、心理基因来决定，如品质伦理学者大多把"幸福"认定为目的。外在指向性（包括柔性的善目的、硬性的规制）与内在意向性（正当性行为倾向）是一枚硬币的两面。本研究把价值品质理解为正当行为和心理的某种"意向"（inclinations）或"倾向"（dispositions），因为价值品质是一种心理定势，而不是通常的一种心理现象，良好的价值品质在人的生活（包括情感、态度、行为等）中起到规制导向作用——与法律、制度、政策等的规范作用不同。价值品质的规制导向作用是作为一种个人的心理定势发挥作用的，是由内而外自发产生的。尽

---

　　① Nancy Sherman, *The Fabric of Character*: *Aristotle's Theory of Virtue*. Oxford: Clarendon Press, 1989; pp. 4-5.

管有时也需要意志的强制力，但那发生在价值品质的中低水平阶段。总之，外在指向性与内在意向性统一于价值实践，通过人们的情感、态度，特别是行为体现出来。

第二章

价值品质的理论渊源
与人性根源

伦理学讨论方式主要有元伦理学、描述伦理学和规范伦理学三种。[①]但在现当代，以麦金太尔为代表的德性伦理学和以罗尔斯为代表的规范伦理学两大派别已然主导话语思路。[②]本章权且以此为参照系来探讨价值品质的背景。

第一节　规范伦理学与价值品质

规范伦理学(normative ethics)本质上是一种价值原则论(principle-centered)或行为中心论(action-centered)，价值原则处于首要的、决定性的地位。这一点恰好与品质论(character ethics)或者德性论(virtue ethics)相反，传统德性论"以行动者为中心"(agent-centered)，关注"成为怎样的人或人是什么"(being)。规范伦理的基本问题是"一个人应当做什么以及应当

---

① 廖申白：《伦理学概论》，17 页，北京，北京师范大学出版社，2009。
② 魏则胜：《在德性与规范之间》，载《哲学研究》，2011(1)。

怎样做"（doing）①，即从社会生活的现实出发，研究和提出针对人的行为正当性普遍原则。规范伦理把价值落实于人的外在行为，关注的是人的外在行为，它不再首要强调人的内在品质，而以行为是否符合普遍的规范形式作为价值评价的中心，是形式主义的。它采用特定的具有"义务"内涵的概念，如正当、责任、公正等，以区别于品质的概念，如好、善、良品、良心、同情等。

很多时候，人们乐意把价值原则体系中的条目误认为是规范伦理本身，规范论着重考察行为是否可普遍化或引致总体的幸福，而品质论则审视行为是否出自主体的内在品质。所以某些行为看似违背品质概念，但因引致总体幸福却在规范论意义上具有价值正当性，反之亦然。亚里士多德早已预见到这种情形。②规范论的代表康德遵奉正当行为的普遍性为一条铁律，认为应该不折不扣地贯彻，故而鄙视生活世界中诸如"善意的谎言"的非普遍性行为。

规范伦理学可细分为权利论、义务论、后果论，他们以"正当性行为"作为切入点，聚焦于外在行为而不首先关注人的内在品质。规范伦理调节的范围具有"直线性"，当面对新问题新情境，规范的稳定性、确定性可能蜕变为僵化性、保守性，

---

①　童建军、李萍：《德性论与规范论比较研究——目的与手段的视角》，载《道德与文明》，2009(3)。

②　亚里士多德认为，有些人做了公正的事，却不是公正的人。例如，那些违背自己意愿、出于无知或为了某种目的，而非基于行为本身而做了法律要求之事的人就是这样，尽管他们做了他们应当做而且所有好人都会做的事情。

既有的规范、制度则会捉襟见肘。规范伦理的立论基础是：做
怎样的人属于每个人自己的事，自由意志的个体有权决定做一
个什么样的人，任何他者包括社会本身都无正当理由干涉个人
的这种权利。伦理学没有必要去关注和研究人的内在价值品
质，把人看作只知遵循外在规则而缺乏内在价值品质和价值主
体性的机械物，更无权利，也无必要为每个人提供某种共同
的、普遍的价值品质的模式。它侧重于行为对于普遍的价值规
范的符合和遵从，只要行为符合价值原则，那么它就是正当
的、好的或善的，这个行为就可称为"德行"。规范伦理过分强
调外在于人的行为规制，人们除了拥有价值原则和具有按原则
行事的功能，可能找不到主体人的内在精神意蕴。①

　　规范伦理强调价值原则、价值规则和价值义务，漠视对人
本身的正确关怀，导致个人自我意义的丧失，造成普遍的价值
生活困惑和价值人格分裂。对价值原则或制度公正与否的衡量
离不开内在品质，而且价值原则或制度的主旨是避恶而非扬
善，因而即使是公正的价值原则或制度，也会产生价值冷漠。
在高度组织化和制度化的现代社会中，仅靠规范伦理，会使人
们逐渐失去对自我内在品质的敏感和自律，自我的价值自觉能
力也因社会规范日益强化而日趋萎缩、迟钝，最终内在价值精
神的缺乏、价值知觉能力的弱化，又必将导致社会伦理规范效
力本身的降低。因为无论现代社会价值规范系统多么完备，如

---

　　① 童建军、李萍：《德性论与规范论比较研究——目的与手段的视角》，载《道德与
文明》，2009(3)。

若缺乏个人自主良品的心理基础，则其实效性会大打折扣。麦金太尔认为，在品质与规范之间具有另一个十分重要的联系，那就是，只有具有良品的人，才会明晰如何施行规则。这正是现代社会规范伦理的内在矛盾和解药。

正当的行为规范是价值原则的具体化，这些规范按照一定结构组成的集合就是制度。制度总体而言由人们基于特定价值原则或体系所构建，也可以说是价值原则的契约化、稳固化。尽管制度都是基于价值原则，但是同一原则可能在不同主体博弈后形成不同的制度，因而制度也是价值原则政治化的结果。制度化成为现代社会文明的标志之一，我们倡导法治反对人治，正是基于制度化能够使社会最大限度发挥正当性价值原则的功能，能让社会最大化、最持久地实现公正。一个人无论想做怎样的人，他的外在行为都必须符合社会制度或者更上位的普遍价值规范，价值上的"正当"是做一个合格公民的基本要求。价值原则和制度都能增强社会公共秩序和凝聚力，而良好的社会秩序也最终有利于扩大社会"公正"和保障个人正当行为与幸福生活的内在统一。核心价值体系、根本制度具有确定性和稳定性。具体的原则和制度总是明确对应着一些具体的行为，并且因其稳定才可能被践行。规范伦理关注的是社会"价值原则""制度""行为"，以维护社会秩序为主旨，强调社会本位和整体利益，因而相对于价值实践者来说，它是带有约束性的、不太关注内在品质的。但是，我们欣喜地看到，"不太关注内在品质"，恰好为个体留下一片"自留地"。在"自留地"里，

"善理念""自由意志"芳踪可觅，个人的良知、良心、良品也能徜徉其间，而栅栏之外是人的外在规制领域，也是普遍规范下的共同社会生活领域。

第二节 德性伦理学与价值品质

一、德性话语分析

在儒家文化传统里，德性指人的禀性或倾向、人格等，当然亦可指称价值品质。在中国古代，德性之"德"同"得"字，最早现于奴隶社会时期的甲骨文，指获得货币或奴隶。在西周初期的文献里，德不仅指文王、武王"得"天下宝座的伟大业绩，而且也指他们获取天下的仁爱之心和实践智慧。"德"与"道"合成为"道德"，也具有仁爱、善良之义。《荀子·劝学》中说："故学至于礼而后止矣，夫是谓道德之极。"此"道德"不仅指纲常伦理之"礼"，且还指人们个性修养的最高境界。汉代董仲舒提出"三纲五常"，以"德"的形式维护封建统治，"五常"（仁、义、礼、智、信）成为中国封建社会最重要的德目。可以说，在儒家文化里，德性是德行之内在依据，是主体通过内化外在规范、原则而修己，以使"礼"成为一种自觉的生活习惯与境界，是人"得道"之后所积淀于内心的品质、节操或修养。

美德源于战神"英雄气概"，显示出某方面的优势和能力。古希腊时期，德性的含义非常宽广，凡是值得被称赞的品质都叫"德性"。如"锋利""坚硬"是刀的德性,"漂亮""贤惠"是女人的德性,"美丽""幽香"是花儿的德性。在希腊三贤哲思想中,德性乃获得幸福或善的实践所不可分离的"黏合剂",它自身不是最善之物,但是人们追寻最善之物的实践所必备之物。其重要功能在于使内在品质在"爱智慧""追寻美德"的生活中得以良好发展并臻于完善。麦金太尔在《追寻美德》一书中系统剖析了古希腊以来的各种德性观。他认为,在荷马史诗中,德性就是一种品质,其表现形式是某人能够完满履行他应尽的义务。《新约》中的德性被认为是一种实现人之目的的品质。人的善是一种超自然的善,德性乃天国与人之间天堑变通途的手段。富兰克林的德性观基于功利主义目的论——德性是达到目的的手段,但手段与目的的关系是外在的。

亚里士多德在《尼各马可伦理学》中,区分了"道德德性"和"理智德性"。其中,道德德性是人的欲望和感情发展的良好状态,它不是完全来自天赋,而是通过后天"习惯"的训导与矫正,即在人的实践过程中孕育而生,并内化为人的一种内在品性。道德德性的范畴很广,如仁爱、诚实、自由、勇敢、勤奋、节制、正义、和谐等。理智德性主要通过教导发生和发展。亚里士多德将理智德性区分为三大类:理论理智德性(科学与智慧)、实践理智德性(明智)和技艺理智德性(运用技艺从事制作或创作活动时体现的优良品性)。

实践理智德性(明智)与道德德性都是属于人的,且在实践中有着密切关联和交互作用,故二者的关系成为伦理学史上的一个重要论题。亚氏断言只有实践活动方能孕育道德德性，但若缺少实践理智德性（明智）的指引，则难以成善德。实践理智德性能使人在复杂的生活情境中权衡轻重、系统处理，致使"中道"而行以成就善德。另一方面，实践理智德性的孕育及提升也有赖于道德实践，明智是道德实践过程中的明智。只有通过实践具有某种品性的行为才能发展出与此相应的品质。行公正之事，才能把公正感慢慢地渗透进身体和灵魂，践行公正的习惯有助于人们成长为公正之人，即"积习成德"——"公正孕育于公正之事的实践中，勇敢内生于勇敢之士的践行里"[①]，如此，"在德性的践行中养成德性"[②]。在亚里士多德看来，"是（什么人）"与"做（什么事）"、"生存状态"与"如何行动"之间互为印证：经过尝试直面险境而日益胆大继而勇敢，一旦成为勇敢者便能以勇敢的姿态面对更多的场景。[③]

因此，实践理智德性与道德德性辩证统一于人的道德实践活动中。在此过程中，道德德性令善的目的得以定向，实践理智德性使人能以最正当、最准确的方式实现善。

二、价值品质与德性的相通之处

（一）内涵：内在品质

价值品质与心理品质、生活品质等类似，指主体关于"价值"或者在价值活动（包含内在心理活动和外在价值实践）中展

---

① ［古希腊］亚里士多德：《尼各马可伦理学》，77 页，北京，商务印书馆，2003。
② 同上书，41 页。
③ 同上书，79 页。

现的品质与特性。如石中英所述，价值是指主体提出和满足需要的正当性原则。本文认为正当性就是在三个意义上的合理性（真理意义的、伦理意义的、法理意义的），正是基于其合理，因而才是正当的，厚正当所展现的内在品质也应该是最受人称赞的好品质。

"德性"被亚里士多德在《尼各马可伦理学》里称为"使人成为善良并获得优秀成就的品质"或"那些值得称赞的品质"。[①] 也就是说德性展示的是行为者在某一特殊品质上的卓越不凡和优秀（excellence）。德性作为一种内在品质，要求为了正当的理由做正当之事，且内心是快乐自愿的。诚然，基于第一章的分析，品质本身（心理倾向性和心理特征的全貌）是中性的，当其标示褒义的品质意味时则近乎"美德"（virtue），而当其标示贬义时则似于"恶德"（vice）。这种二分法正好对应于德性的二类下属，良品即美德、劣品即恶德[②]。按照亚里士多德的理解可以得出：德性 = 状态 + 活动。状态对应于品质之心理特征，而活动则映射于心理倾向性或者康德之"意志冲动"，从事美好生活的活动算是"有德性"（美德）的，也即是良好价值品质的。斯宾诺莎更进一步发挥，认为德性就是人（从事活动）的力量自身。[③] 包括善、恶都是同一种力量的两面，即无恶则无所谓善。

---

① ［古希腊］亚里士多德：《尼各马可伦理学》，46 页，北京，商务印书馆，2003。

② Nancy Sherman, *The Fabric of Character：Aristotle's Theory of Virtue*. New York, Oxford University Press，1991，p2.

③ 斯宾诺莎：《伦理学》，171 页，北京，商务印书馆，1981。

（二）生成：生活实践

先天禀赋只是肇端，充其量是自然品性而非德性，更非价值品质。在坏行为与好行为的连续谱系中，德性和价值品质的形成都有着偶然性，从本然上讲，"好"与"坏"都有着相同的概率。且都在偶然性的行为中，主体逐渐尝到"甜头"从而自觉地多次如此行动，进而逐渐形成习惯，最终在长期的惯习中孕育了那样的品性与德性。这样的形成轨迹处处有风险，如诱惑、陷阱、旁门左道等，随时会使"好"与"坏"发生转向。偶然行为、惯习、风险都是生活实践的自然要素，它们都是德性和价值品质得以形成的必要环节。[1]

"劳动产生了人"应有双重含义：一是类人猿通过劳动转化为人类始祖，始祖的人性特征（德性和价值品质的先天根基）成为一种历史文化基因，每一个当下的人都是以历史文化基因在个体身上的遗传为基础；二是现实的人只有通过劳动才能生存，才能具有当代社会特征，德性与品质概莫能外。劳动的最直接、生动形式就是生活实践，德性和品质都孕育于生活实践。

（三）核心：实践智慧

在德性论中，美德基于理智能力。亚里士多德认为，美德是基于理性并与其共同实现功能的品质……富有实践智慧的个

---

[1]　亚里士多德：《尼各马可伦理学》，71页，北京，商务印书馆，2003。

体才可能是美德拥有者，因为只有实践智慧才能使善完美。[①]美德主要为个体的目的正当性定向，而实践智慧为个体手段正当性定航。价值正当性一定不是通过生冷的价值原则之摆设来呈示，而是由潜意识里的筹备、意志上的冲动、行动中的运作而动态地显现。此动态显现实际是对价值的判断、选择和践行，而这无一不需要用实践智慧运筹帷幄。

智慧与品质天然关联，廖申白教授基于亚氏伦理学界定智慧"是人理论理智活动的一种品质，是灵魂的基于人生实践的阅历思考作为最初原因的最重大事物（事务）的普遍本质，并获得对这种本质的真切了悟的理智活动的品质"[②]。也即智慧就是品质之一种。

价值品质中的价值智慧从来源与作用看也是一种实践智慧，它在价值原则内化为价值体系过程中起到聚合作用，在内在价值品质外化为价值行为中起到催化作用。价值智慧脱离价值实践将成玄虚，价值实践离开价值智慧，将无定位。价值智慧作为价值品质的核心，不仅规制个体品性完善从而令其行为正当，且使保有此种品性者过上"好生活"。好生活无论从亚里士多德的"幸福生活"、尼采的"超人好生活"、托尔斯泰的"值得过的生活"，到赵汀阳的"可能生活"、廖申白的"总体的好生活"，无一不通过"X＋价值智慧＝某种好生活"的模式来做注

---

① 亚里士多德：《尼各马可伦理学》，168 页，北京，商务印书馆，2003。
② 廖申白：《伦理学概论》，426～427 页，北京，北京师范大学出版社，2009。

解。在亚氏和廖申白那里，X＝善；在尼采那里，X＝权力意志；在托尔斯泰那里，X＝品格；在赵汀阳那里，X＝他人的给予。

三、价值品质与德性的相异之处

（一）主体有别

价值品质的主体只能是人，而传统德性的主体包括人和非人。在亚里士多德之前的古希腊，"德性"既可指"非人存在物"的优秀，亦可称人的优秀品质。当古希腊人将德性概念用于指称"非人存在物"的卓越时，比如刀子之"锋利"、房子之"坚固"、花儿之"漂亮"，它具有强烈的"非道德"（non-moral）属性，即与道德无关的（这与"不道德"immoral不同，也即"非道德"在道德方面是中性的——既无所谓"道德"，也无所谓"不道德"）。但是当"德性"被指人的优秀品质时，它是在道德的意义上被使用的，德性概念被赋予了强烈的道德属性。

（二）与善的关系不同

德性伦理学中的美德、德性与善具有同质性。柏拉图认为，"善理念"是最真实、最高的，它是智慧、正义、节制、勇敢等其他德性之上位概念，善之于美德犹如纲之于目。纲举则目张，善扬而启德。不过，柏拉图的思想颇为玄妙，他认为此善"善可善，非常善"，凡夫俗子的肉眼难窥一二，只有透过灵魂方可洞悉此善，所以我们需要凭借灵魂的回忆。亚里士多德的经验幸福论断言善目的与美德形影相随、须臾不可分。亚氏认为幸福由外在善、身体善、灵魂善三者建构，外在善包含财富和荣誉，身体善包含强壮、健康、优美，灵魂善即德性。

价值品质尽管关注善，但不完全赞同柏拉图把善视作太阳，价值品质论认为"厚正当"优先于善，以价值智慧为核心，以内化的价值原则、体系为基础，以行为正当性为外在标准，以总体的幸福为旨归。

（三）与正当的关系相异

传统德性论并没有将正当这个外在性的概念突出为专门题材，而是置于德性、善、目的统一背景之下，这个背景是内在性的、更倾向于心性的，此心性达标，则正当自在。①康德将德性拆解为"意志品质"和"正当"，正当是优先的。康德之后各种权利学说、正义理论、政治哲学都极力推崇"正当优先于善"，强调社会制度的正当，甚至将正当推出德性舞台，如契约论伦理学通过契约来规定正当；商谈伦理则通过公共商谈的方式导出正当；程序正义则完全从程序中引出正当。

价值品质论的三维正当性之一——伦理正当性包含了善，这不仅将目的善与手段正当性结合起来，而且融汇个人行为正当性（核心价值是仁爱）与社会制度正当性（核心价值是正义）。这些结合与融汇的桥梁是价值智慧与价值实践。以"厚正当"为旨趣是本研究的一贯主张。

---

① 刘静：《正当与德性的分离——康德在伦理学主题现代转向中的作用》，载《道德与文明》，2011(1)。

（四）外延分殊

亚里士多德认为，德性作为品质与其他诸品质区分的种差是中道（mean），德性的属概念是灵魂的一种品质（hexis）。[1]亚氏在《物理学》中提出，有些品质是卓越的而有些品质是有缺陷的。卓越是一种圆满（perfection）——因为每一事物在得到它自己的卓越时就被说成是圆满的，因为它这时最合自然。就像一个圆，缺陷是圆满的偏差或毁坏，而圆满则是当它变得最圆时，就可以说一个圆似的。这是在告诉我们，品质或者本研究的价值品质其实是一种心理或行为倾向的内在状态，它从缺陷状况一直到卓越状况应该是一个似于光谱的分布。那些处于靠近卓越一侧的谱系我们可称为良品，而那些靠近缺陷一侧的谱系我们可称之为劣品。亚里士多德的伦理学主要围绕良品而展开，即今天被人们称为德性伦理学。[2]因此，很多人赞同"德性"即是良好的价值品质，简称"良品"或"美德"。[3]而本研究的价值品质论既包含良品也包含劣品。因为品质如第一章所述是个矢量，既有大小也有方向。价值也有方向和大小（从不正当到正当，正当也分一、二、三维，三维正当即厚正当）。在这个意义上说，良品就是卓越的价值品质，而劣品就是拙劣的价值品质。价值品质论容纳了品质光谱的全部。而德性论其实仅仅是

---

① 任继琼：《论亚里士多德的德性是品质》，载《天府新论》，2009(3)。

② 张晓东：《美德伦理与现代性道德新谋划——从麦金泰尔的追寻美德谈起》，载《苏州大学学报（哲学社会科学版）》，2020(6)。

③ 马永翔：《美德，德性，抑或良品？——Virtue 概念的中文译法及品质论伦理学的基本结构》，载《道德与文明》，2010(6)。

关于良品的探讨。

第三节　价值品质的人性根源

人就是人的目的，价值品质作为人之为人的重要标志，本身并非目的，而是指向人的存在。人之存在的复杂性高度要求价值品质的生成，因为若没有价值品质，人便不能称其为人。品质就其根本，乃是人性的品质，价值植根于人性本身。[①]而人之存在的性质和状态就是人性，相对于价值品质，人性是先在的、基础的，而价值品质是人性在社会生活中的升华。皮之不存，毛将焉附？要想对价值品质了解通透，则必先初步把握人之存在的性质和状态——性善与性恶、手段性与目的性、肉体性与灵魂性、个体性与社会性的二重性存在，此即价值品质的人性根源。

一、性善与性恶的二重性存在

人性是自然性与社会性的辩证统一，善恶品质非人之本性所固有。然而人性的某些先天特征（如生物本能的怵惕恻隐）与后天品质（如善恶之心）具有部分相似性。[②]因此对价值实践中主体人性的研究和说明成为价值品质研究的前提和基础。

（一）中国儒家人性观与价值品质

中国儒家传统一般以孟子的人性善为立论依据，如他坚信

---

① 庄穆：《从人性的角度分析价值观念的社会作用》，载《现代哲学》，2001(3)。
② 陈楚佳：《论人性与德性》，载《武汉大学学报》，1998(3)。

人皆有"恻隐、羞恶、恭敬、是非"之心，"恻隐之心，仁也；羞恶之心，义也；恭敬之心，礼也；是非之心，智也；仁义礼智，非由外铄我也，我固有之也"(《孟子·告子》)。这里的恻隐、羞恶、恭敬、是非正是价值品质的心理基础，仁义礼智正是价值品质的内在性征(内在性征被作为外部规范时，便是价值原则)。他还说："人性之善也，犹水之就下也。人无有不善，水无有不下。"孟子认为人性本善，人若出生后继续保持善性并将之发扬光大，定会成为善人、圣人，"人皆可以为尧舜"。人之所以变坏乃由外界物欲之诱惑而扰乱本性所致。此意启发我们，人先天具备卓越价值品质的基础和萌芽。而后天缺少恰当的价值实践则可能使作为"善端"的价值品质被玷污而枯萎。西方人本主义也充分肯定人性之善，尊重人、信任人保有良好价值品质。荀子认为人性就是"目好色，耳好声，口好味，心好利，骨体肤里好愉佚"(《荀子·性恶》)。他针锋相对地说："饥而欲食，寒而欲暖，劳而欲息，好利而恶害"，"人之性恶，其善者伪也"。这里的"伪"是指后天教化之意，即善是人们出世后经过教化的人为结果。人若顺其本性必然危害社会，所以荀子主张"明礼义以化之，起法正以治之，重刑罚以禁之，使天下皆出于治，合于善也"。尽管荀子秉持性恶论而与孟子的儒家正统思想性善论有所抵牾，但性恶论最终指向依然是善，"涂之人可以为禹"。荀子更加注重实践观照，力求改善后天环境和人为教化，《荀子·劝学》中有言，"蓬生麻中，不扶而直，白沙在涅，与之俱黑"。还有人提出了"性无善无不善论"(告子)、"性善恶混论"(扬雄)、"性有善有恶论"(王充)等。相比较而言，性善论影响更大，儒家的人性善论代表了中国传统人性观的主流思想。

"性善""性恶"论对于价值品质有何启示呢？基于品质伦理学思想，我们认为人性善是价值品质发生发展的一个前提基础，人性恶是价值品质完善彰显的一个预设障碍。古代将成圣人、贤人、好人作为德性的最高目标，其实就是防范恶端而孕育卓越价值品质。《孟子·告子上》里孟子语："仁，人心也；义，人路也。舍其路而弗由，放其心而不知求，哀哉！"在《荀子·解蔽》中，荀子说："故学也者，固学业之也，恶乎止之？曰，止诸至足。易谓至足？曰：圣也。"学的目的和归宿乃是培育良好价值品质的途径而已。儒家的学问之道在于养成优秀价值品质（成德、成圣）从而在未来价值实践中能有好的价值行为（齐家治国平天下）。《中庸》言："唯天下至诚，为能尽其性；能尽其性，则能尽人之性；能尽人之性，则能尽物之性；能尽物之性，则可以赞天地化育；可以赞天地化育，则可以与天地参矣。"卓越品质就成为儒家最高的价值追求。价值品质可以以人性善为根基，但是如何培育良好价值品质呢？在《论语·里仁》里孔子说："君子求诸己，小人求诸人。"又说："见贤思齐焉，见不贤而内自省也。"在《孟子·尽心上》里孟子言："养心，莫善于寡欲。其为人也寡欲，虽有不存焉者，寡矣；其为人也多欲，虽有存焉者，寡矣。"寡欲，则善性能在价值品质的土壤中生根从而令价值品质优化；多欲，则令善性丧失且使价值品质蜕化。

(二)希腊古典人性观与价值品质

苏格拉底认为"美德即知识",知识必须经由理智方能获得,故理性乃人性之根本。他建议人们从感性认识阶段跃迁入理性认识阶段去追寻确定性知识,理性的目的在于追求"至善"。这里的理智可以理解为本研究的价值智慧,而"至善"则是卓越的价值品质。西方人性理论的奠基者柏拉图基于"理念论"提出人是欲望、意志和理性的三位一体。人的理性只有通过意志理智支配欲望时,人的心灵方可和谐,人才可以为善。若反之,理性对欲望失去控制,则人会作恶。这即是说人性本无善恶之别,而是理性决定了人性状态。若欲望和激情被理性所引导、规制和定向,则人性可得充盈而良性发展。柏拉图为了维护奴隶主阶级统治的社会秩序,提出"三个社会等级"的人只有各安本分、做所应做的、得所当得的,大家才会过上有德性的生活。理性人性论的典型代表亚里士多德则同时提出"人是政治的动物"且"人是理性的动物"两个千古命题。[①]他认为人优于一般动物的显著标志正是人的理性。理性不仅具有理论功能,而且具有实践功能——实践智慧,它能引导主体审时度势、纵观全局,建构"合理原则",主体按照该原则去实践就合乎"中道"。伦理学(人如何主动地追求理性的德性生活)和政治学(人如何被动地适应法律规制下的理性生活)都被亚氏归于实

① [古希腊]亚里士多德:《政治学》,37~38页,北京,商务印书馆,1981。

践科学，主要研究社会制度、法律环境与个体德性在实践中的关系。"若不从青少年开始就在正直的法律下成长，那么一个人很难向着德性。"①

在现实中人性都是具体的、实践的，并无先天既定的善或恶。善与恶是在实践中生成的，正是在人的实践活动中、在一定的社会关系中，人既展现人性，同时也揭示出各种存在者的存在方式，表现人丰富多彩的价值品质。

二、手段性存在与目的性存在

人是目的，又是手段。在现实社会中，人不可能只是目的而不是手段，也不可能只是手段而不是目的。目的和手段内在地统一，须臾无法分离。离开目的，手段就毫无意义；离开手段，目的也是一句空话。每个人，既是自己的目的，又是实现自己目的的手段。若仅仅将自己作为目的而不当手段，则自己这个目的成为虚无。在哲学发展史上，近代德国哲学家康德曾针对封建专制主义对人的肆意摧残，提出人是目的，而不能只把人当作工具。康德在肯定人是目的时，绝没否定人也是手段。他强调不能将手段与目的相分离，主张有理性的人应彼此结成目的与手段共在之关系。在社会主义国家中，人与人应是互为目的和手段的，彼此相互帮助。如果说人只是目的而不是手段，那么这里说的人是指谁呢？如果说"人"是指人类或全体人民，那么谁来充当手段为大家服务呢？在个人与社会之间，

———————————
① ［古希腊］亚里士多德：《政治学》，248 页，北京，商务印书馆，1981。

社会首先应尽所能为个人创造各种条件，满足个人之需。同时，个人须尽己所能为社会服务，把自己当作社会的手段，把社会当作自己的目的。若人人都不想做手段，而不为社会做贡献，社会又如何保障个人权益，个人目的如何实现呢？所以良好的价值品质就意味着每个人能以自愿而快乐的心情将每个人、将社会先当作目的看待，然后在力所能及的情况下，自己甘为手段。

以历史发展看，除原始人，每一代人一生下来，就开始享受前人的果实。前人为今人提供服务，充当今人的手段；今人不光要享受前人的劳动成果，还要在前人的基础上进一步创造，为社会增添新成果，也为后人提供服务，充当后人的手段。每一代人都是既当目的，又当手段。如果只当目的而不当手段，社会就会中断，历史长河就会干涸。社会中的每个人都应为社会尽一份力，同时得到社会的帮助，在互为目的和手段的关系中推动社会的前进。

我国心理学家许又新教授从心理学角度阐释了手段与目的的辩证统一。内目的是指行为本身给人带来的愉快感和满足感，外目的是指通过行为获得现实利益。把外目的转化为内目的称为"手段目的化"，当一个人不能"手段目的化"时，他就不能从他所从事的行为中获得愉快和满足，他的行为仅仅是为了完成枯燥的任务或避免受到惩罚，是外界的压力和自己强迫趋势的结果，因而引起强烈的内心冲突，重则导致神经症。价值品质作为内在心理特征和行为倾向，正是"手段目的化"与"目的的手段化"的结合。

三、肉体性存在与灵魂性存在

肉体与灵魂(flesh-spirit)的关系是人性中的大问题,由此引入了存在与思维、物质与精神的哲学根本问题。基督教哲学将个人分解为灵魂与肉体,将人的生活分解为精神生活与世俗生活两部分。在哲学史上,根据精神或物质(即思维和存在)何者为第一性的回答,所有的哲学流派被划分为唯心主义与唯物主义两大阵营。今天很少有人再认可赫尔巴赫的错误观点:人是纯粹肉体存在,"精神的人"只不过是人从特定视角去看那肉体存在。但是另外一个极端也不好。马克思系统阐述人乃游走于"精神与肉体"二维生活的意识主体。

人是肉体性存在与灵魂性存在的整合体,具有双重生命——物质生命(生物生命)与精神生命(人脑的正常思维与正常心态),也可以说自然生命与社会生命。自从猿脑进化为人脑,就出现了世界第一大奇迹——意识、精神、思维,它们不同于物质。人的精神只能是属于人自身。林德宏教授以物理学中光的波粒二象性来比喻人之肉体性与灵魂性的二重性:波与粒子是两种不同的规定性,却都是光的本质。①人的精神包含道德与智慧两大领域,人成了道德生物与智慧生物。本研究认为人应该具有价值原则与价值智慧,它们共同构成价值品质。

---

① 林德宏:《人:物质精神二象性》,载《自然辩证法研究》,2001(9)。

作为肉体性存在，其行为的正当性通过本能即可判断，因为大部分属非理性活动，如肉体快感与基因传递。斯宾诺莎说："每个个体应竭力以保其身，不顾一切，只有自己，这是自然的最高的律法与权利。"① 卢梭说："人性的首要法则，是要维护自己的生存，人性的首要关怀，是对于其自身所应有的关怀。"② 作为灵魂性存在，其行为是否正当的标准见仁见智，但核心还是围绕两条：善、总体幸福。对其践行之旅就是一个理性自我实现的精神遨游。理性在实践领域里以其先验价值意识导引行为，塑造能够达善的内在意象，这就是价值品质。康德认为真正的道德德性出自人所独有的纯粹的理性。③ 人作为理性的存在物，通过理论理性"人为自然立法"，通过实践理性"人为自己立法"。实践理性追求良好的价值品质与幸福的统一，即"至善"。在一个纷繁复杂的人世要实现该目的何其难也，康德必须找到化繁为简的路径。为了避免论证的不彻底性，他设定三项约束性条件，即上帝存在、灵魂不朽和意志自由。黑格尔则更是将理性绝对化、神化——只有人的精神才是自觉的理性，才是真正统摄世界的根本。④

肉体性追求与灵魂性追求的旨趣不同从而产生了人性的内在张力。正当行为未必时时利己，而利己行为未必均不正当。若善或总体幸福抵牾自利时，价值品质不够卓越者则前后摇

① ［荷］斯宾诺莎：《神学政治论》，212页，北京，商务印书馆，1982。
② ［法］卢梭：《社会契约论》，9页，北京，商务印书馆，1980。
③ ［德］康德：《道德形而上学原理》，58页，上海，上海人民出版社，1980。
④ ［德］黑格尔：《小逻辑》，182页，北京，商务印书馆，1980。

摆、左右徘徊。从样态上看，求善利人、求善逐利、求善舍利、逐利舍善、逐利非恶、逐利作恶等，会形成一个谱系：至善、大善、中善、小善、小恶、中恶、大恶、至恶。社会上的很多投机主义者也许并非本意，而是面临林林总总的选择时，肉体性追求与灵魂性追求难以在谱系中找到匹配的位置。

四、个体性存在与社会性存在

马克思和恩格斯认为，人既是个人的存在物同时也是社会的存在物，任何人类历史的第一个前提无疑是有生命的个人的存在。[①]就像找不到两片100％相同的树叶一样，世界上也没有两个100％相同的人，每个人都是由其肉体有机组织所决定的独立的自然机体。所以任何人首先是作为独立的个体存在物而存在。个体作为自然有机体的存在，就有满足其生存与发展的自然性需要（如渴则饮，饥则食），也有社会性需要（如亲情、友情、爱情）。这就是马克思所说的"自然主体的那种个人需要"以及"表现为社会需要的个人需要"。

然而，人作为个体性存在只有在社会中才能成为可能，正如马克思所说"人的本质是一切社会关系的总和"[②]。马斯洛需要理论展示，人通过其需要和利益体现其存在。在现实中，个人有诸多需求，他们的需求即他们的本性。一方面，每个独立个体为了满足个体自然性与社会性需要，就得维护或争取个体

---

① 张建云：《马克思恩格斯关于人的"身内自然"思想及其意义》，载《学术交流》，2014(6)。

② 贺来、张欢欢：《"人的本质是一切社会关系的总和"意味着什么》，载《学习与探索》，2014(9)。

利益。另一方面，个体能力的有限性和需求的无限性决定了个人只有依靠社会整体才能获取全面的、长远的个人利益。社会性存在与个体性存在的辩证统一性特点决定了任何人都要面对的现实问题：如何处理自己、他者与社会的需要和利益？

价值品质坚持以"个体提出和满足需要的正当性原则"为基础，因而可以实现自己、他人和社会的和谐关系（在此暂不展开关于"建基于正当性原则的利益分配格局更加有利于和谐"的论证，因为从孔子、孟子、管子、亚里士多德、马克思、罗尔斯等的经典文献中都能发现相关或隐或显的证据）。因此，人的价值品质成为策解上述问题的最重要参考答案之一。价值品质以价值智慧为核心，综合运用价值情感、价值判断、价值选择、价值推理、价值实践，沉着应对人的多重性存在、巧妙处理人的复杂性矛盾，将人的内在正当性价值原则与外在正当性价值实践融会贯通，最终达到"从心所欲而不逾矩"。

在人类社会早期，由于人的认识能力很差，人对自然界的规律知之甚少，人们惧怕自然并以图腾崇拜的方式"悬置"自然奥秘。图腾崇拜和自然宗教意识在远古时期逐渐内化为人的价值品质，并且作为一种遗传因子蕴藏于现代人体。现代科技发展了，人与自然的关系发生 180 度扭转——人类对待自然的态度从远古的卑躬屈膝转换为现代的藐视、暴虐。人类若缺少价值品质则必然带来自然界的消亡和人类的自我灭亡。良好的价值品质将会以内在力量规制人类采取正当性方式处理人与自然的矛盾——人作为自然之子，不断探索自然规律和奥秘是为了与自然和谐相处，而非任意践踏自然。在此过程中，要尊重自然的生态多样性。

特定历史时期，社会整体财富总量总是无法满足所有个体利益的基本实现，更遑论个体利益的最大化。根据前面价值原则一章所述，"和谐与幸福"是人与社会共同的终极价值，这也成为整合个人与社会矛盾的方向性策略。要实现这种终极价值，人类必须坚持价值原则并运用价值智慧做道德意义上的判断和推理。良好的价值品质可以使人正确处理个体利益与社会整体利益之间的关系。先贤早已关注这个问题并留下若干金科玉律："一个人为了获得满足而获得善，但为了整个民族和城邦获得善则更加高贵和神圣"（亚里士多德）；"无论是对自己或对别人，在任何情况下，把人当作目的，决不只当作手段"（康德）；"像爱自己一样爱自己的邻人"（耶稣）；"兼爱、非攻"（墨子）；"己欲立而立人，己欲达而达人"（孔子）；"己所不欲，勿施于人"（孔子）；"老吾老以及人之老，幼吾幼以及人之幼"（孟子）。

先贤们的生活境遇固然与今天不同，"君子之风"的价值品质却跨越古今、横贯东西。今天，人类面临各种抱怨、矛盾和纷争，在很大程度上正是由于价值品质的缺失。所以人类需要满怀虔诚做好价值品质的传承与培育。

第三章
价值品质的结构与功能

正如林崇德所说，品德结构是个多侧面、多水平、多形态、多序列、多联系的动态的开放性的整体和系统。[①]价值品质结构同样复杂，它包括三个子系统：一是价值品质的心理活动和外部活动的关系及其组织形式系统，即品质的运作、定向和反馈系统；二是价值品质的深层结构和表层结构的关系系统，即价值动机系统和价值行为方式系统；三是价值品质的心理过程和行为活动的关系系统，即价值认知、价值情感、价值意志和价值行为的心理特征系统。价值品质结构是人们进行价值判断、价值推理和价值行为决策的基础，它兼含知、情、意、行几方面功效。本研究提出并分析其一体两翼的结构。

---

① 林崇德：《品德发展心理学》，51～59页，上海，上海教育出版社，1989。

第一节　一体两翼之结构

根据科尔伯格道德心理学思想(道德推理形式与道德判断内容)和弗兰克纳的伦理学思想[①]，本研究需要处理的价值核心问题有二：一是如何做价值判断与选择——价值智能的问题(即价值品质的动态形式：价值智慧)，二是价值判断与选择的内容——价值原则与体系(即主体判断、选择、建构、践行中所依据的正当性标准)。基于此，从横切的静态结构看，价值品质含"两翼"——价值原则(价值内容和基础)、价值智慧(价值运作机制和形式)。

一、对道德德性与理智德性的阐发

苏格拉底"德性即知识"命题中的德性是"未分化的德性"，内含知识、价值、生命，其核心是道德价值，即德性＝善知＋善生。亚里士多德的德性 ＝ 道德德性 ＋ 理智德性，实践智慧是联合理智和道德的关键。这种二分法是伦理学中的一个重要思路。正如廖申白教授所说："亚里士多德关于道德德性与理智德性的分析框架是迄今为止理解人类德性的最好方法。"[②]这也成为本研究中价值品质一体两翼结构(价值品质 ＝ 价值原

[①]　弗兰克纳认为，道德不仅涉及如何做道德判断，还涉及道德判断的内容——"原则的道德"和"品行的道德"。参见［美］威廉·K. 弗兰克纳：《善的求索：道德哲学导论》，249 页，沈阳，辽宁人民出版社，1987。

[②]　廖申白：《伦理学概论》，293～294 页，北京，北京师范大学出版社，2009。

则 ＋ 价值智慧）的立论依据之一。合理智德性之沉思兼容于合道德德性之生活，如亚氏说，因为实践理性的智慧之光照亮道德德性之生活，从而使幸福成为可能①。亚氏是从"理智"（生活智慧）与"道德"（知识）两个维度展开其德性伦理学，贯穿始终的是"德性的完善"，也即卓越价值品质的孕育。

　　休谟对"事实与价值"做了分解。在《人性论》中，休谟提出道德命题的联系词是"应该"与"不应该"，而非科学命题中的"是"与"不是"。休谟自豪地认为该法则会推翻一切通俗的道德体系。② 后来他在《道德原理探究》中继续论证：首先，二者起点相异，事实命题以客体为起点，而道德命题以价值判断为起点；其次，凭借的官能不同，事实判断主要靠理性，道德判断主要凭情感；再次，科学认识与道德认识处理的关系迥然不同。③ 休谟对价值和事实的二维解析开启了"价值伦理"观的先河。本研究基于石中英对价值的定义"主体满足需要的正当性原则"④，以"正当性"突出价值的伦理意蕴。价值智慧，作为价值品质的核心，它既包含着理性，也包含着情感、欲望等非理性因素，这种成分的复杂性直接照应于每个个体境遇复杂性这种"事实"。

　　康德认为，原则如无品行，则无能为力；品行如无原则，

―――――――――

　　① 罗国杰、宋希仁：《西方伦理思想史》，65～66 页，北京，中国人民大学出版社，1999。

　　② ［英］休谟：《人性论下册》，510 页，北京，商务印书馆，1983。

　　③ ［英］休谟：《道德原理探究》，49 页，北京，中国社会科学出版社，2000。

　　④ 石中英：《关于当前我国中小学价值教育几个问题的思考》，载《人民教育》，2010（8）。

将是盲目的。此处的"原则"可以狭义理解为本研究之价值原则，"品行"可以窄化理解为价值智慧。"原则"是指个人价值实践中遵从的法则、原则或规则，重视"我们选择什么事去做以及正当性原则是什么"，强调外在正当性。"总体善"是我们选择的终极性标准，核心价值是仁爱，在"手段—目的"一维里，主要价值是生命、和谐；在另一维"个人—社会"中，自由、责任是主要价值。"品行"是指在价值实践中比较重视理想、品格和应然，并以价值的良心或善作为评价的依据。这种价值强调内在正当性。按照既往的伦理学思路，"原则"贴近于"责任伦理"，而"品行"贴近于"德行伦理"。一方面，价值不能不管人的意志或自觉而只是纯粹地依据正当性原则，除非所有的价值只有法律式的表面文字，而无精神层面；另一方面，我们只能将品行设想成在某种情境下做某种行为的心理倾向和实践智慧。

综上所述，既往伦理学皆基于"善与恶"这个核心命题沿着主观道德与客观伦理、道德德性与理智德性、价值判断与事实判断的双轨制进路，从认识论、方法论、价值论上探索德性之基。[①]对于价值品质，我们也可采取一体两翼的分析框架：一翼是价值智慧，这些卓越之处显示了理性特殊的活动，只有通过实践和体验才能获得；另一翼是价值原则（value principle），可以通过讲授、读书、学习、观察等间接方式获得。

---

① 李建华、邹晖：《从规范走向价值的伦理学：问题、定位与使命》，载《哲学研究》，2011(8)。

价值品质是主体价值资源的内在储备，是价值原则与价值
智慧的完美结合。在现实价值实践境遇中，人们会基于自身品
质状态做出应对。当品质水平较低时，人具有脆弱性和波动
性，这时的行为可能主要遵从外部正当性原则。而当价值品质
水平较高时，人具有柔韧性和稳定性，这时的价值选择可能主
要基于内在心灵的呼唤。若从外部零星观察，我们会发现两种
行为都具有正当性，似乎毫无二致。其实两者具有天壤之别，
前者是他律，这种正当行为需要的条件主要是规训与惩罚、清
晰完备的条条款款以及少许价值智慧；后者是自律，它需要的
条件主要是价值智慧。若从外表看，保有卓越价值品质者也许
会有一双慧眼。而只是为了正当本身而屈从外部价值原则者，
也许如呆瓜。正如孔孟之言：

　　言必信，行必果，硁硁然小人哉！①

　　大人者，言不必信，行不必果，惟义所在。②

其实儒家传统的五常"仁义礼智信"一直把"信"当作儒学核
心观念之一，如子曰"人而无信，不知其可也"（《论语·为
政》）。但又不能拘泥固执于"信"，而须根据具体情境而通权达
变。这里仅以价值范畴之一"信"为例，说明孔孟思想一脉相
承，都认为原则固然重要，但那仅是"小人"或价值品质一般水
平者的入门阶段；真正的"大人""君子"或价值品质卓越者需要

---

① 《论语·子路第十三》。
② 《孟子·离娄章句下》。

运用价值智慧通权达变。

沧海横流，方显英雄本色。主体只有在真实的、生动的、诡谲的现实里做价值实践时，方可展现其价值品质之知（价值原则）与价值品质之智（价值智慧）。我们传统的德育效果不尽如人意，问题就在这里——剥离了与生活、与实践的联系，课堂中学生对于各种价值选择说起来头头是道，对于各种规章制度也看似服从。然而这种书本的、理论的、象牙塔的教育方式只能使学生获得价值品质之知——价值原则，而难以孕育价值品质之智——价值智慧。价值原则无法保证应对各种生活境遇的完备性，所以不少学生出了学校要么迷茫，要么胡作非为。但是价值智慧却能在各种情境中披荆斩棘，使价值品质立于不败之地。所以价值教育需要借鉴杜威"做中学"的思想及其弟子陶行知的观点：生活即学校，社会即教育。这也告诉我们，一个人出于价值品质运用价值智慧使其行为正当，那么他就是一个自为价值品质之人。渴不饮盗泉水，热不息恶木荫。若无价值品质之根基，没有价值品质赋予价值主体的自身价值意识，岂能有此等智慧、情感体验和意志？对于一个自由意志主体而言，价值品质体现了价值实践中智慧品质与伦理品质的统一功能。所谓价值品质的智慧品质，就是在价值实践中，具有明辨是非、鉴别真假、分清正当与不正当的品质，最终能够经过审慎选择进而成就真善美统一的正当性行为。所谓价值品质的伦理品质，最根本的是具有"己所不欲，勿施于人"的"仁爱"原则。智慧只有与仁爱之心结合起来，才能使正当行为成为真正的善行。显然，价值品质的智慧品质与伦理品质在"知且爱"的内涵上被统一起来。古人说得好，"仁而不智，则爱而不别也；智而不仁，则知而不为也。故仁者所以爱人类也，智者所以除其害也"（《春秋繁露·必仁且智》）。所以只有原则而无智慧，则在遵循原则时不知善恶之别、不懂权衡好坏；有智慧而无原则，那么智慧的意义何在？智者利用自己的智慧辨析利害，仁者怀抱仁爱之心感化别人。那么只有"必仁且智"才能中道而行，保证行为永远具备正当之性。从主体的知、情、意心理机制上分析，价值品质作为人之为人的核心标示，以其超越性的实践力量，最终落实到价值行为上，进而以行为的正当性投射出内在价值品质的实践意义——知不痴于偏执，情不惑于引诱，意不止于境相，行不负于自知，德不低于为人。

二、价值原则与价值智慧的统一性

价值原则是价值品质的内容和基础，每一项价值原则内化后可以形成为主体相应价值品质的一种质料。价值品质的具体内容是一定社会的价值原则在人的思想、行为中的体现，它是具体的、历史的。不同时代、不同民族和不同阶级有不同的价值原则。古希腊苏格拉底、柏拉图以克己、勇敢、正直、虔诚、聪明、节制作为最重要的价值品质内容。西方近代资产阶级宣扬民主、平等、博爱。中国古代统治阶级将三纲五常作为价值原则的主要范畴，而被压迫者所秉持的价值品质有勤劳、刻苦、俭朴、善良、诚实、勇敢等。石中英提出人类的基本价值品质包括仁爱、同情、诚信、勤奋、节俭、尊重、责任、宽容、平等、自由、公正等，其中"仁爱"是诸种品质的核心。从历史的发展来看，人们有多少实践活动领域，就有多少价值品质的内容。

价值智慧是价值品质的核心和灵魂，它一方面将外在价值原则转化为品质之质料（即价值内化），另一方面将内在价值品质转化为实践（即价值外化或价值实践）。第一方面所运作的是价值认知智慧，第二方面所运作的是价值实践智慧，二者共同构成价值智慧。价值原则与价值智慧统一于价值实践。

（一）价值智慧的必要性

价值智慧①，包含价值实践智慧与价值认知智慧；价值智慧包含了理性的"理智"与非理性的"情感"。按照廖申白教授对良知的阐述（良知＝心灵健全感情＋实践理智）②，我们认为价值智慧近乎廖申白教授的"良知"。根据亚氏观点，人的行动都是经由审思决定的，行动的正当与不当、善良与邪恶是由审思和决策水平决定的。并不是所有的审思都是好的审思，只有价值智慧是好的审思。价值智慧以善作为目标，它不仅有好的目标，而且在行动中实施的每一步都是正当的，关键的是它能把握住价值行动的形势（value situation）。

价值智慧是价值品质的灵魂，是价值实践中"正当""善"

---

① 价值智慧就是价值主体在各种情感、天赋、理性和经验的作用下对价值原则进行判断与择取、解构与重构、内化与实践过程中表现出的多元智能。本研究将在第五章深入探讨。

② 廖申白：《伦理学概论》，401页，北京，北京师范大学出版社，2009。

"幸福"三者统一的内在保障。价值智慧引导着个体的价值行为，或者说，每一外显的价值行为中都隐含着个体的价值智慧。价值智慧是主体言行合乎"中庸之道"的那种领悟力，透射出一种善于领悟周围关系世界的意识与能力。[①]与智慧、情感一样，价值智慧也是人文社会科学中重要的参照指标。价值智慧是一种普遍智慧视域内的具体智慧。具有高水平价值智慧的人能够把认识社会与认识自己，把学习与反思、工作与修养，把知识、价值要求与人生境遇很好地结合起来，既在日常生活中把握价值规律，又将个体对价值的认识转化成为价值实践活动。也即高水平的价值智慧能使人成为一个价值完善的人。正如亚里士多德所说："智慧创制幸福，……但它是作为德性整体之一部分，具有它或运用它就会使人幸福。"[②]

正如人要过一种理性的生活就不能缺少理智，要过一种有价值的生活则离不开价值智慧。价值智慧与价值原则共同构成作为价值行为和价值生活内在依据的价值品质，二者缺一不可。如果说价值品质是一个生命有机体，价值原则是骨骼，那么价值智慧就是血肉。虽然这个比喻已经为价值智慧的必要性下了断语，不过我们还是应该从本研究的核心词"正当"上下功夫，进一步阐述必要性何在。因为价值智慧的功效主要体现在

①　刘惊铎：《道德体验论》，博士学位论文，南京师范大学，2002。
②　廖申白：《亚里士多德关于"幸福"原理的"实践"论证》，载《上海师范大学学报（哲学社会科学版）》，2021(4)。

坚持正当性原则的同时确保实现"最大善"，所以以罗斯《正当
与善》作为分析题材是最好不过的。

当我们面对一种情境，需要做出价值判断，进而采取正当
行为时，其理据何在？"正当"是如此微言大义，以至于罗斯推
出大作《正当与善》，条分缕析"正当"与"善"之关系。罗斯捍卫
义务论而批判效果论，因为义务论强调正当，而效果论聚焦于
善。不过其义务论有别于康德主义，后者重视首先论证与价值
建构。正当与善的矛盾在于正当本身是可进一步分析的，我们
可以从三个意义上觉解正当，即真理意义的、伦理意义的、法
理意义的。罗斯用了"最好的行为"与"正当的行为"探讨善与正
当的复杂关系，我们可以把问题转化为"合伦理的行为"与"合
真理或合法理的行为"之间是何关系。正当的可分解性（"正当
性"如第一章所述可分解为"真理的""伦理的""法理的"）没有受
到罗斯的重视，因此才会在"最好的行为"与"正当的行为"间打
转。现实行动中的正当性依据何种"理"，需要价值智慧运作。
价值理性的能量有限，在由价值智慧选定"理域"（真理、伦理、
法理三种正当性范畴）之后，在具体的"理域"中方能凸显理性
的运作之功。正当性所包含的三种合理性本身，需要价值智慧
化解彼此的冲突。

价值智慧是主体在价值行为里表现出的对已经内化为价值
品质的价值原则、体系的一种综合性把握，是理性基础上的一
种"直觉"而"心安理得"之反应，且在他人看来也是一种"合情
合理合法"的状态。另外，价值原则体系的批判、解构、遴选

与重构也是价值智慧的内在表现。可以说，价值作为一种"实践理性"，它的本质特性更多地展现于主体的价值实践或价值行为之中。主体的价值实践或价值行为通常是在"理性直觉"的状态下进行的，即在经过主体内化为自我意识的价值原则、体系的指导下所做出的一种直觉反应。因为在普通人的心灵中，实践上的价值冲突主要存在于自我利益和以任何方式确定的社会义务之间①，面对冲突，常识生活中的人们无法严格按照价值原则做出正当选择，仅能基于自己此刻的认识水平，在当时的具体情境中做出一种"直觉"的反应。而人们正是凭借着这种"理性的直觉"来把握和处理日常生活中的各种利益关系、做出正当性价值选择。"理性的直觉"彰显出的正当性与罗斯所说"显见的义务"（prima facie duty）之间有着天然的关联性。价值智慧在"理性的直觉"状态中才能在日常生活的价值选择中得到充分的体现。

罗斯认为，特定行为的价值（如关爱、仁慈、善等）无法为行动的正当性辩护，而是特定情境中那些显而易见的义务本身赋予了特定行动的正当性，不过义务本身的正当性须由人的直觉而觉解。为了直觉到正当的义务，我们必须找出特定背景中的正当性高于不当性的"最大余额"，以发现"最大的义务"。为了确定这一余额，罗斯提出了实际义务（actual duty）和显见义务（"在一定条件下不被其他与之竞争的价值要求所凌驾或超过

－－－－－－－－－－

① 于树贵：《伦理智慧与常识道德》，载《哲学动态》，2002(2)。

的义务"，即常被履行的、正当的、有约束力的义务)之间的区别。他把显见义务分为 7 种：

(1)忠实的义务，它要求人们履行自己承担的义务、诺言，必须说实话；(2)赔偿的义务，它要求将造成的损失赔偿给他人，偿还债务；(3)感恩的义务，它要求人们永远感激帮助过自己的人；(4)正义或公正的义务，它要求在人与人之间同等地处理世界上的善和恶；(5)行善的义务，它要求改善其他一切人的状况；(6)不作恶的义务，它要求不使他人遭到不幸和灾祸；(7)自我完善的义务，它要求人提高自己的德性，发展自己的能力。

按照罗斯的观点，实际义务是一种正当行为，然而具体情境错综复杂，难以捉摸。显见义务更是正当行为，但是上述 7 种之间难保不打架。在实际行动中，这 7 条更会与其他正当原则之间有冲突。实际上，所谓显见的，并非自明的。我们极易明了一个事实，任何行为按照不同价值原则来判断，总会得出不同性质——尽管这些不同价值原则都具备正当性。然而谁有正当的权力为所有正当性原则排出一个价值秩序呢？既然是秩序，就应有统一标准。然而统一标准是谁的标准？谁能制定呢？所以，从这一点说，没有价值智慧，我们将永远无法确信它是正当还是不当的。另外，我们关于正当性的判断都不是从"自明的前提"而来的合乎逻辑的结论。即使我们能够觉解某种行为一方面有益于我们的恩人，另一方面有损于仇人，那也很难得出完全正当或完全不当的结论。有道是"横看成岭侧成峰"，自明的一般原则很难合乎逻辑地论证出特定行为到底是正当或不正当的结论。价值智慧为正当性追问和推理的"探底"提供了可能——纵然那个"底"是未知的、信仰式的甚或是超理性的。

在"正当"与"最好的"两种属性之间没有任何自明的关联，即彼此难以互证。如某人先前承诺给一个农夫送农药，现在发现该农夫正在密谋用农药毒死一个仇人。那么最好的行为该是什么呢？尽管践诺是一种显见的正当，但是我们必须运用价值智慧评估各种各样被判断为正当的行为并尽可能远地追寻其后果，包括直接后果和间接后果。为了使得追问彻底成为结论性的，我们必得运用价值智慧追踪这些后果到无尽的将来。被判断为正当的行为，只要我们能考量其后果，似乎比在该环境下行动者可能从事的任何其他行为都能产生更多的善。功利主义者们笃信"正当"与"最好的"（或"能带来幸福的"）必然彼此关联，乃至根本就没有尝试过运用价值智慧做综合性考察。究竟通过它能获得什么？我们不排除会存在一种价值完美即"最好的"与"正当的"刚好相合，但那只是一种可遇不可求的偶然。

如果人的价值智慧不足，尽管偶尔能够正当行事，但是那种正当性是有限的：一方面体现在范围和程度有限，另一方面体现在稳定性和恒常性较差。这个世界没有人彻底无价值智慧，若真的没有，那么其正当行为就是完全歪打正着。另外，在履行我们的义务（按照康德义务论，义务行为就是正当行为）与从事对我们个人有利（从来没有绝对的利弊，但是针对不同个体，其比例不同）的活动之间存在着一种平行关系。没有价值智慧，我们永远无法预见何种行为将在长远看来对我们有利。不过还是可以断言，我们若运用价值智慧导引我们的行为而非随意而行，那么会更有可能获得私人与公共利益两者加权最大化。假如我们依靠价值智慧思忖各种行为的性质、检视自身践行价值的能力，则在履行义务时会有更加正当的理由，因而也是心如明镜的、乐意的、果决的。若无价值智慧的运作，那么履行义务时很可能不是出自真心的，因而是迷茫的、被动的、犹豫的。很明显，做正当的人和办正当的事都不是从天而降的能力。正当性如何成为主体的价值品质呢？在普通世界中，一个苹果再加一个苹果就是两个苹果，这样的显见结论我们通过一般理智可以觉解。同理，在价值世界里，孩子们看到了孝敬父母行为的"正确"，又看到了尊重其他老人行为的"正确"，而当他们足够成熟，就能够运用价值智慧领会到赡养老人、关爱老人行为之"正当"。由此开始，我们通过价值智慧觉察到正当的一般原则。人之一生的价值社会化就是在时间历程中不断演绎对个别特定行为显见之正当的领悟，兹后运用价值智慧不断归纳、抽象并将其镶嵌为价值品质的分子。

（二）价值原则需要价值智慧的驾驭

周国平认为，"知识是工具，无所谓善恶。知识可以为善，也可以为恶。美德与知识的关系不大。美德的真正源泉是智慧，即一种开阔的人生觉悟。德行如果不是从智慧流出，而是单凭修养造就，便至少是盲目的，很可能还是功利的和伪善的"①。价值原则可以看作一种知识（暗合于苏格拉底"美德即知识"），而价值智慧才是价值品质的真正"源泉"（暗合于亚氏"美德即智慧"）。

价值智慧是价值主体在各种情感、天赋、理智和经验的作用下对价值原则进行察觉、鉴别、取舍、实践过程中表现出的多元智能。若无价值智慧的运作，那么价值原则的践行将大打折扣。当人们面临冲突性价值难题时，这种高级思维形式的作用更加凸显，它有助于人们解决价值冲突。价值智慧与价值原则是价值品质之两翼，价值原则是基础，价值智慧为核心，共同决定了价值品质水平。我们在价值生活中常常强调要坚持价值原则，似乎只要能一以贯之地坚持原则，就说明价值主体一定具有良好价值品质。其实，这是误解。例如，帮助陌生人既关涉"仁爱、助人"等价值原则，同时也是价值智慧问题。所以郑新蓉认为，青少年通常出现的问题是由于接收了一些散乱的价值原则而缺少价值智慧的运作。"轻信是缺乏智慧的表现，不能真正地向陌生人提供有效的帮助也是缺乏智慧的表现。"②

若说价值原则是人体的骨骼，则价值智慧便是血液。二者有内在的辩证统一性。这里，我们重点阐述价值智慧对价值原则的驾驭或运作之功。

---

① 周国平：《论道德(1)》，http://blog.sina.com.cn/s/blog_471d6f680102drms.html，访问日期：2020-08-06。
② 郑新蓉：《帮助陌生人也需要智慧》，载《父母必读》，1999(10)。

　　首先，价值智慧珍视一些非核心价值原则，如节制、谨慎等。汉斯·约纳斯在《技术、医学和伦理》一书中就展现了高超的价值智慧，他从器官移植、医学进步、安乐死、克隆人等方面阐述了审慎、节制等价值原则的重要性。审慎、节制尽管是辅助性的价值原则，但仍然被强调，说明价值智慧对价值实践复杂性的充分关注。后现代视域里任何价值原则与科学都是相对的，真理和价值均非超验的，须以实践智慧替代价值理论。

　　其次，价值智慧内含了对价值霸权的否定，倡导某种价值原则、价值判断的合法性必须在自由、平等、商谈基础上达成价值共识。价值本身的多维性如第一章所述之真理性价值、伦理性价值和法理性价值各有体系秩序，三维之间以及每维内部均有抵牾，即使在应然层面亦难现价值和谐。故在实然层面必须有个性化、自主化、民主化、情境化的处理。高阶价值内含更多价值共识，一方面更具抽象性因而也更有推广性，但是高阶价值在实然中如何生成？那些忽视价值情境、阶段等因素而强行推广或者搞令人毛骨悚然的跨越式价值提升的做法，都是价值弱智的粗暴表现。尽管在价值品质中有"核心"或"主导"的价值原则和体系，但那"应该"是经过价值智慧鉴别、取舍、重构并内化之后的正当性原则，是意志自由的主体自由选择之结果。价值原则固然需要价值智慧的运作，价值智慧在实践中也的确给力，犹如流水，"上善若水，水善利万物而不争"（老子），每逢价值冲突它总是绕石而行、蜿蜒曲折终将溺之。如

此将使威权压制、价值霸权和价值殖民得到遏制。德国著名
哲学家胡比希教授认为，当前价值多元时代解决技术挑战与
价值冲突的关键词是商谈、智慧。

最后，价值智慧在价值实践中可能对某些价值原则实施
"权宜之术"。"毕其功于一役"非价值智慧之作为，而是为人们
提供一个谨慎行动的指南针、一根有助于摸着石头过河的拐
杖，或者临时停靠在一个避免台风和海啸的"价值港湾"。这种
"谨小慎微"的品质受到亚氏珍视，他一再强调"审慎""节制"作
为美德之重要性，这种美德使那种不具实质性价值内容的权宜
之计(如推迟决策、平行转移、个体化处理、禁止战略、妥协、
追本溯源、本土化)①成为价值实践的必备要素。权宜之计因突
出情境性和个体化而令主体在"提出和满足需要"的行为正当性
探索中彳亍向前。

第二节　价值品质功能

瓦拉斯认为，所有良品的本质、意义都能据其在我们生活
中的功能与作用来理解。价值品质是主体价值资源的内在储

---

① 德国技术哲学家克里斯道夫·胡比希(Christoph Hubig)在《技术与科学伦理导论》
《工程师的伦理责任》等著作中，从技术活动中的价值和价值冲突出发，分析了传统伦理观
在面对高新技术时的局限、无助及其根源。胡比希在重审亚里士多德的智慧伦理(Klughe-
itsethik)和笛卡儿的权宜道德基础上提出了作为基本价值的遗产价值(用以维系社会链接和
保持行为主体人格统一性的传统价值)和选择价值(保证未来选择空间的价值)两个概念，
主张以灵活具体的道德规则代替抽象不变的道德原则和规范，发展了七条解决技术伦理问
题的战略，并强调技术伦理的有效贯彻关键在于将技术伦理转为制度伦理。

备，是价值原则与价值智慧的发酵池。在现实价值实践境遇中，一个人只有在进行价值实践时，他的品质之知与价值能力才会外显。价值品质的动态实践意义在于，只有当一个人使自己的行为出自价值品质，那种行为才具有无须外部论证的正当性。按照加达默尔的看法，行为者拥有天经地义之责自我决定自己的行动①。这个世界变幻诡谲，而内在的品质成为一切行为正当与否的、稳定的天然判据。一个人拥有这种品质，他就会处变不惊，临危不乱，择中道而行。

价值品质与西方伦理学中的德性一样，它源于实践、融于实践、归于实践。麦金太尔指出，德性是一种获得性人类品质，这种德性的拥有和践行，使我们能够获得实践的内在利益；缺乏这种德性，就无从获得这些利益。这里他特别强调了德性、品质与"实践"和"内在利益"的必然关联。这种关联使得价值品质的价值心理结构以自组织的形式生成变为可能，外在价值原则经由感官知觉、情感体验、理性觉解、自愿选择、反思批判等一系列程序内化或顺应于内在价值心理结构。价值品质蕴藏着倾善的体验功能、知善的能力功能、向善的意志功能，因而成为主体价值活动的导航仪，其导航定位功能通过价值敏感、情境分析、原则选取、体系构建、权衡善恶、内化外化等动态过程而实现。此动态过程既改编了价值品质的内在价值心理结构，同时又以主观能动性的某种形态反制于外在社会

---

① ［德］加达默尔：《真理与方法（上卷）》，402页，上海，上海译文出版社，1999。

价值形态。"苟日新、日日新"（汤之《盘铭》），社会实践总是推陈出新，不断以新的价值原则孕育出与特定历史时期相称的价值品质。具体而言，价值品质的实践功能有以下四点。

首先，价值认知功能。价值品质一体两翼的结构决定了价值实践的运作机制：基于价值原则、运用价值智慧。价值品质是驾驭正当与不正当的内部缰绳，是人在实践中的内在价值标准设定者，是主体对价值原则必然性与可行性的总体评估。价值品质包含理性和非理性要素，其中非理性中主要有价值情感，如价值敏感性、动机、同情心等。价值品质的引人之处在于它提供了对价值动机自然而有吸引力的说明。规范伦理学以行动为中心，品质伦理学以行动者为中心。价值品质论拟将二者统一起来，既关注作为规范的价值原则，也聚焦于内在心理状态的价值智慧，并力求使两种理论的优点得以彰显。行为正当不是单纯地符合外在的价值规范，更主要的是在行为之初对正当性的欲望，即价值动机。发自内心的真实的、正当的动机是正当行为的先决条件。价值情感对价值原则的好恶导致个体对某种价值的倾向性和意志力，使人们在正当性和可行性上认同情感体验，并亲近价值原则，也深化价值主体对价值原则的批判、建构。价值品质通过价值智慧的运作摒弃那些体验中正当性与可行性不能统一的行为，一次又一次地将外在的价值原则内化、重构为内在价值体系，并将这种个性化的价值体系烙印于意识中，形成价值信念。价值信念在价值智慧的统率下外化为价值原则，即价值行为。

其次，价值筛选功能。价值主体在价值实践中总是基于内在价值品质的心理特征和倾向性（如感觉、知觉、预期、情感、意志等）对外在价值信息进行觉察、比对、遴选、编码，将关联度低和难以运作的信息"删除"或"打包另存"，选用后的价值信息则被摄入、重组和应用。

再次，价值评价功能。人们依据特定情境的价值准则对他人或自己的行为进行正当与不正当等价值判断与评论，表明反对或赞成、否定或肯定的倾向性态度左右着我们价值范畴的取舍、价值体系的构建、价值行为的反思，所以价值评价对于价值品质的实践具有重要意义。价值主体总是基于自身已有价值品质状况去考察相关价值事实，也即内外之间具有很强相关性。价值评价可以借助言语表达，也可通过价值主体对价值事实的情感体验而内蕴于心、暂时潜伏，更可能通过各种行为表现出来。其中言语表达的价值评价将形成价值舆论而左右相关者行为的正当性；潜伏的价值评价诱发潜伏载体自我反思、价值重构等。价值评价增强了内在心理价值体系与外在行为正当性之间的张力。

最后，价值控制功能。价值品质是自愿选择的获得性品质，内含"意志冲动"。价值品质卓越者，会自觉运用"意志冲动"中的价值智慧去考量行为的正当性，以价值意识体验情感的善与恶，以内化的价值原则评判价值现象，用品质的意志力来激励自我价值行为的持久性。价值品质能够控制主体把守中道。任何价值原则、体系甚至价值品质本身都是相对的、境遇的、历史的、个人化的，不存在放之四海而皆准的价值原则。尽管有些价值原则具备很大通约性，实则不然，因为语言的局限性并没有揭示出其内在含义的差别。比如公平、民主、自由等，词语还是那些词语，然而一万个人有一万种理解，一万个情境也有一万种风情。基于这些价值而形成的价值品质更是因人而异。所以价值品质论偏向于"个性化""偏好"等觉解方式更加切近人的日常生活，因而也就更易被人们接受和践行。

麦金太尔试图复兴品质伦理，但现代社会中个人的人生不具有明显的统一性，故拥有作为统一人生价值要求的良品已成为现代人难以企及的人生境界。麦金太尔忧虑地说："美德应在城邦中得以践行并依据城邦得以界定……失去城邦，你们留给我的就只是一具无伴无友、孤独寂寥的行尸走肉。"[①]如果说亚氏良品论成立的条件是古希腊城邦制社会关系，那么在今天这样一个没有城邦的世界中，复兴亚氏良品论何以可能？

笔者循着麦金太尔的方向正在做着这样一种尝试：将良品与城邦共同体的关系置换为价值品质与实践的关系。价值品质的展现与实践内在利益的追求具有同构性、统一性。正当性行为方式的心理特征和倾向既是价值品质的内在禀性，也是实践内在利益的正当性判据，更是生活美好与社会和谐的基点。

---

① ［美］麦金太尔：《追寻美德：道德理论研究》，152 页，南京，译林出版社，2008。

第三节   功能解析

一、内方外圆与文质彬彬

生活中我们经常看到"好心人办坏事"或"好人命短"，甚至"善有善报，恶有恶报"的谶语也总不应验。尤其在当下市场经济中，孩子们屡屡体验到"好人吃亏"，因而从心底里对学校的道德教育持叛逆心理。即使是成人，在经受太多的道德实践而没有得到好的结果后，也难免质疑道德实践的效果。这种状况的个体性原因有二：一是人们心中的价值原则和体系不够完善；二是很多人道德实践的方法不恰当，也即价值智慧不够丰满。广池千九郎曾言："科学证实关于道德实践的研究真的是世界上最为迫切的研究之一"。[①]

人的良好价值品质体现于"内方"（价值原则的内化）、"外圆"（价值原则的实践诉求），两者缺一不可。方就是做人要坚持价值原则，圆就是让人运用价值智慧做事，不要墨守成规，要懂得圆通，这样才不会处处碰壁而使价值原则无法推行。若内过于方，则导致呆滞、泥古不化、不懂变通，故曰"君子可欺以其方"；若外过于圆，则致油滑，让人生厌。内方外圆，如同日月星辉，有月无日过于寂寥，使人落寞；有日无月过于炽烈，令人难忍。故需"持经达变"。

---

① 湖北省道德与文明研究中心：《价值论与伦理学研究》（2009 年卷），97～104 页，北京，中国社会科学出版社，2009。

《论语·雍也》："质胜文则野，文胜质则史，文质彬彬，然后君子。"孔子以"文"与"质"来说明事物的形式与内容之关系。他认为理想的人格（品质）须保持"质"与"文"两方面的统一与平衡。我们现在借用古语"文质彬彬"并做多层次的解析，如第一层：质——价值原则；文——价值智慧。第二层：质——内在价值品质；文——外在价值实践。关于内在价值品质与外在价值实践的关系，子曰："君子义以为质，礼以行之，孙（逊）以出之。"主张君子以"义"（价值品质中的首要价值原则）作为根基，以谦逊的表达姿态、用"礼"（价值实践智慧）去践行。弟子子张求教"士怎样才是通达的"，子曰"夫达也者，质直而好义，察言而观色，虑以下人"。他主张内心正直（价值品质好）而乐于道义（价值品质之价值原则），且善于察言观色、谦让待人（价值品质之价值实践智慧）。①儒家倡导的中庸人格特质是尚中而贵和，度于仁义礼，权变而时中。②

首先，良好价值品质立于内在刚强。对于人的内在价值品质塑造，孔子说"人之生也直，罔之生也幸而免"。做人首先要"直"，即耿直、直道而行，"吾无隐乎尔"，"直"人方可长久立于世，而欺罔之人避免灾祸也许只是侥幸罢了。其次，提倡"正"——品行端正、行为正派。再次，倡导"刚"——对价值原则、目标、理想的坚定性。孔子还有一次在论及成仁的途径时

---

① 冯立鳌：《孔子对中华民族"内方外圆"理想人格的塑造》，载《广东社会科学》，2006(4)。

② 于建福：《孔子的中庸人格教育及其价值》，载《国家教育行政学院学报》，2008(5)。

道"刚、毅、木、讷,近仁"。又曰:"志士仁人,无求生以害人,有杀身以成仁。"生命诚可贵,成仁价更高,这是何等刚毅的价值意志啊![1]刚、毅是对内在价值原则的恪守,木、讷则告诫弟子们在价值原则的基础上运用价值智慧采取适切的行为方式与言论方法。用马克思主义辩证法来说,就是价值原则与价值智慧辩证结合后才能使一个人近于"仁"。

其次,价值品质卓越者在实践中善用价值智慧而外显柔顺。孔子"内在刚强"的同时却主张以进退适宜的方式达到外在柔顺。子曰:"宁武子,邦有道则知,邦无道则愚。"当国家腐朽没落则装疯卖傻,等待时机。若在此时还患得患失,身居政府要职并领取工资,那便是助纣为虐成为反动政府的帮凶,可耻啊!"邦无道,谷,耻也。"(《论语·宪问》)并称宁武子"其知可及也,其愚不可及也"。他既反对那些内怀仁义而僵化教条之人,又批判品性不良而巧言令色之辈。清官难做,缺少价值智慧难以推动价值行为,价值智慧低劣者不可能品质优秀。

孔子一方面强调内在价值品质的塑造,另一方面认为个人难以左右外在境遇,因而提出了进退自如、与时相应的价值智慧。"君子之于天下也,无适也,无莫也,义之与比。"(《论语·八佾》)为人处世当然要铁肩担道义,但方式灵活、道路多样(价值原则亦有变通),并无固定模式,即"我则异于是,无可无不可"。他引用《诗经·卫风·匏有苦叶》"深则厉,浅则

<hr/>

① 冯立鳌:《孔子对中华民族"内方外圆"理想人格的塑造》,载《广东社会科学》,2006(4)。

揭"阐释莫要知其不可而为之，而应"毋意、毋必、毋固、毋我"(《论语·子罕》)。"毋必、毋固"即不绝对肯定，不固执，表达了一种灵活的处世风格。孔子一生虽以"克己复礼"(价值原则)为己任，但他对如何践履这些价值原则的价值智慧亦颇有研究，他建议"忠告而善道之，不可则止，毋自辱焉"。"危邦不入，乱邦不居。天下有道则见，无道则隐。"孔子认为对现实政治是参与还是回避，需据外在情境而决定取舍，即"邦有道，危言危行；邦无道，危行言孙(逊)"。外在环境总有诸多不甚理想和无法把握之处，故他倡导践行"温、良、恭、俭、让"。他认为"恭则不侮"，大概孔子以为这是人们自我保护的必要方式。孔子主张内怀价值原则而以恭谦、随和的态度处世，避免与外界的对抗和冲突，并在条件许可的时候积极地推行价值理想。这种无可无不可的灵活方式表现了他处世方式上一种积极的、外在的柔顺。孟子对孔子的价值智慧做了极好的发挥："得志，泽加于民；不得志，修身见于世。穷则独善其身，达则兼善天下。"(《孟子·尽心上》)

孔子不仅提出了一种理想的价值品质，而且自己身体力行其价值智慧，堪称表率。比如鲁国的孺悲欲见孔子，孔子以生病而辞绝，但当传话人走出大门时，他弹瑟唱歌，故意让其听见。孔子因各自价值原则相异而不愿见孺悲，但又不愿直露拒绝而违礼，故以生病推辞，把内在方正以圆通形式表达；但他又想让孺悲知道不与相见的真实原因，因而弹瑟而歌，使其知悉自己并非患病而是道不同，这又是一种圆中显方的策略。另一次，鲁国季氏的家臣阳货执掌国政时（有不正当行为）让孔子去见他，孔子不去，阳货就送了一只蒸熟的小猪给孔子。按照礼节，孔子必须回拜。阳货盘算在孔子回拜时见到他。孔子不愿与这个以臣专国的人相见，但又不能违礼，于是趁阳货不在家中时前往回拜，如此既坚守自己回避阳货的方正原则，又遵从了礼的要求，可谓圆融之至。孔子的行为方内（价值原则）圆外（价值智慧）、柔中露刚，说明他充分意识到并时刻践履了优良价值品质的一体两翼。

圆是灵魂，方是精髓。圆，本为中国道家通变与趋时的学问，我们亦可将其作为对价值智慧的阐释。圆，代表的是方便、善巧、圆融、应机等，就是要善用价值智慧，是优秀价值品质的核心部分。而"方"，是中国儒家人格修养的理想境界，表示我们的价值原则，是做人的正气，是优秀价值品质的重要基础。圆方互容，儒道互补，构成了中国传统文化的主体精神。切不可仅将其看作圆滑世故、老谋深算者的处世哲学。其中，"内方"，表明了对价值原则、信念、理想的坚守，而"外圆"，则依靠价值智慧的运作而与周围环境融洽协调，以减少价值外化的阻力和矛盾。

教师常会发现"第十名现象"，即毕业后成功的往往不是那些在学校里成绩最好的同学，而大多是当年处于中上游的第十名左右的同学。这是为什么呢？就是因为成绩一流的同学过分专心于专业知识，忽略了做人的"圆"——价值智慧。如果老盯着学生的缺点看，非但不能帮助学生，反而招致反感。做教师就必须方外有圆、圆中有方、外圆而内方。"方"是做人之本，是堂堂正正做人的精神脊梁。在世界上最受欢迎、最受爱戴的那些老师无不具有"方"之灵魂。

具备内方外圆的价值智慧，不能忘了内心一定要有关于人类良善的价值原则。为了这个原则，有些失是值得的，这才不失为一个人，这也是一个人活着的尊严和价值。对人生而言，价值智慧是方法和手段，价值原则是基础和立世之本，而决定人生成败的却是二者的完美结合——价值品质。

二、内圣外王

《庄子·天下篇》最早记载"内圣外王"：圣有所生，王有所成，皆原于一（道）。此即内圣外王之道。是故"内圣外王之道，暗而不明，郁而不发，天下之人，各为其所欲焉，以自为方"。

"内圣"是对卓越价值品质的高度概括——"不离于宗，谓之天人；不离于精，谓之神人；不离于真，谓之至人。以天为宗，以德为本，以道为门，兆于变化，谓之圣人；以仁为恩，以义为理，以礼为行，以乐为和，熏然慈仁，谓之君子"（不违背道的宗本，称他天人。不违背道的精粹，称他神人。不违背道的真谛，称他至人。把自然视为本原，把禀赋视为根本，把规律视为途径，从而预知事物的各种变化，称他圣人。用仁慈来布恩施惠，用道义来分清事理，用礼义来规范行为，用音乐来调理性情，温和而又慈祥，称他君子）。《大学》中关于"内圣"主张"格物、致知、诚意、正心、修身"；《论语》里说："克己复礼为仁。一日克己复礼，天下归仁焉。为仁由己，而由人乎哉?"即修身养德，孕育价值品质。一个人能否成为价值品质卓越之人，关键在于自己，即"为仁由己"，正所谓"我欲仁，斯仁至矣"。

"外王"是价值品质的实践观照——"以法为分，以名为表，以参为验，以稽为决，其数一二三四是也，百官以此相齿；以事为常，以衣食为主，蕃息畜藏，老弱孤寡为意，皆有以养，民之理也"(《庄子·杂篇·天下》)(依照法规确定职分，遵从名分确立标准，反复比较求得验证，凭借查考做出决策，就像点数一二三四一样历历分别，各种官吏都以此相互就位；把各种职业固定下来，把农桑生计事务摆上重要位置，注意繁衍生息和蓄积储藏，老弱孤寡精心照料，全都有所安养，这便是安定民心、治理百姓的规律)。儒家关于"外王"主张"修己"为始而"治人"为终："修己以敬""修己以安人""修己以安百姓"(《论语》)。在孔子的思想中，内圣与外王辩证统一，"内圣"为基础，只有内在价值品质不断提升，方可成为仁人、君子；也只有具备卓越价值品质，方能通过价值实践——安邦治国，达到外王的目的。

以此观之，"内圣外王"是儒道法三家思想之结合："内圣"—— 保有卓越价值品质；"外王"——价值品质的实践观照，即齐家、治国、平天下。"内圣"是"外王"的前提与基础，"外王"是"内圣"的自然延伸与必然结果。内圣外王的当下意蕴就是力求价值品质的内在充盈与外在实践。中国古代一些隐士贤达单纯追求"内圣"，结果要么走火入魔，要么融入山水，成为完全的个体行为。价值品质若要立足于传统文化，则必须遵循这种逻辑：始于孝悌，终于仁义，现乎言行，达于智慧，成乎君子。从根本上讲，"内圣"而"外王"才是价值品质的终极追求。

第四章

价值品质的内容与基础

在第三章，我们已经提出一体两翼之结构（价值品质＝价值原则＋价值智慧），并探讨了两翼的内在关系。本章将对两翼中的一翼——价值原则做进一步的解析，并探讨这一翼与价值品质整体的关系。价值原则作为价值品质的内容和基础，它是整个价值大厦的"砖块"。"深描砖块"是对第三章框架结构粗线条勾勒的深化。关于价值原则与价值品质关系的分析是对第一章第三节价值与品质议题的细化。

第一节　价值原则与体系

一、价值原则

如前所述，价值原则是主体提出和满足需要的正当性原则。

价值原则是对于社会整体有益的行为规则。价值意识的共有可以增强人与人之间的信任之感，在紧急时刻或意外之时，人们基于价值原则的行为模式能够降低决策成本和非预期风险，增强对未知情境的可控性。这将促进社会系统的稳定与整合，有益于社会整体的自我维护。人类社会除了律法、公约之外，为何还需要一套价值系统？美国伦理学家威廉·K.弗兰克纳(William K. Frankena)在《为什么要价值》一文中讲到，这是因为如无此系统，人与人之间就丧失了共同生活的基本条件。那么社会就面临二难选择：要么回到比现在要恶劣得多的自然状态，要么回到以暴力威慑来避免任何行为过失的极权主义专制统治。价值原则既非高不可攀的"玄理"，亦非僵化教条的"魔咒"，它只是人类基于生活实践和自身需要而对"行为处事"方式的总结。从概率上讲，这种正当行为处事方式最能令更多的人获得更长久的、更大程度上的"幸福"。价值并非需要人们竭力维护其吸引力的意识形态，而是人类作为生物的必然需求，是人们获得幸福的重要源泉。根据亚里士多德的幸福论，人们以此行为处事是心甘情愿的，故而才能幸福；同时，幸福不是"本我"的快感。从微观上看，它是公正与平等"致中和"的结晶；从中观上看，它是个体价值与社会价值、手段价值与目的价值的统一；从宏观上看，自身内在的"善"与社会外在的"善"相统一才能获得幸福。所以，在理想状态下（如理想国、乌托邦或共产主义社会），幸福、善和正当具有天然的同一性。罗国杰在其《伦理学教程》中说："善就是指某一行为或事件符合于一定社会或阶级的价值原则和规范所表达的要求；

而恶则相反。"①价值原则的生命力就在于它不是人为的东西，而是客观存在着的生活规则本身。

价值原则相当于中国传统文化中所说的一种"天道"。大智大慧者不会违背"天道"，此天道可以理解为价值金律(孔子"己所不欲，勿施于人"；或耶稣所言的"你要别人如何对你，就要如何对人")。然而价值原则与价值霸权仅仅一线之隔，例如，中国封建社会儒学价值原则畸变为"己之所欲，强施于人"，西方中世纪基督教价值原则畸变为"我要如何对别人，别人就必须如何对我"。如果现在在我身上出现了不近人情的强走极端的情况，或是出于某种观念，或是迫于某种形势，我对自己或家人的正当利益采取了令人难以理解的压抑态度，那么价值原则对于个体而言其实已成一种外在的强制性力量，若个体不能"化解于无形"，那么这就是一种霸权；这种违背人道的霸权是对"人是第一位的"或"人是目的"原则的挑战。善待自己与善待别人一样，也是一种价值上的要求。

价值原则对于整个社会生活的维持，对于所有的人的长远利益都是正当的，所以价值原则也是所有期望追求自身最大幸福之主体的"不是最差"的行为规则。这些规则其实就是生活本身逻辑的推演，如此生活就是依此规则的行走，如此行走那就是生活。孔子从生活实践中提炼的黄金规则"己所不欲，勿施于人"所要求的生活态度和行为方式是这样的：第一，对他人

---

① 罗国杰：《伦理学教程》，383 页，北京，中国人民大学出版社，1985。

要善。欲善待自己就应善待他人，欲受到慷慨的回报就应宽容他人。第二，中道而行。这意味着既善待他人，亦能善待自己。正是在这个意义上，孔子甚至讲到"中庸之为德也，其至矣乎"。价值体系里最重要的一个分析维度就是"个体—社会"。以个体幸福或善为唯一目的的单边行为很少有人认为是正当的。反之，也是不妥当的。价值智慧告诉我们中道而行是明智之举，秉持中道践行的价值原则才真正算得上是对于所有人有益的、可普遍化的行为规则。

人的价值品质如何，取决于他是否按照价值原则行为处事，而与其职业、身份、地位并无直接关系。孔子周游列国宣扬仁爱之理念、号召克己复礼之世风，明知不可为而为之的价值感召作用自然功不可没；而作为旁观者的一位农夫能够依照正当性价值原则辛勤劳作、节俭诚信，甚至奚落孔夫子一帮人"如丧家之犬"，就此而言，我们认为农夫的活动与孔子的行为都是正当的。

二、价值体系

从心理内化的观点看，价值体系有内外两种。那些未经个体选择、内化的价值原则集合体就是外在价值体系；个体运用价值智慧对外在价值原则和体系进行察觉、筛选、批判、重构而形成内在价值观念体系，简称内在价值体系。传统价值观概念在这里仍然可以沿用，它是对内在价值观念体系的进一步凝练和概括。主体从态度和情感上接纳了某种价值观并自觉地在日常生活、工作和社会交往中遵循时，才能说真正地形成了某种价值品质。①鉴于本研究的重点是那些镶嵌于品质的价值，以及和内在品质密切相关且并列的价值，故本文中所述之价值体系，只狭义解释为内在价值观念体系或内在价值体系。基于此，我们初步构想如下：

价值体系(values system)，即品质发展过程中主体基于内在需要和外在价值原则，运用价值智慧所建构的支配与调节个体心理、行为的价值观念体系。价值体系并非只是一个简单的观念集合体，而是一个有方向、有大小的思维矢量，其基本量纲是价值性与价值度。②其中价值性由"正当性质"决定，可以用负号(-)、0(特定情境中的价值无涉)、正号(+)标示。价值度由"正当性维度"决定，厚正当(即满足真理、伦理、法理三维意义的正当性)的价值度最强，因其含有三个维度(虚拟值+3)。

价值体系作为价值品质的基础，广泛影响人们的知、行、意、情的过程。价值体系是主体长时间通过自身实践活动和客观世界相互作用逐渐建构起来的。由于个体所处的社会背景和遭遇的境况不同，其所构建的价值体系也五彩缤纷。我们可从三个层面理解价值体系。(1)从形式上来看，价值体系是主体在主客体之间相互作用的过程当中，逐渐对客体产生相应的价

① 石中英：《教师的基本价值品质及其形成》，载《中国教师》，2009(1)。
② 刘先义：《德育价值论——道德教育中的价值问题研究》，博士学位论文，山东师范大学，2008。

值认知、价值判断，形成对待客观现实的态度、信仰、理想等，并由其组成的一定层级和结构。（2）从内容上来讲，价值体系就是价值原则按照特定结构和方式组成的集合，反映了主体的内在需要、根本地位、核心利益以及主体实现自己利益和需要的能力、活动方式等各方面的主观特性。（3）从功能上来看，价值体系是品质形成的前提与基础。它对品质发展起到了一种价值导向的作用。同时，它也是主体运作价值智慧来权衡黑白善恶的重要手段。因此，价值体系的实质就是品质结构中深层的、相对稳定的部分，是主体价值品质的重要质料。

三、演变传承

人类社会发展的每一阶段都有与该时期的社会状况相适应的价值原则和体系，这些价值原则、体系最初表现为某种风俗、习惯、礼仪、禁忌等，但它在一定时期却作为影响人们行为的实际制约因素而起着价值原则或准价值原则的作用，如"古希腊雅典价值""中国周邦价值""印度佛教价值""社会主义核心价值"等。价值哲学主题——价值原则与相关辩护总是体现于特定社会群体的历史生活之中。我们若仅仅通过查阅已往的经典，而不从人类历史和现实实践切入，就试图提出和制定普遍价值及其规则体系。这样的做法会忽视价值现象的时代特征，找不到确立普遍价值的真实基础，也不能真正发掘有效的历史经验。[①]针对此种"价值被历史生活所裹挟"的现象，我们亦

---

① 李德顺：《普遍价值及其客观基础》，载《中国社会科学》，1998(6)。

可仿照维科与麦金太尔的口吻诘问：还有价值本身吗？[①]

价值存在分别以个体化的价值智慧和关系共识性的价值原则作为载体，因此价值发展主要表现为价值智慧和价值原则两种形态。价值智慧发展是人的价值品质的完善、优化和人格境界的升华，它是价值发展的主体形式。价值原则、体系的发展是关系共识规范作为价值标准的体现和载体，不断重构并增进其合理性，并随着社会关系的发展而日益完善，因而是价值发展的客体形式。个体生命是有限的，价值进步的主体形式在时间向度也是有限的，价值智慧成就会随着个体生命的消失而消逝。所以就价值发展的主体形式而言，价值成果的价值智慧是无法继承的，每一个个体的价值品质的发展都必然是一个零起点的过程。这正是价值教育必要性的依据之一。

价值体系的发展作为一个漫长的过程，是一个不断进化、否定之否定的过程。当人们把注意力从研究人类活动延续与消失的客观载体转移到研究人类活动本身的时候，会发现在人类活动中有一个重要的因素，那就是价值体系，它不断发展变化。马克思曾指出，整个历史也无非是人类本性的不断改变而已。从这个意义出发，我们可进一步来说：整个历史就是人类价值体系的不断进化史。价值体系不是孤立存在于人们的头脑之中，而是在现实层面上有与之相配套的一套制度设计和文化

---

① 维科与麦金太尔在反思道德被历史生活所裹挟时不禁诘问：还有道德本身吗？参见[美]麦金太尔：《追寻美德：伦理理论研究》，241 页，南京，译林出版社，2003。

机制。通过文化的传承与发展，价值体系潜移默化地作用于人的头脑，同时，受到制度的诱导与强迫，价值体系于无形中完成了人格模塑的过程。因此，价值体系在历史进程中好比一把开启未来之门的钥匙，谁掌握了这把钥匙，谁就拥有了预测甚至引导未来历史潮流的主动权。

但是，如果人类的价值成果完全无法继承，人类的价值品质由于个体生命逝去而消亡，则人类道德进步和价值提升就只能体现为以代(辈)为循环的个体的进步而不可能是"类"的进步。就现代社会而言，我们外在的社会价值体系和内在的观念价值体系都有诸多缺陷，现实中各行各业的潜规则其实是对"正当性原则"的价值体系的亵渎。柯林伍德在《历史的观念》一书中提出，如果人类本身不改变其价值观念，不确立更高的道德和行为准则，那么人类将不可拯救。尽管人类的价值发展过程充满挫折，然而总体趋势却在不断进步。人类从远古走到今天，虽然价值体系如政治制度一样不断变迁，但日趋完善。所以人类的价值成果并非完全无法继承。那么什么是可以继承的呢? 那就是价值发展的客体形式——价值原则或体系。价值原则、体系以文化符号的形式标载着人类伦理道德和价值思想的演变历程(见表 4-1、表 4-2)。

表 4-1　西方哲学流派与价值思想

历史时期	代表人物	典型哲学源流	价值思想摘要
古希腊时期	泰利士（约公元前 624—前 547）赫拉克利特（约公元前 544—前 483）恩培多克勒（约公元前 495—前 435）德谟克利特（公元前 460—370）	自然唯物主义	普罗泰戈拉：良品可教；人是万物尺度。苏格拉底：知识即美德。柏拉图：四种基本良品——智慧、勇敢、节制、正义。"若自身内的各种品质在自身内各起各的作用，那他就是正义的，即也是做他本分的事情的"。德谟克利特：幸福论伦理思想——人的幸福与不幸居于灵魂之中，善与恶都来自灵魂，每个人都有独立的意志和人格。人的自然本性就是求乐避苦，而道德的标准也就是快乐和幸福。能求得快乐就是善，反之即恶。德性不仅是言辞，更重要的还是思想和行动，人们应该热心地按照道德行事，而不要只是空谈道德。道德可教；个人的道德修养就是同自我的思想斗争，斗争的胜利标志着个人的道德进步。应该热心地致力于按照道德行事，而不要空谈道德。亚里士多德：德性分为道德德性与理智德性(含理论理智德性、实践理智德性、技艺理智德性)。实践的多样性和个体的特殊性决定了美德的多样性。伊壁鸠鲁：快乐是幸福生活的目的和开始，是善的唯一标准。一切导致快乐的就是善，导致痛苦的就是恶。美德只有同快乐联系起来才有价值。德行是指追求快乐时的审慎权衡。
	毕泰戈拉（约公元前 580—前 500）	唯心主义	
	普罗泰戈拉（约公元前 481—前 411）	人本主义	
	苏格拉底（约公元前 468—前 400）	目的论哲学	
	柏拉图（约公元前 427—前 347）	客观唯心主义	
	亚里士多德（约公元前 384—前 322）	实体论哲学	
	伊壁鸠鲁（约公元前 341—前 270）	伊壁鸠鲁主义	

续表

历史时期	代表人物	典型哲学源流		价值思想摘要
古希腊时期	芝诺(约公元前336—前264)	斯多亚主义		皮浪:人的行为只是按照风俗习惯所做的约定,无所谓正当不正当,也没有任何事物是美的或丑的;最高的善就是不做任何判断,不要任何知识。只有这样,才能得到灵魂的安宁。
	皮浪(约公元前360—前270)	怀疑主义		
古罗马时期	卢克莱修(约公元前98—前53)	唯物主义		幸福在于摆脱对神和死亡的恐惧,得到精神的安宁和心情的恬静。
	西塞罗(前106—前43)	折中主义		国家是人民的事务,是人们在正义的原则和求得共同福利的合作下所结成的集体。
	奥古斯丁(约354—430)	宗教主义		上帝作为至善,是一切善的根源,上帝并没有在世间和人身上创造罪恶。罪恶的原因在于人滥用了上帝赋予人的自由意志,自愿地背离了善之本体(上帝)。"爱"就是为了自身的幸福而对"善"(good)的渴求。所有的人都爱幸福。
欧洲中世纪时期	波爱修(约480—525)	经院哲学	理性神学	阿奎纳:尘世的德性——智慧、勇敢、公正;神学的德行——博爱、信仰和希望。理智与实践的德性只能使人的理智与意欲达到完善。而神学的德性能使人接近上帝,获得至善和幸福;正义即共同幸福。基督教三主德:信、爱、望。
	爱留根纳(约800—877)		泛神论	
	安瑟尔谟(约1033—1109)		实在论	
	洛瑟林(约1050—1114)		唯名论价值	
	罗吉尔·培根(约1214—1294)			
	司格托(约1270—1308)			
	奥康(约1300—1349)			
	阿奎纳(约1225—1274)		神学	
	阿维洛伊(约1126—1198)		异教主义	

144   价值品质论

续表

历史时期	代表人物	典型哲学源流	价值思想摘要
文艺复兴时期	但丁（1265—1321） 佩特拉克（1304—1374） 薄伽丘（1313—1375） 瓦拉（1407—1457） 达·芬奇（1452—1519） 爱拉斯谟（1469—1536） 拉伯雷（1495—1553） 蒙田（1553—1592） 莎士比亚（1564—1616）	人文主义	但丁：人生有两种幸福，今生幸福在于个人行善（哲学指导下通过践行道德与知识而达到）；永生幸福在于蒙受神恩（通过神启而践行信德、望德、爱德而达到）。 莎士比亚：世间本无善恶，端看个人想法。
	马丁·路德（1483—1545） 加尔文（1509—1564）	宗教个人主义	马丁·路德：人有一个双重的本性，即一个心灵的本性和一个肉体的本性。人有自由意志，可趋善避恶，反之亦然。人靠自己本来的力量能遵守上帝的一切诫命。人靠自己本来的力量，能爱上帝过于万物，又爱邻舍如同自己。
	特莱肖（1509—1588） 布鲁诺（1548—1600） 夸美纽斯（1592—1670）	自然唯物主义	布鲁诺：理性和智慧是改造社会、战胜一切的决定力量。 夸美纽斯：对于事实问题的健全的判断是一切德性的真正基础。德性的实现是由行为，不是由文字。敬畏上帝是智慧的开端与结尾。

续表

历史时期	代表人物	典型哲学源流	价值思想摘要
欧洲近代时期	弗兰西斯·培根（1561—1626）霍布斯（1588—1679）洛克（1632—1704）	唯物主义经验论	培根：同情是一切道德中最高的美德。顺境的美德是节制，逆境的美德是坚忍，这后一种是较为伟大的德行。善的定义就是有利于人类。霍布斯：正义即安全。洛克：德性是第一位的，人若无德性，他在今生来世都得不到幸福。四项基本品质：节制、诚实、智慧、自尊。
	笛卡儿（1596—1650）斯宾诺莎（1632—1677）莱布尼茨（1646—1716）	唯理论	笛卡儿：把我的一生贡献于我的理性的培养，并依照我为自己所立的方法原则，尽我所能及，在真理的知识中求得最大进步。斯宾诺莎：每个人总是全凭他的情感来判断一物的善或不善，有用或无用。因为一个人为情感所支配，行为便没有自主之权，而受命运的宰割。在命运的控制之下，有时他虽明知什么对他是善的，但往往被迫而偏去做恶事。自由是对必然性的认识。莱布尼茨：道德原则不是来自经验，而是来自天赋理智。道德的善恶是"通过上帝干预的"。善分成三类，有德的、适意的和有用的。
	贝克莱（1684—1753）休谟（1711—1776）	唯心主义经验论	休谟："事实判断"和"价值判断"可以通约吗？（is≠ought）休谟伦理学有一个效用主义的构架，也包含从情感主义的角度对仁爱、高尚、勇敢、平静等良品的讨论。

续表

历史时期	代表人物	典型哲学源流	价值思想摘要
欧洲近代时期	倍　尔（1647—1706） 梅叶（约1664—1729） 孟德斯鸠（1689—1755） 伏尔泰（1694—1778） 卢　梭（1712—1778）	自然神论	孟德斯鸠：在一个人民的国家中还要有一种推动的枢纽，这就是美德。 卢梭：同情心和自爱心一样是一种自然情感。人类正是因为具有这种自然情感，才有可能从自我中心中走出来，去主动地关心和帮助别人。
	美特利（1709—1751） 狄德罗（1713—1784） 爱尔维修（1715—1771） 霍尔巴特（1723—1789）	机械唯物主义无神论	爱尔维修：一个生命原则鼓动着人。这个原则就是身体的感受性。这种感受性在人身上产生出什么呢？一种喜爱快乐、憎恶痛苦的情感。在这两种情感的基础上，形成人身上那种称为自爱的情感，这种自爱产生出幸福的欲望；幸福的欲望产生出权力的欲望；后者又生出妒忌、悭吝、野心，并且一般地生出一切人为情感。这些情感有不同的名称，其实在我们身上只不过是唯一的权力之爱应用在种种不同的获取权力的手段上而已。 霍尔巴特：要公正，因为公正维系着人类；要和善，因为慷慨暖人心窝；要宽厚，因为你周围的人跟你一样脆弱；要谦逊，因为你的傲慢伤害每一个人的自爱心。
	亚当·斯密（1723—1790）	唯心主义经验论个人主义	德性包括谨慎、公道和仁爱。在对利己主义行为的控制上，既要寄重托于同情心和正义感，又要寄希望于竞争机制。

续表

历史时期	代表人物	典型哲学源流	价值思想摘要
欧洲近代时期	康德（1724—1804）	古典唯心主义	非后果论的道义论：需要审核快乐与幸福(一个很坏的人得到幸福，那是不公正的)。如果整个世界是公正的，那么快乐应该按德性来分配，但社会不可能建构那么大规模的公正。所以我们能做的就是符合道义的事情，使自己值得那份快乐。我们在遵循价值原则的基础上尊重自己与他人。救济性正义即对越轨予以制裁的正义。
	边沁（1748—1832）	功利主义	功利原则："善"即最大地增加了幸福总量，且引起最少痛楚；"恶"则反之。 最大的幸福原则：快乐就是好的，痛苦就是坏的，因为人的行为都趋利避害。所以任何正确的行动和政治方针都必须能够产生最多数人的最大幸福，并且将痛苦缩减到最少，甚至在必要情况下可以牺牲少部分人的利益。 只要制造出痛苦，便是不道德的。人类施加于动物身上的暴行，并无正当性。
	费希特（1762—1814） 黑格尔（1770—1831） 谢林（1775—1854）	辩证唯心主义	费希特：我们是理性存在物。而作为理性存在物，我们是绝对的、独立的和完全以自身为根据的，或者说，是自由的，即自我规定的或自我设定的。自由分为"形式的自由"和"实质的自由"两种类型。 黑格尔：所谓福利或幸福，其实就是人的需要、欲望、倾向、热情、私见、幻想等的满足。人有权把他的需要作为他的目的。把善界定为福利和法的统一，即一种"合法的福利"，或者"以福利为基础的法"。

续表

历史时期	代表人物	典型哲学源流	价值思想摘要
欧洲近代时期	赫尔巴特（1776—1841）	形而上学经验主义	价值品质受五种力量支配，心灵只有具备五种力量才能引向至善的方向，即：内心自由（innerfreedom）、完善（perfection）、仁慈（goodwill）、法权（justice）、公平（equity）。
	费尔巴哈（1804—1872）	形而上学唯物主义	人的绝对本质是理性、意志和心。理性是思维力——认识之光；意志是意志力——品性之能量；心是心力——爱。
	密　尔 （1806—1873）	古典自由主义	个人有行动的自由，只要不危害他人利益，其他人和社会都不得干涉；仅当危害他人利益时，个人才应受社会强制性惩罚。
	马克思（1818—1883）恩格斯（1820—1895）	历史唯物主义与辩证唯物主义	马克思：真诚而十分理智的友谊是人生的无价之宝。任何节约归根到底是时间的节约。人只有为自己同时代人的完善，为他们的幸福而工作，才能达到自身的完善。
	别林斯基（1811—1848）赫尔岑 （1812—1870）车尔尼雪夫斯基（1828—1889）杜勃罗留波夫（1836—1861）	民主主义	赫尔岑：因为真理是灿烂的，只要有一个罅隙，就能照亮整个田野；如果缺乏努力和意志，如果不肯牺牲和劳动，你就会一事无成。车尔尼雪夫斯基：人按其本性来说既非善也非恶的，只因环境不同而变成善或恶的。支配人们行为动机的决定因素是利益。"合理利己主义"是道德的基础，整体利益高于局部利益，全人类的利益高于一切。

续表

历史时期	代表人物	典型哲学源流	价值思想摘要
欧洲近代时期	孔德（1798—1857）	实证主义	孔德：人不爱己，焉能爱人；人类社会进化的总体特征是，人身上的动物性逐渐被削弱，其知性、德性逐渐发达，并最终取得支配地位。人的本质属性将得到充分展现。在这一过程中，文化、文明起着决定作用，社会生活是由精神、道德原则决定的，社会的发展是由精神、道德的完善决定的。
	斯宾塞（1820—1903）	社会达尔文主义	斯宾塞：个人自我保存是最重要的道德原则，道德进化公式：利己主义（集中）；利他主义（分化）；道德的最高阶段是利己主义和利他主义的调和、平衡。
	叔本华（1788—1860）尼采（1844—1900）	唯意志主义	叔本华、弗兰克纳：仁慈和公正是基本德性；爱、勇敢、节制、诚实、感恩和体谅是派生德性。
	朗格（1828—1875）李普曼（1840—1912）柯亨（1842—1918）文德尔班（1848—1915）托普（1854—1924）卡西尔（1874—1945）	新康德主义	李普曼：康德所谓的先验性可以解释为意识的生成组织。朗格：康德所说的先天的认识形式可以归结为先天的生理结构。文德尔班：思想中的真理，意愿与行为中的善以及感觉中的美。
	马赫（1838—1916）彼得楚尔特（1862—1929）波格丹诺夫（1873—1928）	马赫主义	马赫：为了使人适应环境、有效地进行生存斗争，就必须使人的思维和科学活动成为最简单、最便捷的活动，成为生物学的经济活动。

续表

历史时期	代表人物	典型哲学源流	价值思想摘要
欧洲近代时期	伯格森（1859—1941）	反理性主义	提倡直觉，贬低理性。科学和理性只能把握相对的运动和实在的表皮，不能把握绝对的运动和实在本身，只有通过直觉才能体验和把握到生命存在的"绵延"。
	斯特林（1820—1909） 哈利斯（1835—1909） 格林（1836—1882） 瓦莱士（1844—1897）	新黑格尔主义	哈利斯：建设这样一个社会的工具就是心理上的异化。将儿童从他们自身异化，这样他们就再也不会寻找内在的力量。将他们从家庭、传统、宗教、文化中异化，这样，再也不会出现来自外部的意见与当局的决定相左。 格林：正是人的超自然的精神原则使人具有道德。
西方现代时期	赖特（1830—1875） 皮尔士（1839—1914） 霍尔姆斯（1841—1935） 詹姆士（1842—1910） 杜威（1859—1952） 席勒（1864—1937） 刘易斯（1883—1964） 布里奇曼（1882—1961）	实用主义	皮尔士：把观念的意义和实际的效果联系起来，断言一个观念的定义是该观念的可感觉的效果。 杜威：真就是有用的，知识是试验性的，能够有用的就是真的知识。把价值的问题视作认知的一部分。价值不是外铄的，而是产生在一个价值的情境之中；随着价值情境的不同，价值的标准也就不同。

续表

历史时期	代表人物	典型哲学源流	价值思想摘要
西方现代时期	怀特海（1861—1947） 罗素（1872—1969） 摩尔（1873—1958） 培里（1876—1957） 德雷克（1898—1933）	实在主义	摩尔："善不可定义"，如果一定要给善下定义，就会犯"自然主义的谬误"。 罗素：科学使我们为善或为恶的力量都有所提升。 怀特海：心智绝不是被动的；它是一种永不休止的活动，灵敏、富于接受性、对刺激反应快。你不可能推迟它的生命，到你使它锋利了的时候才有生命。
	马利坦（1882—1973） 吉尔松（1884—1978）	新托马斯主义	马利坦：如果事物以其被提供给心灵直觉的存在这一简单事实来提高心灵和给心灵以快感，那么只要人们认为这事物是善的，这事物就是善的，这事物就是美的。 吉尔松：对理性来说，信仰不可缺少。
	华德（1843—1925） 鲍恩（1847—1910） 弗留耶林（1871—1960） 莫尼埃（1905—1950） 伯扎西（1910　）	人格主义	鲍恩：人格的基本属性是活动性（能动性）和自我同一性，它们处于活动变化中而又保持自身的不变和统一。 莫尼埃：人格是一种作为稳定和独立的存在的精神实质。
	维特根斯坦（1889—1951） 石里克（1882—1936） 卡尔纳普（1891—1970）	逻辑实证主义	维特根斯坦：凡是能够说的事情，都能够说清楚，而凡是不能说的事情，就应该沉默。 卡尔纳普：哲学的对象是语言而不是世界，而语言的核心问题是语言的意义，因此意义问题就成了哲学的中心问题。

历史时期	代表人物	典型哲学源流	价值思想摘要
西方现代时期	波普尔（1902—1994）	批判理性主义	自由对平等的优先性——力求实现平等可能危及自由，但在不自由的人们中间是不会存在平等的。
	胡塞尔（1859—1938） 舍勒（1874—1928）	主观唯心主义	胡塞尔：在对于美或善评价的感情活动之上可能建立起判断活动；任意的对于美或善行价值判断先天上有别于正确的对于美或善行价值判断。 舍勒：价值本身可以通过现象学获得。
	雅斯贝尔斯（1883—1969） 海德格尔（1889—1976） 马塞尔（1889—1978） 萨特（1905—1980）	存在主义	海德格尔：个体即世界存在。人类处于矛盾之中，他们预示到不可避免的死亡，死亡导致痛苦和恐怖的经验。存在既不是我们自己造成的，也不是我们的选择。存在是强加给我们的，并将一直延续到去世。 雅斯贝尔斯："精神"为人的本质，"精神"在建构人之生存意义方面具有重要作用。
	索绪尔（1857—1913） 施特劳斯（1908—2009） 福柯（1926—1984） 乔姆斯基（1928—　）	结构主义	索绪尔：语言是言语行为的社会部分，是个人被动地从社会接受而储存于头脑中的系统。它是每个社会成员共有的一种社会心理现象而非个人意志。 福柯：能够表现出来有知识是权力的一种来源，因为这样你可以有权威地说出别人是什么样的和他们为什么是这样的。

续表

历史时期	代表人物	典型哲学源流	价值思想摘要
西方现代时期	霍克海默(1895—1973) 马尔库塞(1898—1979) 弗洛姆(1900—1980) 阿多诺(1903—1969)	社会批判主义	霍克海默：天启必须由理性来判断……理性应是我们最高的法官。 马尔库塞：艺术和革命可统一于改造世界和人性解放的活动中，它用新的美学形式来表现人性，以唤来一个解放的世界。 阿多诺：我们不知道何为绝对的善，何为绝对的规范，但清楚何为非人性的。故须坚持"底线道德"——谦虚、诚实、守信、责任。这是人类几千年文明社会所形成的最基本的并被绝大多数人所认可的价值原则。
	利奥塔(1924—1998) 鲍曼(1925—) 别尔嘉耶夫(1874—1948)	后现代主义	鲍曼：现代伦理的困境就在于它用"他治"代替了"自治"，在给人们提供确定性的同时，也使人们丧失了生成道德自我的机会。
西方当代时期	麦金太尔(1929—)	社群主义	复兴亚里士多德的美德伦理学和托马斯·阿奎那的道德探究方式。
	弗兰克纳(1908—1994)	混合义务论：功利＋公正	道德的内容包括"原则的道德"(行善与平等)和"品行的道德"(良善)。 伦理判断和语词(善、应该、责任、美德)不同于神学判断和语词(上帝、不朽、救赎、上帝的意志)，道德并非逻辑地依赖于信仰(《善的求索》)。
	尼布尔(1892—1971)	基督教现实主义	牺牲之爱、正义、自由、平等、秩序。
	罗尔斯(1921—2002)	新自然法学派	强调分配正义及正义原则：一是平等自由原则，二是差别原则与机会公正平等原则。

续表

历史时期	代表人物	典型哲学源流	价值思想摘要
西方当代时期	克里夫·贝克 (1939—)	功利主义反省伦理学	幸福人生包含着对基础价值的实现，这些基础价值是生存、健康、幸福、友谊、助人、自尊、被人尊重、知识、自由、自我实现、意义感觉，因为这些价值具有终极性，体现着人生的目的。

表 4-2　中国哲学流派与价值思想

历史时期	代表人物	典型哲学源流	价值思想摘要
先秦时期	孔子 孟子	儒家	孔子：不义而富且贵，于我如浮云。富与贵，人之所欲也；不以其道，得之不处也。贫与贱，人之所恶也；不以其道，得之不去也。富而可求也，虽执鞭之士，吾亦为之。如不可求，从吾所好。孟子：唯仁者宜在高位。不仁而在高位，是播其恶于众也。生亦我所欲也，义亦我所欲也；二者不可得兼，舍生而取义者也。生亦我所欲也，所欲有甚于生者，故不为苟得也；死亦我所恶也，所恶有甚于死者，故患有所不辟也。
	老子 庄子	道家	天道无亲，恒与善人。天地不仁，以万物为刍狗。上善治水。见素抱朴，少私寡欲。朴散则为器。万物尊道而贵德。道者，万物之注也。善人之宝，不善人之所保。
	墨子	墨家	兼爱、非攻、尚贤、尚同、节用、节葬、非乐、天志、明鬼、非命。
	韩非	法家	天得之以高，地得之以藏，维斗得之以成其威，日月得之以恒其光。臣事君，子事父，妻事夫，三者顺则天下治，三者逆则天下乱，此天下之常道也。

续表

历史时期	代表人物	典型哲学源流	价值思想摘要
汉唐时期	董仲舒	儒学唯心主义	性分为上、中、下三等，即圣人之性、中民之性和斗筲之性。道源出于天，天不变，道亦不变。君为臣纲，父为子纲，夫为妇纲。
	葛洪	道教	美是多元的，声色香味不同，只是表明其各有特性，而其美均等，没有高下之分。
宋元明清时期	程颢 程颐 朱熹	程朱理学	程颢：正心诚意。 程颐：格物致知。存天理，灭人欲。 朱熹：人有"天命之性"和"气质之性"，前者源于太极之理，是绝对的善；后者则有清浊之分，善恶之别。"去人欲，存天理"。
	陆九渊 王守仁	陆王心学	陆九渊：人的本心（即良知）是至善的，后天的不善来自两个方面。其一是物欲对于本心的污染，这种说法和道学一系的观点一样。其二是本心的"放失"，人心只向名利上求索，故而失掉了人之本心。名利实际上也可以说是一种物欲。 王守仁：知行合一则可使心与理或理与心合而为一。
	王夫之	唯物主义气一元论	循天下之公；无其器则无其道；尽器则道在其中；性者，生理也。
中国近现代	严复 康有为 梁启超 谭嗣同	进化论	严复：鼓民力、开民智、新民德；自强自立、救亡图存。 康有为：人生来平等，同时又充满差异性，这些充满差异性的人是独立的，有自主权，应当"以平等之意，用人立之法"。

续表

历史时期	代表人物	典型哲学源流	价值思想摘要
中国近现代	孙中山	三民主义	八德论：忠、孝、仁、爱、信、义、和、平。
	李大钊 陈独秀 毛泽东	马克思主义	李大钊：今日之时代精神应倡民权自由之大义。道德者，宇宙现象之一也。故其发生进化亦必应其自然进化之社会。而自然变迁，断非神秘主宰之惠与物，亦非古昔圣哲之遗留品也。 陈独秀：若夫博学而不能致用，漠视实际上生活上之冷血动物，乃中国旧式之书生，非二十世纪新青年也。 毛泽东：为人民服务。
中国当代	邓小平	马克思主义	效率优先，兼顾公平。
	江泽民	马克思主义	"三个代表"思想。
	胡锦涛	马克思主义	"八荣八耻"；大力建设社会主义核心价值体系，巩固全党全国人民团结奋斗的共同思想基础。
	习近平	马克思主义	社会主义核心价值观：富强、民主、文明、和谐；自由、平等、公正、法治；爱国、敬业、诚信、友善。

注：本表内容参考了诸多文献，限于篇幅，恕不一一列出。

从历史演进视角来看，价值原则、体系的发展和演变是一个历史性的进程。以儒家的"三纲五常"为例，"三纲"基本上是与那个特定社会阶段相应的价值原则，今天因其赖以存在的社会背景消亡，所以应给予批判。而"五常"中的仁、义、礼、智、信则涵盖着优秀的价值意蕴。经过改造加工，它们可以为建设当代的仁爱、正义、尊重、宽容、诚信等价值，提供非常珍贵的营养成分。不同的时代具有不同的价值原则与体系，而同一价值原则与体系在不同时代却具有不同的内涵与外延，即带有鲜明的时代特征。例如，人类毕生所追求的"自由""平等"的价值理想，在其产生之初与现代意义上就有着天壤之别。

柏拉图在其《理想国》中阐释，"平等"就意味着严格的等级划分和森严的等级制度，"自由就是个人对于社会的政治权力"[①]。15—16 世纪人文主义文化运动兴起，这时期的思想先驱们认为"自由"就是人应该可以按照自己的天性、需求、爱好而生活，而不应受到外在各种强制力的硬性约束。密尔说："自由地根据自己的特性规划生活，做自己喜欢做的事情并愿意承受一切可能的后果，只要我们的行为不伤及他人就不受人们干涉。"[②]后来新兴资产阶级在反对封建专制制度和教会神权统治的斗争中，则举起了"天赋人权""自由、平等、博爱""法律面前人人平等"的旗帜。这些便是同现代意义上的自由平等相贯通的。

在中国，孔子主张建立"大同社会"，即在政治、经济、文化诸方面，人人拥有平等的权利，《庄子·外篇·马蹄》称颂原始氏族社会是最公正、最有道德的社会，即"至德之世"。历次农民起义也总是打出"均贫富、等贵贱"的旗帜，而这种主张则是在私有制基础上实现财产的平均、身份的同等，太平天国运动虽然第一次开始倡导西方意义上的自由、平等观念，但却严

---

① 石中英：《教育哲学》，192 页，北京，北京师范大学出版社，2007。
② ［英］穆勒：《论自由》，13 页，桂林，广西师范大学出版社，2011。

重受到封建主义的影响与压制，直到康有为、梁启超等发起戊戌变法，提出建立"大同世界"，"纵民为之以振兴工商"及建立代议制度，才真正接近近代的自由、平等的含义。马克思主义主张消灭阶级差别、解放全人类才能真正实现自由、平等。

我们今天提出各种德目、价值范畴或者重构当代核心价值体系，必然是在传统价值原则、体系基础上的承继与创新。不同时代的价值原则、体系在历史的维度上形成一个连续性的价值准则谱系。这种谱系以相对独立的变迁历史和不断进步的客观趋向体现了人类价值标准的历史性和进步性。当这种谱系与所在时代的个体的人的价值智慧相结合，即完成历史与逻辑的统一。价值准则谱系的流变既是遵循客观法则在历史长河中的流淌，又是被所处时代的人运用价值智慧主观判断、选择和人为建构的结果。在当代价值全球化或者普世价值喧嚣之时，我们首先应该尊重价值的历史积累、继承中外传统价值成果。因为割断价值历史另起炉灶其实是在人为设置"零起点"，那样代价太大。

价值原则、体系的形成与确立必然要经历一个长期的过程，而在这个过程中，受所处时代社会经济发展水平的限制，价值原则、体系必然会打上时代的烙印，具有鲜明的时代特征。价值原则、体系从哲学上讲属意识范畴，而主体意识是受到外在客观存在的限制，主体认识世界和改造世界的能力依赖于所处时代为其提供的各种条件和环境。因此，通常一个社会总体的价值原则、体系是同其社会经济发展水平相适应的，既很难超前，又难以长时期滞后，社会经济的发展会推动滞后价值原则、体系的前进。价值原则与体系与人们的需要及利益相联系。原始社会经济发展水平低下，社会分工极其简单，在此基础上形成的人与人之间的社会关系、社会交往直接，人们的需要和利益趋向单一化甚至是同一化，由此而产生的价值体系也是低水平的。而在现代社会，社会经济迅猛发展，社会分工日益精细，劳动协作日趋紧密，由此而形成的社会交往形式、社会关系复杂多变，人们满足需要的手段及利益逐渐多元化，价值原则、体系也呈现出多元、开放的发展态势，体现着现代化的特征。

　　无论是个体价值原则与体系还是群体价值原则与体系，在具有历史演进性的同时又有阶段性稳定的特点，即价值原则、体系一经形成，就会在某个阶段保持稳定性，不会轻易发生改变。个体价值原则、体系作为价值主体对社会的认识，必然要经历一个从感性认识到理性认识，再到实践，在实践的指导下不断修正认识这样一个不断螺旋式上升的过程。然而，个体价值原则、体系一经确立，其自身所具有的发展惯性和自稳机制会使其在自我延续的同时同化外力。而群体价值原则与体系，特别是既具有人文精神时代特征又为大多数人所认可的群体价值原则与体系，也即社会核心价值原则与体系，其自稳能力更加强大，自我发展势能也更为明显。因此，社会核心价值原则与体系的改变，通常需要重大的思想解放运动和以生命为代价的革命性斗争进行推动。

第二节　价值原则与价值品质的辩证统一

价值行为一方面是符合价值原则的，即受到外在规范的制约，同时也是出于内在价值品质的正当行为。价值品质以价值主体为载体，首先涉及人的存在。而价值原则并非定格于主体，作为正当性行为准则，它更多地具有外在性和超越主体的特点。虽然价值原则与价值品质分别呈现出和主体存在不同的联系，但二者之间却有着必然的辩证关系。

一、基础与目的

价值品质乃价值之目的，价值原则是价值品质之基础。"原则"是指为人处世的根本原则和行为正当的基本准则，它是外在的、客观的。"品质"的伦理含义主要是指价值实践中的内心品质，它是内在的、主观的。价值意义的最终指向是具有根本性和目的性地位的"品质"，"原则"只是达成"品质"的手段。"乡愿"受到孔子批评的根本原因不在于无"原则"，而是内心缺"品质"。如果将有"原则"而无"品质"的行为赋予价值正当性，那么这明显违背人们的价值经验或价值直觉。这种地位上的差异意味着价值品质是更根本的目的性存在。对于行动者而言，外在价值原则的作用已经消弭于无形，他把握了价值判断和选择的主动权，摆脱了外在功利的算计或者对绝对命令的被动遵从，纯粹是心灵状态在特殊境域合乎情理的自然流露。

子曰："言必信，行必果，硁硁然小人哉！""大人者，言不必信，行不必果，惟义所在。"仅仅拘泥于外部原则尚属"小人"，而"大人"行动之理据乃内心"义"的品质，已经超越外在价值原则。这种自由状态正是价值品质之表征。价值的个人终极目的是达至自由，这是价值区别于法律和宗教等的基本特质。在自由的价值阶段，行动者依凭价值智慧，就可以在特定情境油然生发出正当行为，对价值行为的选择表现出更少的被动性及最低限度的他律性，展现出更大的价值自由，即"随心所欲不逾矩"。

价值品质往往以人格为其整体的存在形态，因为价值品质正是价值原则的习惯化、个体化、人格化。人类每个民族和每个阶段，都存在着理想的人格典范，也即价值品质卓越者。中华民族原始社会品质卓越者如尧、舜、禹，新中国成立以来被视为共产党人的理想人格范型的雷锋、焦裕禄等，都具备汇聚优秀价值品质的理想人格。无论中外，当人们从现实中难以寻觅到真实的理想人格，他们就开始遐想，借助神话故事来寄托那些卓越的价值品质。古希腊史诗中的英雄如普罗米修斯，展现了人们对奉献、勇敢这种品质的渴望；《西游记》里的孙悟空呈示了封建社会百姓们对正义、自由等价值的企盼。不同时代有德性的人作为价值品质的具体化、人格化，折射出了那个时代的历史需要。那些合乎历史需要的主体品质，在历史演进过程中不断得到确认和固化，最终凝结、汇凑于历史中的理想人格。理想人格范型对一般的社会成员具有示范、引导的意义，观念化的价值体系正是对这种范型的概括、提升。

二、外部与内部

从价值主体的视角看，价值品质以"我甘愿"为正当性的内部律令，而价值原则以"你应当"为正当性的外部规范。对行为者而言，"我甘愿"出自心灵的呼唤，是基于向善的意愿、好善恶恶的情感认同等精神定势，它是内在价值智慧综合运作之果。只有把"你应当"的外部命令转化为"我甘愿"的心理认同，方能从他律迈入自律的高阶价值阶段。通过化外在价值原则为内在价值品质，普遍价值原则在价值实践中的有效性显然也获得了某种担保。价值品质作为行为倾向和心理特征，其实就是价值社会化之结果，而社会化的手段或质料坐实价值原则。价值品质使人由自然意义之存在，提升为社会性存在，并进而升格成价值主体。当行为出于内在良品时，个体行为并非对外在社会要求的被动遵从，而是展示主体自身的一种生存方式。

三、内容与倾向

在品质心理学的视野里，品质是指个体在行为上的内部倾向，它是情绪、智力、态度、兴趣、气质、价值观、体质、性格等方面的结晶①。斯普郎格认为品质就是一种独特的价值取向。而价值取向总是自觉或不自觉地基于个体价值原则和体系并以价值品质的个性倾向性呈现出来。个性化、内化后的价值原则、体系是价值品质之质料，它们与一般自然品质经过价值

---

① 范蔚：《我国人格心理学的发展与人格教育实践》，载《教育理论与实践》，2003(3)。

智慧的整肃而构成价值品质的内容。

一般性自然品质主要由基因遗传，在不同的人性观视角下，这种自然品质的性质略有不同，如孟子、罗杰斯等认为品性本善，而荀子、弗洛伊德等则认为品性本恶，但告子、洛克等认为自然品质就是"白板"。从基因科学来看，它既非纯粹白板也不能被绝对定性为善或恶。人们欣赏"返璞归真"的品质，但是细究起来，到底是何种真呢？自然品质经过社会规训与教化逐渐同化和顺应社会主流价值体系，进而在个体生活实践中逐步内化为个性化的价值品质。此时个性化的价值品质与原初的自然品质具有历史与逻辑的同一性：原初自然品质是基础、胚胎、肇端，它为后期品质的社会化提供第一阶的可能性和限度。无论是因材施教的个性化塑造或者因人而异的基因工程，总是在自然品质的可能限度内发挥人的主观能动性。

个性化的价值品质与"此在"之后的社会价值体系间也充满矛盾。个体已有价值品质总是"此在"之前社会价值体系的个性化，一旦形成，就有某种定势和路径依赖，对与其后的价值体系也许有"排异"反应。因而在急剧的社会变迁和思想转型时期，排异反应尤其激烈，引起人们焦虑甚至自杀。当然也可能是正向的，使人感到欢欣鼓舞。总之，价值体系内容影响价值品质倾向，价值品质倾向引领价值体系的构建。

四、实践中统一

"对每一条原则来讲，都会有常与该原则名称相同的一种好品质，它包含有基于该原则行动的一种气质或倾向；而对于每一种好品质来说，也必有一条原则规制着体现该原则自身的那类行为。"①在实践中，原则与品质总是合二为一的。通过以上对价值原则所代表的规范伦理和价值品质所代表的品质伦理的梳理，我们得出以下结论：首先，两者的关联在于伦理功能的相互支撑。麦金太尔指出，良品是遵循价值原则的先决条件，对于价值原则而言，价值品质的作用是不可或缺的。"只有那些具有正义品质的人才有可能知道怎样运用法律。"②价值原则作为社会公共价值的文本符号和历史文化灯塔，引领品质的航向；同时，品质作为人的价值的主体性力量，不仅觉解、践行价值原则，并且批判与建构价值原则，原则乃人的内在品质力量的对象化存在。其次，价值原则与价值品质的区别：价值品质不仅是人类心灵的目的，也是心灵的秩序，是人的本质发展的目的与手段的统一；而价值原则主要是起着规范人的行为使之正当，并因正当而使人与人的社会关系和谐。再次，两者的统一性在于：价值品质和价值原则都是人类价值之载体，两者只是价值现象，"善"才是价值的本质，价值品质和价值原则不过是其表达和实现方式。所以，只有当人们悦纳了价值表象背后的价值标准时，价值原则才获得真正的心悦诚服的认同。也只有当外在的价值规范内化为个体的价值原则并重构出

---

① ［美］弗兰克纳：《善的求索——道德哲学导论》，138页，沈阳，辽宁人民出版社，1987。

② ［美］麦金太尔：《追寻美德：道德理论研究》，13页，南京，译林出版社，2003。

人性化的价值（观念）体系后，原则才与品质亲密接触。故价值原则只不过是价值内化的载体和形式，而不是价值本身。价值品质与价值原则的真正统一是价值实践的统一，任何个体若保有分裂的品质与原则，那么他重则人格分裂，轻则知行分离、言行不一。总之，原则与品质相互对应，有怎样的品质就有怎样的原则，有怎样的原则就有怎样的品质。没有品质的原则是软弱的，没有原则的品质是盲目的。[①]实践中，他们从来未曾分离。价值原则是价值品质的基础和内核，外在价值原则内化成为心理结构的一部分，从而成为价值品质的"骨骼"，价值智慧是价值品质的"血液"，二者在实践中汲取阳光雨露，孕育出健康的价值品质。

---

① ［美］弗兰克纳：《伦理学》，136 页，北京，生活·读书·新知三联书店，1987。

第五章

价值品质的形式与核心

在第三章我们已经总体阐述了价值品质的一体两翼结构（价值品质＝价值原则＋价值智慧），第四章解析了价值原则，那么自然本章应该解析另一翼——价值智慧。据前可知，价值原则主要表现一个人的价值品质之知，而价值智慧更多地标示一个人的价值品质之智。价值品质的卓越（excellence of value character）由坚定而持久的价值原则与睿智而全面的价值智慧共同铸就，两者缺一不可。[①]特定情境下的价值活动首先引发价值智慧的察觉，然后考虑选择何种价值原则，并将价值原则、价值相关主体与特定先在的约束性条件综合考量，可能对价值原则重组而形成新的价值体系，或者对特定约束条件的曲折性变通，最后才能做出正当行为。价值智慧是水，价值原则是

---

① 托马斯对此种二分路径评述道"A certain part of virtue is rational through itself and is called intellectual; another part, which is in the appetitive part of the soul, is rational through participation and is called moral"。参见：Hibbs, Thomas S., *Virtue's splendor: wisdom, prudence, and the human good*, New York, Fordham University Press, 2001, p. 139。

山，只有相互配合才能展现一幅浪漫的山水画卷。价值智慧是血液，价值原则是骨骼，必须有机结合两者才能构成一个价值品质丰满的人。

第一节　价值智慧的概念与实质

一、何为智慧与价值智慧

(一)智慧的含义

"智慧"二字可谓微言大义，在不同语境意义迥异，即使同一语境中不同学者使用时也各有不同。例如，培根认为，我们这一时代比任何一个时代，有更多的罪恶统治着世界，而罪恶与智慧是绝不相容的。这里的"智慧"意谓与"正直善良"相同。而培根在谈到远古时代的异教圣贤时，认为他们的生活比起我们的生活来，无论是在讲究文明礼仪方面还是对世俗社会的轻视上，不知要胜过多少。他们欢快、富足、荣耀。这一切我们在亚里士多德、塞内加、阿维森纳、柏拉图、苏格拉底和其他人的著述中都可以读到。正因如此，他们得到了智慧的秘密，找到了所有知识。又如，罗素说："智慧越多，烦劳越多；学问越好，忧虑越重。"这里的"智慧"应该是指理性、理智。[①]它既有个别化的、具体的特殊智慧，还有作为诸种智慧基础的普遍

---

① 《罗素的道德哲学》，96～97 页，北京，中国戏剧出版社，2008。

智慧。①王蒙说："作为高级精神能力的智慧，既内含胆识与知性，又体现了卓越的境界与品质。"②肖群忠认为，智慧作为能力和品质，不仅是一种认知的理性能力，而且还包括人的感情能力即敏感程度和善恶性质。所以智慧应该是能力、品质和境界的统一。③也有学者认为，人类智慧有两翼：悟性和理性。悟性是古中国农业文明的产物，理性是古希腊航海文明的产物。两者各有优劣，如今两者会通、中西互补，是历史和逻辑的必然，人类智慧之两翼将在这个时代实现对接。④

探讨"智慧问题"是中国哲学的一个主旋律。一般认为智慧主要有以下特点：

第一，智慧不仅包含对客观世界的认识，还包含对主观自我内在认识的认识。知人者智、自知者明。"认识你自己"从来都不是一件易事，包括认识你自己的认识。"智慧"二字从汉字构造上看，是"日知而心彗"。有真正智慧的人一定深知人性，高悟人生，故能淡泊宁静以处事，仁爱正义以待人。大智大慧者，其人生真平等，真自由，真圆满，真幸福。⑤冯契认为，基于实践的认识自己、认识世界与认识认识的纵横交合便构成

① 韩作黎：《中华传统道德楷模》，3～4页，北京，中国和平出版社，1997。
② 王蒙：《说"知"论"智"》，载《光明日报》，2011-01-07。
③ 肖群忠：《智慧、道德与哲学》，载《北京大学学报（哲学社会科学版）》，2012(1)。
④ 吕卫华、邵龙宝：《中西文化中的智慧意涵：演变历程与价值意蕴》，载《大连理工大学学报（社会科学版）》，2011(1)。
⑤ 罗素：《罗素的道德哲学》，90页，北京，中国戏剧出版社，2008。

了智慧学说。[①]对认识的认识也可称之为元认识，随着人文科学和脑神经科学的发展，这种元认识逐渐深化，如多元智能理论、脑成像、核磁共振成像技术等为此提供了部分依据。

第二，智慧虽以对象性的知识为根基但却以能力、体验和境界为核心。正如李泽厚所说："智慧不仅指某种思维能力、知性模式。它不只是 wisdom，intellect，而是指包括它们在内的整体的心理结构和精神力量，其中也包括伦理学和美学的方面，例如道德自觉、人生态度、直观才能等。"[②]体验和境界对智慧意味着与主体生存状态的关联性与亲自性；正如普鲁斯特所说"生活在什么地方筑起围墙，智慧便在那里凿开一个出口"。[③]叶曼在《智慧人生》一书给我们娓娓道来：纸上得来终觉浅，绝知此事要躬行。细细品尝生活的滋味，生命才不致沦为无谓的浪费。齿上留香，舌有余甘，回味咀嚼，才当得起"体验"二字。未加咀嚼的日子，等于白过；未浸透体验的生命，等于白过。无论面对人生的何种命与运、苦与乐、生与死，都要活出生活的全过程，全部细节。一切的一切都指向生活，指向对生活的体验。[④]

第三，根据所关涉问题的性质，"智慧"可被划分为"价值

---

① 《冯契文集：认识世界和认识自己》，2～3页，上海，华东师范大学出版社，1996。

② 李泽厚：《中国古代思想史论》，297页，北京，人民出版社，1985。

③ 余亚斐：《论智慧的历史性》，载《安徽师范大学学报（人文社会科学版）》，2011(3)。

④ 叶曼：《智慧人生》，3页，重庆，重庆出版社，2010。

的(value)"和"非价值的(non-value)"。① "价值的"即"与价值相关的",近似于本研究的价值智慧;而"非价值的"即"与价值不相关的""非价值的智慧",如古希腊哲学家赫拉克利特认为智慧是对逻各斯的认识。

当然,很多人并不认为智慧能够脱离德性而单独存在,也即只有价值智慧,而无与价值不相关的智慧。斯宾塞认为"思维的必然性就是道德的必然性",这里的思维实是指智慧。孔子的"智、仁、勇"三大核心价值,董仲舒的"仁、义、礼、智、信"五大核心价值等都是"仁智合一"的体现。而在欧洲中世纪,两者逐渐分离。如但丁认为道德常常能弥补智能的缺陷,然而智能却永远填补不了道德的空白。近代以来随着自然科学的发展,认知科学、脑科学、信息科学协同发力将人文科学视域中综合的、混沌的、价值性的"智慧"生拉硬扯到自然科学视域中,使"智慧"沦落为肢解的、分析的、中立的所谓智能、智力或智谋。智慧实际被狭义地界定为关于认知能力的范畴。"多元智能理论"之父加德纳在《智力的重构:21 世纪的多元智力》一书中同样表达了智力无关乎价值②,但是怀着特定目的对多元智力的统筹驾驭是否暗含了智慧呢?

---

① 蔡连玉:《道德智慧:概念内涵及其与多元智能的关系》,载《上海教育科研》,2007(6)。

② [美]霍华德·加德纳:《智力的重构:21 世纪的多元智力》,83~94 页,北京,中国轻工业出版社,2004。

综上，我们认为，智慧指个体经由实践经验与内在天赋获得的一种良善而恰当地解决人的问题或人与世界关系问题的多元智能①。它既有"学而知之者"的成分，即经由实践经验获得，也有"生而知之者"的成分，即源于内在天赋。《韩非子·显学》有言"夫智，性也"，现代的遗传性、生物工程等科学也证实了"先天智慧"的存在。②

(二)价值智慧的含义

基于以上关于普通智慧的理解以及本研究对价值的界定，我们初做如此定义：价值智慧是价值主体在各种情感、天赋、理性和经验的作用下对价值原则进行判断与择取、解构与重构、内化与实践过程中表现出的多元智能。价值智慧是价值品质的灵魂，是价值实践中"正当""善""幸福"三者统一的内在保障。

与智慧、情感一样，价值智慧也是人文社会科学中重要的参照元素。价值智慧是从价值领域的角度对传统智力概念进行革命性建构，也是对"价值生命"内在质量的尝试性描述。价值智慧是一种建立在普遍智慧上的具体智慧。价值智慧引导着个体的价值行为，或者说，每一外显的价值行为中都隐含着个体

---

① 加德纳将智能分解为九项：语言（verbal/linguistic）、逻辑（logical/mathematical）、空间（visual/spatial）、肢体运作（bodily/kinesthetic）、音乐（musical/rhythmic）、人际（inter-personal/social）、内省（intra-personal/introspective）、自然探索（naturalist）、生存智慧（existential intelligence）。

② 杨建国：《说智慧——兼及中国传统伦理道德中的智慧观》，载《中国文化研究》，2011(2)。

的价值智慧。

价值智慧与普遍智慧两者间既有联系又有区别。价值智慧是普遍智慧的一种特殊表现形式，它需要有广博的知识、深刻的机智、不断的求索、坚定的信念，但最重要的是具有是非之心。具有高水平价值智慧的人能够把认识社会与认识自己，把学习、思考与修养，把知识、价值要求与人生现实很好地结合起来，既可以在日常生活中把握价值的规律，又能将个体对价值的认识转化成为价值实践活动。也就是说，高水平的价值智慧能使人成为一个价值完善的人。

二、价值智慧的本质：一种良知

本研究认为，价值智慧包含价值实践智慧与价值认知智慧。也即价值智慧包含了理性的"理智"与非理性的"情感"。按照廖申白教授对良知的阐述（良知＝心灵健全感情＋实践理智），我们认为本研究中的价值智慧贴近于廖申白的"良知"或亚里士多德的"审思"。行动的正当与不当、善良与邪恶是由审思和决策水平决定的。并不是所有的审思都是好的审思，只有价值智慧是好的审思，价值智慧以善作为目标，它不仅有好的目标，而且在行动中实施的每一步都是正当的，关键的是它能把握住价值行动的形势状况。

价值智慧指导的实践行动的目标不是任何产品或者现成在手的结果。在价值实践中，亚里士多德认为好的行动自身就是目的。价值智慧要达到的是一种终结目标，即：人自身的整体

的善，是美好生活整体。产品不是人实践活动的最终目标，它
还要用于别的活动。而价值实践自身就是价值智慧的目标，因
此具有终极性。价值智慧和人的生存活动紧密相连，"整体的
好生活"指的是此在恰当的存在方式整体，故价值智慧意味着
揭示人自身的本真存在的可能性。

　　人在价值实践中每次所遭遇、体验的都不相同，且其中的
价值智慧每次也都是新的。那些思想、意见、科学以及学习中
获得的理论知识都可能被遗忘，而价值智慧却不会被遗忘。以
解蔽、祛魅的方式所揭示的真理一定会被遗忘，而有了遗忘才
出现了遮蔽。解蔽—遮蔽—再解蔽—再遮蔽会循环演绎，而价
值智慧却非理论知识，它指导人的行动也不是通过将定理运用
到推理过程中，获得另外的理论知识。与科学中自立的解蔽形
式不同，价值智慧总是和此在的实践活动联系在一起，总是为
了实践的正当性，并成就价值实践的善。

三、价值智慧的功效：全面把握价值形势

　　价值智慧何以能够指导人的实践行动以达到生活的善？我
们可做如此解析：

　　价值智慧 ＝价值认知智慧 ＋ 价值实践智慧[①]

　　价值认知智慧能够对价值形势、价值及其具体原则进行察

---

　　① 此假定来源于亚里士多德的思想，他把良品区分为两类，一是"哲学智慧"（philo-
sophic, wisdom），包括明智、技艺、科学、直觉理性（nous, intuition）；二是"实践智慧"
（practical wisdom）或"道德德行"（如希腊民间流传的勇敢、自制、慎思、公正）。另外，本
研究认为，外在价值原则内化为内在价值体系离不开价值认知，这便是"价值认知智慧"的
来源；而内在价值原则外化为价值行为就是一种价值实践，这便是"价值实践智慧"的来源。

觉、筛选、批判、重构、内化等心理运作，能够辨清何种理域（真理、伦理、法理）或何种正当性。价值实践智慧能够通过理性算计、灵感顿悟、良心发现、本质直观等方式提供与其价值形势相匹配的好的价值实践方式和途径。

价值智慧是价值品质的核心或灵魂，它使价值主体无论在个人还是在公共事务上都能够正当而行。亚里士多德认为，审思(实践智慧的核心要素之一)就是指人在价值行动中所进行的筹划活动。人总是基于自我主体性对特定价值形势分析、筹划、选择和决定。价值形势是与人类价值实践活动相关的事物在运动、变化、发展过程中的状况和潜在的方向。①它由人类活动造就，具有实践性、历史性、多变性、社会性、价值性——间接左右着人们行动的方向与方式，它需要人们运用价值智慧来审思、选择。

好的选择和决定可以使行动符合中道，而达到行动的最大的善。亚里士多德将古希腊医学上的中道引入伦理学领域，认为中道所指的中间是一种"对人而言的"中间。如在某种具体处境中，勇气过少是怯懦，过于大胆那就是莽撞，而恰当的状态就是勇敢。这种中间不是普遍公认的数学上的中间值，而是一种对人而言的善，也即，在具体形势中对具体的人的最佳状态。良好价值品质就是在行为和情感上所达到的中道，而与中道相反的过度与不足皆误，只有中道最好。

---

① 谭希培：《形势特性论》，载《大学教育科学》，2011(5)。

对价值形势的把握必须借助价值智慧。人在世界中与其他存在者互动总是关注两个核心问题：一是怎样实现自己生存与发展；二是如何行动才算正当。人总是处身于具体的境遇中在"此"存在，作为此在的人的存在总是处于当下的形势之中。一种有良好价值智慧的人因为具有好的审思和筹划的智慧秉性，总是能够把握中道，也就是能够审时度势、较好地处理个人存在与人类正当性问题。价值智慧作为良知指导人在具体的行动中进行决断和把握行动的形势。在具体境遇中，此在把握形势而决断于此时、此刻。在这里面不存在任何技术成分，也无减轻人们每次抉择负担的一劳永逸之法。亚里士多德列举了欲望、情绪、愿望、意见等几种在人的实践行动中经常出现的现象，对照行动中的选择现象。只有个体运用价值智慧通盘审思后做出的决定，才是意志自由状态下本真的选择。在《尼各马可伦理学》第六卷中，亚氏认为决定是指一种出离向外的且通过审思的理智的欲望，或是说欲望的理智。这也就是说，情绪和欲望没有与选择完全分离，而是在选择中起着各自的作用。良好价值品质者不会因情绪而盲动，他们能够清楚地透视所处的形势而选择。选择总是针对着某种可能性，基于亚氏思想，如果有人决定了做什么不可能的事情（尽管是正当的），那么他就是缺乏价值智慧。

四、价值智慧的运作：揭示真理的好方式

在第一章中，基于石中英教授所提"价值就是主体提出和满足需要的正当性原则",我们已经阐明,正当性就是在三个维度(真理、伦理、法理)的合理性。因而真理在正当性实践或研究中具有重要地位,真理性正当是一切正当的背景性条件,也成为本研究中一个非常重要的题材。现代认识论以一种数学上推理和运算的精确为真理最终的和唯一的标准,但我们不能将这一标准应用到一切领域。人们必须根据对象的不同特性而采用揭示真理的不同方式。亚里士多德指出,在研究中必须依据事物的本来属性揭示真理,而不能对所有的事物都要求同样的精确度,事实是首要的,是始点。

事实自身要求人们采取不同的方式并根据不同的标准对其进行研究,从而揭示出真理。古希腊人提出,有两种不同类型的存在者,它们分别是始点不变的存在者和始点变化的存在者。相应于这两种不同类型的存在者,"灵魂"也有两种揭示它们的方式:对于始点不变的存在者,灵魂揭示真理以"科学方式"为主;对于始点变化的存在者,灵魂揭示真理以"实践理智"为主要方式。科学所研究的事物是不可改变的,又称"科学理性";实践理智所处理的事物是可以改变的,属于"筹划理性"。其实,根据亚氏、麦考密克、廖申白等的观点①,我认为这里的"实践理智"同义于"价值智慧",只是价值智慧含义更加

———————

① 在《尼各马可伦理学》中亚里士多德说,"具有实践理智的人是有能力很好地审思对自己好的和有利的事情的人——不是很好地审思部分的善和利益,例如健康、强壮,而是对好的生活普遍地好的和有利的东西"。麦考密克在《法律推理与法律理论》(1978)里说,"实践理智即人们运用理性决定在特定形势下如何行动才算正当"。廖申白在《伦理学概论》里说,"良知=心灵健全感情+实践理智"。

丰富，它还包含非理性的情感因素。

好的行动自身是价值智慧的目的，换句话说就是，人的价值实践行动自身就是最终的目的。人的实践行动是价值智慧的对象，价值智慧作为指导性的原则始终存在于行动中。从外在价值原则的鉴别、批判、选择、重构为内在价值体系，到我想以何种方式采取行为的决定，再到完成的行为自身，价值智慧一直相伴始终。即无论在内在价值活动或外在价值行动中，价值智慧一路相伴。价值智慧是在人的实践行动中揭示真理的一种方式，人生活的善既是人实践行动的始点，也是人实践行动的目标，是正当的行动自身。

第二节　价值智慧与理性

一、价值智慧与一般理性之关系

理性，在西方哲学思想中源远流长，从亚里士多德的道德理性①，到康德的实践理性②，再到与"感性"相对的一般用语，显现出其意义的丰富性，其用法的多变性。这里我们仅仅从

---

①　根据马永翔的解析，道德理性（moral reasonability），意味着在就某种现象进行道德评价的时候（确切说是之前），应努力探究该现象之所以发生发展的原因，并努力为自己对该现象所做的道德判断及采取的相应行为提供尽可能充分的道德理由。参见马永翔：《作为 moral reasonability 的道德理性及其优先性》，载《北京师范大学学报（社会科学版）》，2009(4)。

②　康德认为人类理性的两种主要功能：一是理论理性的认识功能，二是实践理性的意志功能。理论理性从认识论视角揭示客观必然性；实践理性指涉自由的领域，成为伦理学的重要题材。麦考密克认为，实践理性是指人们运用理性决定在特定情势下如何行动才算正当。

"一般用语"里对其界定，聚焦于两点：一是相对于感性，二是不含或较少含有"道德"意蕴。基于此，一般理性（general rea-son）是指概念、判断、推理等思维形式或发展活动，它和感性相对，指处理问题时按照事物发展的规律和自然进化的原则来思考问题，处理事情不冲动。一般理性的概念在西方源于希腊语 logos，该词在拉丁文中即 ratio，随后译为法文 raison，最后成为英语词语 reason。一般理性与价值智慧的区别体现在如下几点。

第一，价值智慧所追求的是合情、合理、合法性（即伦理性正当、真理性正当、法理性正当）三者合一的可能性，而一般理性所追求的是共性、普遍性、统一性。价值智慧基于价值的内涵——"合真理、合伦理、合法理"，追求适宜性、宽容性和个性。如推崇价值智慧的古希腊雅典城邦，那时人们的社会生活丰富多彩，思想百花齐放，张扬个性的空间较大。一般理性却从特殊中寻求普遍，在个别中寻求一般，从多样性中寻求统一性。其结果就是思想和社会生活的标准单一化、统一化、趋同化。现代社会人们走火入魔的表征之一就是单向度的理性化，一切都被逻辑演绎、理性主宰。至于人生冒险、生活体验、理想追求等都在理性算计之外，可是这些恰恰是价值智慧的渊薮。

第二，价值智慧在价值上是正向的，而一般理性在价值上是中性的。一般理性作为一种思维能力，不含或较少含有"道德"意蕴。所以任何人只要具备基本思维能力就有了一般理性，那么他可以用这个思维的"工具"去做任何事，包括正当的，也包含不正当的。尽管黑客给网络安全造成危害，但我们只能评价其缺少价值智慧而不能否定他们有一般理性。因为价值智慧包含着正当和善，一个有价值智慧的人一定是内含"良心"或"良知"者，其外在行为一定不是首先基于自身利益，而是首先基于对他者、对整体、对长远福祉的综合观照，也即行动中总是力求厚正当性。

第三，价值智慧倾向于"混沌""中庸"和总体观照，而一般理性倾向于局部精确和"无限逼近真值"。拥有价值智慧的人综合筹划理智、善、正当、情感等多种要素，明白社会实践活动中人的限度和真理的相对性，因而乐于将非理性元素纳入视野，对"不知为不知"的问题采取"混沌"手法，对"知之为知之"的对象不会摆出穷追猛打、得理不饶人的态势。他们行为处事的方式正如亚里士多德的"中道"或孔子的"中庸"。极高明而道中庸，正是价值智慧的座右铭。一般理性者追求真理，对未知世界有无穷的癖好。其精确性、逻辑性固然有利于科学技术和生产力的发展，但却会"得理不饶人"，如康德所说的"打破砂锅问到底"。缺少价值原则的一般理性者极易产生"一根筋"或"精心算计"的处事方式，甚至出现"各扫门前雪，不管他人瓦上霜"的价值冷漠。所以内在价值原则是价值智慧与一般理性的分水岭。

第四，价值智慧是人的一种综合机能，而一般理性是人的一种思维能力。一般理性是人的认识能力中的一种，即思维能力。除了一般理性，人还有其他认知能力和非理性，如感觉、情感、直觉、欲望、灵感等。价值智慧是人的理智与情感、知识与能力、价值与思维、原则与信仰等有机融合的机能。一般理性固然是价值智慧的基础性要素之一，但是那就像一篇普通文稿，只有烙上红戳大印才算是具有某种权威的公文，那大印就是价值。人类历史事实已经表明，人越强调一般理性，一般理性就越发达，但是人的直觉、灵感、欲望、意志、情感等能力则越萎缩——而对这些的忽视，导致了众多的单面人。价值智慧则追求的不只是合真理，而且要合伦理、合法理，也即对非理性的关注，因而为人的全面发展提供可能性。

价值智慧与一般理性都是人类适应生存需要而在生物进化与社会化双重作用下逐渐形成的。若无一般理性，人类就不会达到今天的文明程度。可是，从远古到现代，人类一再表征出重理性而轻价值智慧的整体性病况，以至于马克思批判"人被异化"，马尔库塞怒斥"单面人"。幸好，每个时代都有纠偏的强音，毛泽东告诫共产党员应该"做个高尚的人、纯粹的人"，石中英忧心忡忡地呼吁"价值教育刻不容缓"。今天，我们是该拿起尼采的接力棒，重估以往的"价值"，清理理性的边界，为价值智慧的生长提供深厚的土壤。

二、价值智慧为何优于价值理性

但丁在《帝制论》(1309 年)里写道："幸福有两类：永生的幸福在于蒙受神恩(在神启下践行神学核心价值而达到)；今生

幸福在于个人行善（在哲学引导下践行人间核心价值而实现）。"
这里的"哲学"正是一种价值理性，而"神启"则相当于价值智
慧。但丁还在《神曲》中，以形象生动的艺术形式隐喻了价值理
性和价值智慧。作为价值理性的化身，维吉尔让自己在地狱、
炼狱中游历；作为价值智慧的符号，贝阿特丽齐引领自己进入
天堂。地狱、炼狱和天堂分别对应着奥古斯丁所说的"人间天
国"和"天上王国"。象征价值理性的维吉尔只能在"人间天国"
里充当诗人的引路者，象征价值智慧的贝阿特丽齐才有资格带
领诗人进入"天上王国"。这清晰地表明，但丁是将价值智慧置
于价值理性之上的。人类未来须在价值智慧的启示之下，以价
值理性规制行为，不断超越内在精神境界，方能获得光明的
前途。

　　尽管目前价值理性（value rationality）和价值冲突一词一样
被学术界用得十分频繁，但本研究中使用价值智慧似乎更为合
理。总的来看，价值智慧优于价值理性，体现在如下六个
方面。

　　第一，理性无法涵盖人类精神世界的全部，价值理性也不
能阐释所有价值实践。

　　价值智慧为"非理性"如情感提供了安顿之所。价值理性可
以作为价值行为的内在依据，因为它是算计的、实证的、阈限
内的。但是对于复杂的、超验的、全域的人类价值实践（value
practice）却力不从心。现实的价值实践既有人类依据"正当性"
原则做理论推演、严整规划、精密算计、逻辑论证等的理性活

动，但同时也有本能释放、情感舒张、兴趣偏好、灵感顿悟等非理性活动。

第二，如果说缺乏价值理性的行为不可能实现伦理性正当，则缺乏价值智慧的行为一定不可能实现厚正当。

马克斯·韦伯提出价值理性和工具理性的概念，这是人的理性不可分割的两个重要方面。价值理性，是指价值行为者注重行为本身所能代表的价值原则，而非依据结果判断行为，即首先考量行为是否符合平等、正义、尊重、诚信、仁爱等价值原则，甚至不计较手段和后果。价值理性的这种纯粹性是有风险的，因为在一个人化的世界，单纯关注目的性或者单纯按照某种价值原则行事，无法实现价值品质的完满，更无法使价值得到有效彰显。

价值智慧体现更强的包容性，它所要求的正当性不仅包含合伦理，更将合法理、合真理纳入其视界，从而使价值主体在复杂情境中有了更多的选择自由，并增强了价值行为的实效性。反过来说，自由度很高的价值选择是价值理性无法驾驭的，这个使命只能由价值智慧担当。价值的合目的性与合规律性，何者为先？价值理性当然更加关注前者，而价值智慧两者兼顾。

第三，价值智慧的实践指向性更加强烈。

马克思认为，人不仅要认识世界，更要改造世界。价值智慧呼唤人的价值超越性不仅是一种内在性意向，它还要求对象化为一种创造性价值行为，从而走向现实性。人以自己的超越性和创造性从社会中获得自由，使自己的生活生动丰满。这一有意识的生命活动就是价值智慧指导下的实践活动。价值智慧是人们为了满足自己的需要，追求自己的价值和目标，在对客观世界进行探索和改造中所展现出来的思维、情感、意志和行为总禀性。人的这一智慧禀性使人的实践脱离了生命的自在性和盲目性，成为现实人的自为存在的价值创生活动，表征着人的自由质。价值智慧就是在合目的与合规律的世界改造活动中完善自身的价值品质的。人的实践活动既要面向人自身及其价值世界，又要面向事实世界，因而，单纯的价值理性不堪此任。求善意蕴所凸显的价值理性、求真意蕴所凸显的工具理性与求美意蕴所凸显的法理理性共存于总体性的价值智慧之中。

第四，"最高价值的不可论证性"这一命题成为价值理性无法逾越的障碍。

当代德国伦理学家杨·罗尔斯(Jan Rohls)在《伦理学史》中称现代社会是一个开放的社会，各种价值观念竞相表达，无人占有绝对真理。没有任何价值主体具有合法合理的权威来规定普遍的最高价值，也即最高价值不可论证。[①]很多杰出科学家、哲学家都是很有理性的，然而一旦面对"最高伦理价值是否可以论证"这个问题则显得思想矛盾。例如，夸美纽斯于 1632 年写下教育学上里程碑式的经典《大教学论》，充分体现了其理性的光辉。但是，他认为敬畏上帝是智慧的开端与结尾。培根认

---

① 陈泽环：《道德结构与伦理学》，91～93 页，上海，上海人民出版社，2009。

为，哲学修养不够时会非常尊崇理性，思想偏向无神论，如洛克在《人类理智论》中做的第一件事就是攻击天生思想的教条，但是，哲学修为高深后则会回归宗教思想。

价值理性解构神话，能够打破上帝关于最高价值的主宰，然而如何在人性与神性、可知与未知、现实与天堂间进行勾连弥合？单纯的理性能建构美好生活吗？最高价值的权威被解构的同时，附带价值和生活本身可能被碎片化了。跳出理性的既定框架，从价值智慧的视角高屋建瓴地修复碎片、重构生活是多元化时代的迫切课题。如是，价值理性的解构与价值智慧的重构形成张力，才能填充"最高价值不可论证"留下的荒芜。

第五，在科学范式下，各自涵盖不同的领域。

在现代心理学、行为学、生理学、社会学等的研究视域中，价值智慧远比理智或者理性复杂。它包含四项内容，用现代测量学的术语来说就是智商、情商、逆商、德商。

智商（Intelligence Quotient，IQ），通常可以标示价值理性，然而对于标示价值智慧却鞭长莫及。人们利用公式（智商＝智龄÷实足年龄×100）进行测量，IQ＞120被认为"聪明"；IQ＝100被认为"中等"；IQ＜80被认为"愚蠢"。

情商（Emotional Quotient，EQ），标示情绪情感智慧水平，最早于1990年由两位美国心理学家约翰·梅耶和彼得·萨洛维提出，1995年因戈尔曼出版《情商：为什么情商比智商更重要》一书引起全球性的情商讨论热潮。科学家发现，大脑控制情绪的部分（边缘系统）受损的人，虽然可以很清晰和符合逻辑地推理和思考，但所做出的决定都非常低级。科学家因此断定，当大脑的思维部分与情感部分相分离时，大脑不能正常工作。人类在做出正常举动时，是综合运用了大脑的两个部分，即情感部分和逻辑部分。一个高情商的人极善于综合利用大脑中的各个部位。

逆商（Adversity Quotient，AQ），全称逆境商数或挫折商数，指人们面对挫折、超越困难的应对能力，由保罗·斯托茨首次提出。逆商测验主要考察四个关键因素（CORE）：控制（Control）——对逆境的控制能力；归属（Ownership）——对逆境发生的归因和愿意承担责任、改善后果的情况；延伸（Reach）——对问题影响工作生活其他方面的评估；忍耐（Endurance）——认识到问题的持久性以及它对个人影响的持久性。

德商（Moral Quotient，MQ），指一个人的道德品质。德商的内容包括体贴、尊重、容忍、宽容、诚实、负责、平和、忠心、礼貌、幽默等各种美德。美国学者科尔斯（R. Coles）于1997年撰写了《儿童美德智商》（*The Moral Intelligence of Children*）一书。作者呈示了身教胜于言传以及德商的重要意义。美国学者道格·莱尼克（Doug Lennick）和弗雷德·基尔（Fred Kiel）在他们2005年出版的《德商：提高业绩，加强领导》一书中明确定义德商——一种精神、智力上的能力，它决定我们如何将人类普遍适用的一些原则（正直、责任感、同情心和宽恕）运用到我们个人的价值观、目标和行动中去。爱默生在《美国学者》中说："道德比智商高出一筹。"

价值智慧商数应该是上述四个变量的加权求和值，其权重由各变量与"正当性原则"的相关系数来决定。其中既有理性又有非理性，既有道德性又有非道德性。[①] 价值理性难以囊括以上四个变量，"理性"二字为其画地为牢，将非理性十分明显的"情商"排除在外。价值理性的测量虽然远比价值智慧容易，但是目前仍然未见到标准化量表。

第六，价值智慧对于正当性原则的"可普遍化"具备更强的运作能力。

在伦理道德领域尤其是规范性道德有一项重要原则：可普遍化原则（principle of universalizability）。一种符合道德合理性要求的价值原则、道德规范或伦理命题应该是也必须是可普遍化的（universalizable），即它可以在人们的价值实践中普遍适用。只有符合可普遍化原则的行为规范才能称之为价值原则、道德规范或伦理真命题。在西方哲学史上，康德第一次确切地阐释了普遍化原则：一项价值原则、道德规范是否可普遍化取决于当我们将其"意愿"为普遍适用的道德法则的情况下，考察它是否会导致逻辑上的前后矛盾或冲突。如果导致了逻辑上的矛盾冲突，则该价值原则、道德规范就不是可普遍化的。康德

① 如第二章所述，在亚里士多德之前的古希腊，"德性"既可指"非人存在物"的优秀，亦可称人的优秀品质。当古希腊人将德性概念用于指称"非人存在物"的卓越和优秀时，比如用于指称刀子的"锋利"、房子的"坚固"、花儿的"漂亮"，它则具有强烈的"非道德"属性，确切说是可以在非道德的意义上加以使用，即与道德无关的，它有别于"道德"相对立的"不道德"。也就是说，"非道德"既无所谓"不道德"，也无所谓"道德"，而在道德方面是中性的。但是当"德性"被指人的优秀品质时，它是在道德的意义上被使用的，德性概念被赋予了强烈的道德属性。亚里士多德之谓"道德德性""美德"，即人在道德方面的卓越、优秀，相似于我们今天泛称的道德品质。

举"许假诺"①为例证阐述可普遍化原则是判断行为正当性的一个标准。

价值理性对于可普遍化原则的处理比较容易，然而如果按照如下思路深究康德的"许假诺"问题，就会发现那并非易事，我们必须借助价值智慧。

从"我可以对特定的某个人许假诺""我可以对任何人许假诺"到"每个人都可以许假诺"，可以觉察到从偶尔利己主义向经常利己主义的演变脉络。若将这一准则也在主体方面予以普遍化，则逻辑上与我自己矛盾，不仅别人不再会相信我的诺言，而且谁都可以向我许假诺了。也即我作为这一利己准则的主体丝毫不起作用，而我同时还要成为这一准则的对象。可普遍化原则把握到了价值世界的一个关键问题，即我们生活的世界是"相互作为对象，同时也相互作为主体"的世界。在只有一个人的地方无正当性原则，指导正当行为的价值原则至少是从2人以上的关系中确立的。而所谓对自己的义务，例如完善自我、珍爱生命等价值原则说到底不仅于己利益攸关且深度关涉他人。"涉及主体的普遍性"即意味着主体可以任意互换，对象

---

① 案例大意：若某人把"为了自己的便利，我可以许假诺"作为自己的行为准则，那么当他将这一准则外化为普遍法则，即意愿所有人都普遍遵守时，他会发现这一准则将不再成立，从而导致逻辑矛盾。原因在于，诺言本身的成立或有效需要以其他人相信诺言为前提，若人人都不相信诺言，那么谁都不能许出有效诺言，即使是虚假的不准备兑现的诺言也是如此。再假如，所有人普遍遵循"为了自己的便利，我可以许假诺"，则会导致所有人都不相信诺言，从而摧毁了该准则得以成立的逻辑前提。这就是一种自拆台脚的逻辑矛盾。由此可确认，"为了自己的便利，我可以许假诺"这一准则是不可普遍化的，即不符合可普遍化原则的要求。进而可以推导出欺骗是不正当的。参见马永翔：《作为 moral reasonability 的道德理性及其优先性》，载《北京师范大学学报（社会科学版）》，2009(4)。

可以随时"反客为主"。若我许可自己强取豪夺、颠倒黑白，那么，按照可普遍化原则，别人也就可以强取豪夺、颠倒黑白。那么，若我不愿别人如此对我，则我也无法如此对待他人。因而强取豪夺、颠倒黑白是不能普遍化的，也即不具正当性。这说明，任何行为的价值主体若可以泛化推及任何人，则这种行为就是正当的。

上述理路说明了可普遍化原则首先涉及了价值主体的普遍化，但是价值实践中还有更复杂的情形，如作为正当性原则的价值本身满足了价值主体的可普遍化，在实践中是否有例外呢？我们知道康德是主张普遍的道德律令不容有任何例外，然而答案的确是肯定的。孕育于价值实践的价值智慧告诉我们，任何价值原则包括所谓的普世价值都难以做到不容有任何例外。一项价值原则涉及了价值主体和价值对象，我们按照上文厘清了主体普遍化来论证行为的正当性，但是对于价值对象的状况和论证仍然需要做出交代。如"对象的例外"，即当价值主体面临特定情境中的特殊对象时，对象的特殊性也许允许价值主体做出违背先前已经得到论证的价值，然而奇妙之处就在于，这种"价值违背"却是正当行为。

五代十国时兖州节度使慕容彦超密铸"铁胎银"，以此私下兑换敌军的铜钱，再用铜钱兑换民间的真银。后周攻打兖州城时，兖州兵马不足，即将沦陷，慕容彦超打开银库，拿出铁胎银鼓舞士气，"汝等宜为吾尽命，吾库中金银如山积，若全此城，吾尽以为赐，汝等勿患富贵"，以图大家死守城池。但不知是谁泄露了天机，一时军民哗然，纷纷弃他而去。至此，慕容彦超方才明白价值普遍化是受价值对象的约束的。我们看到，前期密铸铁胎银兑换敌军铜钱违背价值原则——真诚、平等，然而却是正当行为；后期在紧急关头以铁胎银鼓舞士气，却是失当行为。尽管前后价值主体相同、对价值原则的态度亦同，但是前后行为的正当性大相径庭，这正是遭遇了价值对象普遍化的障碍。

再比如医生对绝症病人的撒谎情形，作为价值主体的医生今后仍然会秉持说真话这一价值原则。我们确信可普遍化原则的确是行为正当的一个必要标准，尽管不必如康德一样倾向于认为这是一个充要条件。换句话说，我们可以说"凡是可普遍化的价值原则，则其相应的行为都是正当的"，但该命题不可逆。正如"凡是正当行为的价值原则一定是可普遍化的"无论在逻辑上还是实践中都难以论证。可普遍化原则更适合作为一种正当性标准的排除原则，而不适于作为正当性标准的建构原则。而且，即便作为排除原则，它也未必能够排除所有的不当行为准则。严谨地讲，它仅仅排除那些在三种意义上（真理、伦理、法理）同时失当的行为准则，而不一定能排除一维或二维意义上失当的行为准则。一个硬心肠而自负的人，可能基于特定的"正当理由"（我在类似情况下也不想得到任何帮助）不愿去帮助其他需要帮助的人，如此他在逻辑上的确是符合可普遍化原则。所以显见的结论是：把可普遍化原则作为判断行为正当与否的充分条件，是难以令人信服的。

除上述阐释外，可普遍化还有其他形式的理解，比如实践层面的可普遍化与理论层面的可普遍化。两者实际常常难以统一，完备的可普遍化应该在这两个层面上都得到满足。

第三节 价值智慧的运作条件

价值智慧的运作条件是指价值智慧得以运作的机制因素，或者说价值智慧凭借何种要素才能产生效力。这里从四个方面来考察。

一、心理基础：价值心理

人类自从诞生之日便有了朦胧的价值心理、价值意识，兹后在进化过程中，伴随着价值实践活动，各种价值心理要素按照历史与逻辑的统一在个体心中形成稳定的结构性框架。这些逻辑框架经过亿万次的重复已经沉淀到人类心理结构之中并成为一个遗传因子。根据美国心理学家加德纳所提出的"多元智能理论"，价值智慧的心理结构要素也可以分为很多类别，如价值兴趣、价值动机、价值情感、价值察觉力、价值注意力、价值记忆力、价值思维力、价值想象力、价值意志等。价值心理结构的这些要素为价值智慧提供了运行机制，而且在实际的价值智慧运作中总是相互作用、合而为一的。个体价值心理结构可作为一种"先入之见"的价值智慧定势规制着个体的价值实践活动，成为个体价值智慧运作的基础和前提。根据高级神经活动学说的条件反射与信号处理的相关理论，我们认为个体价值心理结构是基于人脑的神经生理结构的，价值心理活动在主体处理生存境遇活动中通过人脑内在生理机制来完成。这一系列活动可以用"价值心理图式"（values mental schema）来概括。

最先提出"图式"概念的是德国哲学家康德，他于 1787 年在《纯粹理性批判》（*Critique of Pure Reason*）一书中用图式来表征那些"帮助我们知觉世界先天的、先验的心理结构"。他指出，图式是有别于意象的中介性心理表征，具有创造性，在人类认知活动中具有重要作用，是联系空间与时间的纽带。[①]美国的人工智能专家鲁梅尔哈特认为图式是构建认知的要件（the building block of cognition）[②]，人们在解释感觉输入（语言和非语言的）、检索信息、决定目标、组织动作、分配资源、指引运作过程等环节中，都要用到图式。[③]当代认知心理学认为，心理图式（schema）是表征人类一般知识的一种心理结构。它是一种知识框架、计划或脚本，由一般或抽象知识组成，起源于个体先前的知识或经验，用来引导个体进行信息的编码、组织与提取等。[④]

价值心理图式是基于价值结构、对价值信息进行编码和提取的心理系统，它通过鉴别、解释、定向、反馈功能制约主体价

---

① ［德］康德：《纯粹理性批判》，138～140 页，北京，人民出版社，2004。
② 桂诗春：《实验心理语言学纲要》，144～145 页，长沙，湖南教育出版社，1997.
③ 潘红：《鲁梅尔哈特（Rumelhart）学习模式对课堂教学的启示》，载《山东外语教学》，2008(5)。
④ ［英］艾森克：《认知心理学》，375 页，上海，华东师范大学出版社，2004。

值行为。反馈功能是指个体在价值实践过程中不断以价值心理结构的价值内容(也即内化后的价值原则、体系)来检验价值智慧的运行效果,并将检验结果通过神经活动反馈给中枢神经。[①]价值智慧运作下的价值实践活动不断充实、重构先天存在的价值心理图式,而价值心理图式成为价值智慧运行的前提条件。

二、根本前提:人是主体

人的主体性包括自主性、能动性和创造性。人作为生命有机体,除了具有所有生物的共性,还有其特殊性——自我意识。因为自我意识的存在,使人类能够积累经验并追求真善美。人的主体性具有外倾与内倾两个维度。主体性的外倾维度主要表现为对外在客观世界秩序的把握。即价值智慧将内在"为己所立之法"以价值实践的形式推广至外在客观世界,将价值内化而建构的内在之法赋予外在客观世界以构建善的社会秩序。在内倾性维度上,主要是价值智慧为自己立法,它体现在两点:一是价值规制,价值智慧主体依据内化后的价值原则对自我进行判断和调控;二是价值认同,价值智慧主体自我反思和肯定其价值心理建构中的"超我",意识到自由的边界和对社会之责,并将这些责任作为自己神圣的价值使命。

主体性的内倾、外倾两个维度决定了价值品质中价值原则的内化(将外在客体的价值原则知识转化为内在主体的价值体系和经验)和外化(以内在的价值体系和经验对客观世界进行价

① 曾钊新、涂争鸣:《心理的碰撞——伦理社会学的实与虚》,266～280页,长沙,湖南人民出版社,1993。

值实践)两种价值活动得以顺利进行。价值智慧基于外倾、内倾维度的整合，既是个性张扬之旅，也是主体性日益提升之途。因为主体价值智慧愈加进步和超越，人才越来越像人，人才能够从善的立场去认识自身与世界，人与社会才能向着和谐、幸福的终极价值发展。

三、客观基础：实践活动

实践(praxis or practice)是指有目的的意向性行为。"那些有界限的实践没有一个是目的，而是达到目的的手段……这样的活动不是实践或者不是完满的实践，只有那些目的寓于其中的活动才是实践。"[①]亚里士多德认为，只有受实践智慧指引的区分善恶或正当与邪恶的活动才是"真正意义上的实践"[②]，他把处理人与人之间道德知识或德性的实践智慧(practical wisdom，从内涵上看近似于本研究的"价值智慧")视作最完备的一种同善恶相关的、合乎逻各斯的、求真的实践品质。实践活动是以改造世界为目的的，是人的存在方式。

人只有通过实践才能认识世界和改造世界，认识与改造世界须遵循两个尺度：一是"物的尺度"——客观规律，二是"人的尺度"——主观需要。马克思说："动物只是按照它所属的那个种的尺度和需要来构造，而人懂得按照任何一个种的尺度来进行生产，并懂得处处把内在的尺度运用于对象。"[③]合规律性

---

① [古希腊]亚里士多德：《形而上学》，183 页，北京，中国人民大学出版社，2003。

② 俞吾金：《从康德到马克思——千年之交的哲学沉思》，266 页，桂林，广西师范大学出版社，2004。

③ 马克思：《1844 年经济学哲学手稿》，58 页，北京，人民出版社，2000。

与合目的性在实践活动中是辩证统一的关系。这种统一性要求坚持"善"的价值目的，如仁爱、公正、自由、和谐、幸福等。通过反复的社会实践，人就能把握自己与社会的统一性本质。正像列宁所指出的那样，人的实践活动必须亿万次地使人的意识去重复各种不同逻辑的格，以便使这些格获得公理的意义。这些"逻辑的格""公理"便构成为人们"提出和满足需要的正当性原则"，也即本研究之价值，而价值乃是价值智慧之基和定义域。所以实践活动是价值智慧孕育、丰盈、延续的总根源。

四、社会环境：价值文化

社会价值文化系统为价值智慧提供了外在标准和参照系。按照马克思主义观点，人是社会关系的总和，而社会关系的性质（如合法性）、结构（如合理性）以及建构关系所遵从的规则（如价值正当性原则），在本质上构成为价值文化。人自受孕那一刻起便生活于前人所创造的价值文化之中，并以此为基创造新的文化，代代相传。个体总是传承着两种基因：内在的生物遗传基因和外在的价值文化基因。基因的相对恒定性体现了人的历史性。每个具体的人，又是历史性与社会性交媾的产物。人从出生时的自然个体开始逐渐获得人的本质的过程称为社会化的过程，而关于人的本质的规定束就是价值本身。所以可以说，人的社会化实质乃是人的价值社会化。

价值社会化使个体从自然生物人转变为社会价值人，同时赋予他运作价值智慧的能力，主要体现在三个方面：首先，社

会价值文化推动个体价值智慧深度运作。受到价值文化浸淫之
个体必然主张其"提出或满足需要正当性原则"，社会化程度越
高的个体，其主张越加恳切，从而使不同个体或行为之间产生
矛盾，促发人们去认识和解决这种矛盾。解决的过程也是矛盾
双方博弈的过程，双方个体不断批判、解构、重构社会既有价
值文化系统。当某些价值原则、体系成为博弈双方的价值共
识，矛盾即可化解。人类的所有冲突究其根本在于价值共识不
足。价值共识的达成既有赖于先在性的价值文化传统，又离不
开当下的价值交往实践。

其次，社会价值文化为个体价值智慧提供了价值导向。博
弈双方如何处理矛盾的"最正当性"方式由当时的价值导向来裁
判，这种价值导向一方面源自当事人的价值良知，另一方面来
自外在社会价值规范体系。当然，即使是内在良知也是社会价
值规范体系内化凝结于当事人价值心理图式的结果。

最后，社会价值文化为个体价值智慧运作效果提供了检验
和校正的依据。价值实践的评价指标从哪里来？价值智慧是执
行者，它的依据就是其内在价值原则和体系，而内在价值原则
和体系来自生活，来自弥散于生活中的社会价值体系，这些体
系总和便构成社会价值文化。根据亚里士多德对理智德性的划
分，价值智慧其实就是价值实践智慧与价值理论智慧的结合，
这种结合的状态以及实践的效果均有待特定社会的价值规范体
系来裁决。

第六章

价值品质与价值行为

实践、活动、行为这三个概念在人文社会科学领域是高频词。行为的定义纷繁，不同领域对行为也有不同划分，如生物学认为行为就是生物进行的从外部可察觉到的有适应意义的活动，可分为本能行为和学习行为两大类；行为主义心理学把人与动物对刺激所做的一切反应都称为行为，继而将行为分为外显行为与内隐行为；法学中有合法行为与非法行为；伦理学中有正当行为和不正当行为。

教育学中的行为一般指由思想支配而表现出来的外部活动，行为具有能动性、目的性、程序性、预见性、可度性和多样性等特点。行为不是一种简单的实践题材，行为直接关联着我们的品质。①正如俗话说：一种思想导致一种行为，一种行为养成一种习惯，一种习惯形成一种品性，一种品性造成一种命运。我们通过一个个具体行为形成的最初的东西叫作习惯——

① 廖申白：《伦理学概论》，295 页，北京，北京师范大学出版社，2009。

由许多单个行为累积而成的惯性的行为方式，这种方式的累积而生成的东西称为品质、品性或习性。由正当的行为方式累积而生成的东西就是好的价值品质，品质就是这样一种通过习惯潜移默化而养成的稳定的行为倾向，它同时也镶嵌为个体的心理特征。舍曼认为，品质是行为的内在根据，它决定了特定行为模式。价值品质天然与行为有关系，这是由其实践指向性决定的。正如伦理学者安纳斯所言，它就是基于正当理由而按照特定方式行为的倾向，它关涉价值实践智慧，并在价值选择中得到历练。

第一节　何为价值行为

伯纳得·曼得维尔（Bernard Mandeville）于 1714 年出版了《蜜蜂的寓言》（*The Fable of the Bees*），以蜜蜂比拟人类：人性中的普遍动机——自爱，可以带来一种"对个人利益的追求亦会增进公众福祉"的取向。他断定所有的个体都是为了私利而动，他提出的口号"私心、公益"（private、public virtues）与西方的另一俗语"主观为自己，客观为他人"不谋而合。这些观点在商业化、经济全球化、多元化的现代中国很有市场，很多人以此为立身处世的指导思想并在践行中"小有成就"，但更多的人却给他们本人及利益相关者带来无尽的烦恼和纷争。因此，廓清价值行为的真谛颇有必要。

价值行为（value behavior）是主体在自由意志状态下根据价

值原则、运用价值智慧进行的实践活动。强调自由的根基，旨在与价值品质相契合。价值品质，正如第一章所述是主体基于内在价值原则而自由选择的一种品格状态。《论语》中子曰："仁远乎哉？我欲仁，斯仁至矣。"又曰："为仁由己，而由人乎哉？"孔子所要求的仁爱等价值品质一定是基于人的自由意志的。亚里士多德在《尼各马可伦理学》中也说："在大多数情况下，被命令去做的事情总是痛苦的，被强制去做的事情总是可耻的……强制和非自愿是痛苦的。"

理论上还有另外两个相关的概念：反价值行为（anti-value behavior），即违背价值原则的行为，等同于不正当行为；非价值行为（non-value behavior），即不关乎正当性原则的行为，等同于价值无涉行为。我们认为，价值行为的本质就是合目的与合规律辩证统一的行为，也即正当行为。如第一章中所述，"厚正当"行为应该是真理意义、伦理意义、法理意义三种正当性辩证统一的，然而实践中很难满足，总会产生顾此失彼的窘迫。所以下面我们再从另外的视角进一步解析。

价值行为不仅涉及主体关于价值品质的内在心理状态——动机、目的，还涉及价值品质的实践状况，包括功效与手段。所以考察价值行为可以从动机-功效、目的-手段两个维度分析。这里的功效是指价值效果，即对于幸福或总体善的功效。以价值功效最大化为倾向的行为可称为功利性价值行为。从动机-功效这个维度来看，包含四种情况：动机不正当且功效也差、动机不正当但功效好、动机正当但功效差、动机正当且功效好。从目的-手段这个维度来看，也包含四种情况：目的不正当且手段也不正当、目的不正当但手段正当、目的正当但手段不正当、目的正当且手段也正当。在这几个情境中，最低劣的价值行为是手段、目的或动机都不正当且同时功效差，即最有负面意义的价值行为。最理想的状态或最圆满的价值行为应该是动机、目的、手段都正当且功效好，这就是卓越价值品质与圆满价值实践的完美统一。正如亚里士多德所说："良品是既使得一个人好又使得他出色地完成他的活动的品质。"①但现实不会这样完美，在复杂的价值情境我们该做如何判断呢？借鉴韩东屏的论述②，如下三条值得我们参考。

第一，价值品质的本质是内在心理特征和行为倾向，所以评价价值行为应该首先从内在心理状态入手。根据行为动机或目的对于人的幸福或总体善的意义来评价价值行为的水平。凡是以"良心"为动机或以增进人的幸福或总体善为目的的行为，我们可以判定为中级水平的价值行为。动机论的著名代表康德主张：除善良意志外，再无道德可言。一种行为正当与否完全在于动机是否出于善意志——纯粹遵循"为了义务而义务"的价值原则。休谟认为，当我们赞美任何行为时，我们只考虑到行为的那些动机。弗莱彻认为，只有目的才能证明手段的正当

---

① ［古希腊］亚里士多德：《尼各马可伦理学》，187页，北京，商务印书馆，2003。
② 韩东屏：《论对行为的道德评价方法》，载《华中科技大学学报》，2011(4)。

性，此外无它。① 不论你如何选择，目的总能证明手段之正当性。②尽管诸多学者把动机或目的看得万分重要，但我们还是不应该对其赋予过高权重。否则，对于杀富济贫或者类似的恐怖袭击，难道我们必须做正当性辩护吗？

第二，判断其所采用的手段是否正当。价值行为手段是否正当成为判断价值行为的关键指标。手段正当，即在符合价值原则的同时又较好地处理了整个价值体系中其他价值原则的关系。这种处理靠价值智慧（包含价值认知智慧和价值实践智慧）来担当，它首先借助价值认知智慧将各项价值原则重构为内在有机的价值秩序，即个人化的价值观念体系，尔后借由价值实践智慧根据价值情境选择最适切的手段来进行价值实践。适切的、正当的手段对于正当的目的起到增益之效，而不正当的手段耗损目的之正当，对不正当的目的则具有助恶之罪。

第三，考量行为的价值功效。我们常常会面临"有心栽花花不开，无心插柳柳成荫"的境况，这就是价值效果与动机不统一状况的生动写照。主观方面价值智慧的不足、客观方面实践情境的复杂性共同导致了动机与功效的不一致。另外，我们应该注意功效表现出多种样态，如直接功效与间接功效、当下功效与长远功效、对应功效与错位功效等。效果好意味着内在价值品质通过价值智慧完美地投射于外在价值实践，也即达到

---

① 万俊人：《现代西方伦理学（下卷）》，565 页，北京，北京大学出版社，1992。
② ［美］约瑟夫·弗莱彻：《境遇伦理学》，109 页，北京，中国社会科学出版社，1989。

了预期的价值目标。

　　关于价值动机和价值功效的关系问题，可以借鉴西方学者在 2008 年所举案例①来探究"价值运气"（value luck）——行为者粗心大意或非预期的偶然因素造成了价值功效的好或坏，这种结果常常包含着次生性、偶然附加的东西，导致价值动机与价值功效错位。价值行为深受"运气"的影响，已然不是个案。黑格尔认为，"意志只对最初的后果负责，因为只有最初后果是与动机紧密相关"②。这启示我们，在偶然性和必然性交杂的价值实践中，我们只需对行为"最初结果"承担价值责任。美国女哲人玛莎·纳斯鲍姆《善的脆弱性——古希腊悲剧和哲学中的运气与伦理》一书提醒人们：价值行为关涉到行动者的善本身无法保证的外在条件。这些外在条件超出个人的掌控范围，因而在此范围的价值行为要冒价值风险。杜威也注意到，"人发现他自己生活在一个碰运气的世界之中。他的存在，粗俗一点说，就是一场赌博。这个世界是一个充满危险的地方……这

---

　　①　研究者以道德判断者对行为者惩罚程度为标准对个体的道德判断进行考察，例如："甲和乙两人都醉驾，甲撞到了一棵树而被罚款 250 美元；乙撞到一个人却被判 2.5 年到 15 年监禁。"在道德判断上，被试认为两人行为均属不正当行为因为行为结果都是造成了伤害。但是在惩罚力度上，因为乙属于无意伤害故不宜过重，这一过程类似于依据法律进行法庭裁判。此外这项研究还发现了道德判断中的"重罚"（shocking blaming）现象，例如甲、乙两人都试图使用毒药毒死各自憎恨的人，结果甲得手了（伤害成功），乙却把调料当成了毒药（伤害未遂），要求被试对这两人的行为进行道德判断，结果发现，惩罚甲的同时，被试也要求对伤害未遂乙进行惩罚，原因就是乙抱有伤害他人的不良意图。Cushman（2008）以此总结了道德判断的两个过程：一是基于行为后果，二是基于行为本身，如行为者当时的动机。这项研究表明当判断一种行为是否正当、行为者是否应受到惩罚时，行为者的动机与结果信息会左右人们的判断。

　　②　[德]黑格尔：《法哲学原理》，120 页，北京，商务印书馆，1961。

种危险毫无规则、变化无常"①。对于个人来说，能否规避风险就是一种运气。运气对一个人的品质形成及能否过上好生活常常非常关键。一些品质论者因被运气问题困扰，便把研究焦点从私人领域转向更加宽广的公共领域。②为了使价值行为畅行无碍，则需要降低个人风险——途径就是设计一种更加公正的社会体制。

第二节 价值品质与类价值行为的双向映射

价值品质就是主体内在的价值状况（包括特征与倾向），价值行为则是价值品质在价值生活中的实践。相对而言，价值品质是静态的，价值行为是动态的，静态的价值品质由动态的价值行为去显现。严格意义上讲，价值行为是展开于主体间的外在的价值品质，价值品质则是主体在价值实践中修养所达的内在境界。一方面价值行为根源于价值品质，但另一方面，这种作用并不是单向的。

一、价值行为与价值品质

《荀子·劝学》有文："积土成山，风雨兴焉；积水成渊，蛟龙生焉；积善成德，而神明自得，圣心备焉。故不积跬步，无以至千里；不积小流，无以成江海。"荀子认为，只有从一

---

① 董礼：《论杜威共同体思想的道德意蕴》，载《道德与文明》，2011(5)。
② 万俊人：《美德伦理的现代意义——以麦金太尔的美德理论为中心》，载《社会科学战线》，2008(5)。

点一滴的事情做起方能"积善成德"。每种品质无论好坏，都始于一个个具体的行为。柏拉图认为，一个人从幼年开始受到良好的行为训练对于形成良好品质极其重要，这种训练会让一个人在良好品质生成方面少走弯路，因而是幼年教育极为重要的内容。亚里士多德把我们通过良好习惯获得的品性解说为过一种良好生活的一个重要起点。有没有这样一个起点是重要的，亚里士多德认为，一个人从小养成怎样的习惯绝不是小事，因为他养成怎样的习惯，往往就形成怎样的品质。作为行为的某种结果，品质或品性还有一个更为重要的性质，即它也像自然造成的东西一样难于改变，可谓"江山易改，本性难移"。所以亚里士多德警告人们，习惯是长期养成的，它最后会形成人的自然气质。因此我们应当慎于最初的行为。

行为既是品质的起点（由行为习惯而生成相应的品质），也是品质的旨归（品质最终展示为改造世界的实践行为）。苏格拉底指出，美德作为知识具有特殊性，是知行合一的，它不仅是一种知（比如何为正义、勇敢），更是一种行（伸张正义、勇敢而行），是实践精神把握世界的一种方式。在亚里士多德看来，做公正的事情才能成为公正的人，进行节制才能成为节制的人，表现勇敢才能成为勇敢的人……按照良品生成的东西，无论是公正还是勇敢，都不能看自身是个什么样子，而是要看行为者在行动中有个什么样子。可见，价值品质与习惯性的价值行为具有一致性。并且，亚里士多德还认为，价值品质是自愿选择之果，价值品质与价值行为统一在具体的践履活动中。

儒家一方面重视价值品质的内在修炼，另一方面也不松懈对规范的外在遵循，尤其是对礼之尊崇。《论语·颜渊》中说："非礼勿视，非礼勿听，非礼勿言，非礼勿动。"成人的内在信息密码是良品，而成仁需要一定的礼（价值原则）作为外在标示。可见在儒家的"仁礼"思想中，价值品质与价值行为是一致的，没有遵从"礼"之行，就不能彰显成人之"仁"的价值品质。在孟子看来，任何价值行为的发出，都是出于主体的本然之善心。见孺子落井而恻隐之心油然而生，这非刻意要求而纯乎为自然良心所动。君子之性，有仁义礼智根植于心，在主体的内在品质结构中，诸种价值品质的整体构成是一个人为善去恶之内在动力。

人类行为有多种，诸如个体性与社会性的、利己与利他的、自愿和被迫的、向善与向恶的、正当与非正当的等。显然，价值行为是这种种行为之一。价值行为是指那些有自觉意识的、自主自愿的、具有社会意义的正当行为。黑格尔认为，意志作为主观的或价值的意志表现于外时，就是行为——首先我意识到这是我的行为；其次，它与应然概念和他人意志都有本质上的联系。这个表述同样适用于价值行为。价值行为不同于一般行为之处在于其自觉地出于价值原则且与他人意志具有本质关联。因此可以说，但凡自觉地基于价值原则并与他人意志具有本质联系的行为就属于价值行为。价值行为的主要特征有二：第一，自愿性。意志自由他的行为主体自由选择的行动，知道自己行为的目的、意义和性质，并且自主自愿担当行

为及其相应后果。第二，正当与向善的关联性。价值行为一定
是依据正当原则的善事、善举、善行，具有"为了总体之和谐
幸福"的终极意义。无论是古希腊的幸福论，还是费尔巴哈的
幸福论，无一不断言价值品质、价值行为、幸福之间的绝对关
联性。[①]

　　价值行为是价值品质在主体外部的部分投射。价值行为是
价值品质的基础，价值品质是在行为整体中表现出来的稳定特
征和倾向。价值品质通过主体外显行为、内在心理特征和倾向
而展现价值原则。[②]价值原则是基础，价值智慧是核心。价值品
质可借助价值教育而被发现、培育和提升。

二、类价值行为与价值品质

　　价值原则固然很重要，然而价值原则只是价值品质的基
础。要想拥有优秀的价值品质，一个人不仅仅要对特定价值原
则、体系有所觉解，而且须不断践行，逐渐养成一种价值习
惯，从而形成稳定的心理特征和行为倾向，最终修成正果——
拥有良好的价值品质。

　　按照亚里士多德的观点，每一个德性的行为都是一个实践
智慧的运用。价值品质的核心是价值智慧（类似于亚氏的实践
智慧），可以说价值行为都是价值智慧运作的结果。基于本研
究"一体（价值品质）两翼（价值原则、价值智慧）"的思想，关于

　　[①]　根据费尔巴哈在《幸福论》的主张，没有价值品质就没有幸福，没有幸福就没有价
值行为。参见《费尔巴哈哲学著作选集（上）》，569 页，北京，商务印书馆，1984。
　　[②]　王海明：《新伦理学》，605 页，北京，商务印书馆，2008。

价值智慧的功效我们已在第三章探讨，这里仅分析价值智慧的上位概念，即价值品质与价值行为的关系。概括地讲，价值实践中价值品质与价值行为两者统一与否一般表现为四种状态。

第一，高价值品质与高价值行为的统一。这种状态既体现了主体价值品质的完善与建构，又体现了社会公正秩序和伦理氛围对其高尚价值行为的支持。

第二，高价值品质与低价值行为的不和谐。这种状态虽然表明主体价值品质建构的较稳定，却难以体现与之一致的价值行为。因为缺乏社会公正秩序和氛围对高尚价值行为的有力支持，个体只能退而求其次。

第三，低价值品质与低价值行为的统一。卑劣的价值品质必然在相应的社会秩序和氛围中，表现出低下的价值行为。

第四，低价值品质与高价值行为的偶然一致。不能排除主体在特定境遇中的高尚之举，但这并不能解释价值品质与价值行为的一致性，因为价值行为有可以是情景性的，也可以是倾向性的，它受情景因素驱使，因而不能保持恒常性和一贯性。

不论是目的论伦理学、德性论伦理学或者是义务论伦理学，其中的伦理行为都要贯穿一定的价值原则。价值原则的缺场必然导致价值大厦的坍塌，那是不可想象的。只要行为主体是自由意志的个体，他的任何行为必然体现准则。境遇伦理学认为，在特定境遇中，没有什么固定的价值原则或规范需要遵守，行为选择完全由当时的具体情境而定。但"依据具体情境而定"，仍可算作一项原则。境遇伦理学还认为"有了爱就有了一切"，但爱本身亦是一项价值原则。[①]

　　价值行为是出于价值原则的，出于相同价值原则的价值行为表现各异，形式多样。然而这些价值行为均出于同一条价值原则，都具有该条价值原则的共同规定性。若把基于同一价值原则的所有价值行为称为"类价值行为"，则价值行为就可以依据价值原则分成多种类价值行为。类价值行为是主体价值品质的外在表征。主体价值品质外在表征可以形成一个以类价值行为为元素的集合，类价值行为内部各个行为在价值上具有同质性。展现主体价值品质的一般的、零散的价值行为很难作为主体价值品质外在表征的基本元素，形式、内容上相异的价值行为却极可能基于相同的价值原则，故其不具有本质区别。例如，张老师严厉批评学生错误，张老师和蔼可亲地给学生辅导作业，尽管在价值行为具体形式、内容上不同，但其价值原则具有同一性——仁爱，因而还是同类价值行为。在价值实践中，我们经常也是根据价值原则来评价价值行为正当与否。但显见的是，价值行为不具有自身独立性，它只能作为揭示价值主体在特定价值原则上的价值品质内涵，而无法揭示主体价值品质的整体风貌。

　　如果说价值行为的上位概念是类价值行为，则类价值行为可以作为揭示主体价值品质外在表征的基本元素。若将类价值行为所组成的整体看作一个集合，则主体价值品质外在表征就

---

① 魏英敏：《试论道德行为与道德品质》，载《湖南师范大学社会科学学报》，2009(5)。

是一个以类价值行为为元素的集合。基于周俊波的研究①，我们认为这个集合能够标示主体价值品质的全部。在主体内在的价值品质集合中，可任意确定一条内在价值原则 A。由于此项内在价值原则是主体的价值认知、价值情感、价值意志共同铸就而成，是主体内在价值品质的一部分，主体必然对该项价值原则具有较为稳定的心理倾向（类似于心理学中的价值取向），这种心理倾向在其行为上有所表现。同时，在主体价值品质外在表征集合中可以找到一个类价值行为 B 作为 A 的象；又因为 B 是 A 的外在表现，那么，由 B 亦可观测到主体心理上的 A，这样 A 当然也是 B 的象。由此可见，A 与 B 彼此可逆，即构成价值品质与类价值行为的双向映射关系。

这种双向映射关系成为我们评价特定主体之价值品质的基本依据，然而实践中的问题也在这里，我们很多时候仅仅以个别零散的价值行为来推断主体的价值品质，这种推断显然要冒很大风险。原因如前所述，个别零散的价值行为是否基于相同的价值原则呢？它们很可能属于不同的类价值行为集合。只有经过长期的、全面的、多视角的观察价值行为并凝练出特定的类价值行为，才能依据类价值行为评价主体的价值品质。俗语说得好：路遥知马力，日久见人心。

综上所述，价值行为与价值品质两者同价值原则之间的关系密切；价值品质与类价值行为互为映射，相互影响，相互作

---

① 周俊波：《论道德品质内外影射集合结构的构成》，载《教育评论》，2004(3)。

用，共同构成个体价值的全貌；价值品质通过一系列价值行为
所养成的习惯来培育，并最终通过类价值行为验证品质的拙劣
或卓越。实践出真知，价值行为作为一种价值实践，必然是价
值品质的重要试验田和孵化器。人的价值品质并非生来就有，
也不是单纯"教"会的，而是在日常生活里、在社会实践中逐渐
培养和锻炼出来的。

第三节　关于"知行不一"难题的分析

非价值行为与价值行为之间有一个连续的谱系，它们并非
泾渭分明，知行不一呈现为多样模态。个体若在生命早期通过
教养获得价值行为与情感方面的良好惯习，并不断学习社会价
值知识使之内化为生命的一部分，他就很可能变成为"有价值
感"或"有价值原则"的人。另外，若他在价值智慧方面同样努
力修炼趋于完善，则可能获得心灵的自由，成为应用伦理学中
所说的明智者。人的一生若一直处于这种惯习与明智状态下，
那么他就能时刻自制自律而使知行合一。若"知"与"行"都声称
自己正当但实践中仍然冲突，则需"善"的斡旋。知行不一不仅
拷问个体良心，更拷问社会良知。知行能否合一更是社会公正
与否的风向标，社会据此不断改良完善，消解外在不当的规制
措施，从而减少假知和伪行。低层次的知行合一、表里如一，
在持之以恒地内外兼修中，逐步走向有深度的表里如一、有高
度的知行合一。知行不一作为一种现象，不仅仅是实在性行

为，更关涉话语实践。在知与行之外，还有语言符号的遮蔽，也即完整的链条应是：知—言说—行。这便使得知行不一现象呈现多种复杂状态。

一、知行不一的表象

我在与儿童的访谈中，发现很多孩子清晰地认识到玩电子游戏的弊端远大于好处，也能承诺周一至周五不再玩电子游戏。事实是，仍有孩子偷着玩，尽管已经高度近视。为何呢？简单而言，似乎是因为外在诱惑力大于内在自控力。这种知行不一的现象非常普遍，好像也无关乎正当和正义问题。但若对于美德论者如麦金太尔或屈原而言，知行不一则是难以原谅的，因为那是"好人""美人"所不齿的品行。而对于严苛的道义论者如康德或孟子，则知行不一是大忌，因为事关人世间非常重要的一种价值——诚信。他们所秉持的"道德律令""舍生取义"非常人所能笃行。

"知、情、意、行"是我们熟知的心理-行为模式，"行"即价值行为或德行。知行不一是指一个人在认知和判断上明确何为正当的、善的，但却在实际行为中反其道而行之，即价值认知与价值行为相悖逆。规范伦理学一般认为，正当的价值行为应该遵循价值规范和正当性原则，但对背后的动机、主体幸福等并不苛刻追问。德性论一般着重考察人的内在心灵状态和个性修养，而不拘泥于外在规制。功利论主要权衡行为的成本和付出是否值得。知行不一固然不同于表里不一，后者更加宽泛，暗藏了假知或真知，不过都可以在三种伦理学视域（规范论伦理学、德性论伦理学、功利论伦理学）得到某种阐释——凡事都是合理的，就看合哪种伦理。赵汀阳《论可能生活》从目的论角度提出人的价值行为一般有两个原则：一是行为原则，它要求价值行为合乎外在规范（类似于规范伦理）；二是行动原则，即价值行为应该合目的，意味着追求卓越品质（类似于德性伦理）。单纯的行为原则，若刚好体现良好价值，有利于公共福祉，则只是不坏，其价值品质水准远低于合目的性的行动原则。

伦理学中也一直追问：人们知恶而故犯或知善而不为的原因究竟在于缺乏对价值原则、体系的领悟，还是在于践履价值原则的价值智慧不够高明，抑或是在于价值品质不够卓越？"知行不一"问题也是这种伦理问题的另一种表征——知道怎么做是正当的、好的却做不到，或者做得相反，明知是恶的事情反而故意去做。

二、知行不一的宏观分析

知行不一是个悠久的历史问题，自从古希腊苏格拉底提出"美德是否可教"便在西方伦理学、认知心理学、组织行为学领域成为热点题材。中国孟子"恻隐之心"，程朱理学"知先行后"，陆王心学"知行合一"，孙中山"知难行易"等，都显示出这个问题的复杂性。哲学家如此纠缠不清，而实践层面更是雾里看花。当代心理学尝试实验法、归纳法，结果仍然只是"罗素鸡"的一地鸡毛，实证量化研究难以做出可靠信效度的归因分析。本文只能从伦理学、心理学、认知哲学角度做解析。

（一）价值智慧对价值行为的统摄

张维迎曾说，"人类犯错误或干坏事有两种原因，一是无知，二是无耻。此二者很难区分，许多无耻行为从根本上讲也是因为无知，是缺乏智慧的表现"①。理论是干瘪的，而生活是鲜活的，仗义每多屠狗辈，负心皆是读书人。有时"知"未必比"无知"更加正当，其价值行为未必有更多的善。精致的利己主义一再受到人们批判，但这是否内含着某种正当的价值行为？在多元化社会，价值冲突是开放的民主社会的必然因子，人们互相质疑、批判，最终建立共识。一以贯之地坚持某些正当性价值原则，难保不冲撞另一些价值原则，尽管它们都有某种意义的正当性。如何能够驾驭不同维度的正当性？也许只能诉诸高超的价值智慧。

智慧，指个体经由实践经验与内在天赋获得的一种良善而恰当地解决人的问题或人与世界关系问题的多元智能。价值智慧则是价值主体在各种情感、天赋、理性和经验的作用下，对价值原则进行判断与择取、解构与重构、内化与实践过程中表现出的多元智能。价值智慧是价值品质的灵魂，是价值实践中"正当""善""幸福"三者统一的内在保障。价值智慧＝价值实践智慧＋价值认知智慧。此假定源于亚里士多德思想，他把良品

①　张维迎：《市场制度最道德》，载《南方周末》，2011-07-14。

区分为两类，一是"哲学智慧"（philosophic wisdom），包括明智、技艺、科学、直觉理性（nous of intuition）；二是"实践智慧"或"道德德行"（如希腊民间流传的勇敢、自制、慎思、公正）。另外，本研究认为，外在价值原则内化为内在价值体系离不开价值认知，这便是"价值认知智慧"的来源；而内在价值原则外化为价值行为就是一种价值实践，这便是价值实践智慧的来源。

价值认知智慧能够对价值形势、价值及其具体原则进行察觉、筛选、批判、重构、内化等，能够辨清何种理域（真理、伦理、法理）或何种正当性。① 价值实践智慧能够通过理性算计、灵感顿悟、良心发现、本质直观等方式提供与其价值形势相匹配的好的价值实践方式和途径。价值行为是主体在意志自由状态下根据价值原则、运用价值智慧进行的实践活动。

非价值行为与价值行为之间有连续的谱系，它们并非泾渭分明，知行不一呈现为多样模态：（1）不知不行——总体价值智慧的缺乏，心理机制中的注意力、价值敏感性等迟滞；（2）行而不知——价值认知智慧的缺乏，外在价值评价的误判；（3）知行相左——价值认知智慧与实践智慧不匹配；（4）知而不行——价值实践智慧的缺乏；（5）知行合一——总体价值智慧的充盈与和谐。

（二）知行不一的心理学机制

行为主体的价值智慧如果卓越，则其价值行为的"最初结

---

① 崔岐恩：《正当及其合理性阐释》，载《哈尔滨工业大学学报》，2017，19(3)。

果"一般也会好。黑格尔指出，意志只对最初的后果负责，因为只有这最初的后果是包含在它的故意之中。一个行为产生的结果常常包含着次生性的东西和偶然附加的东西，这些与行为本身的本性无关。"最初的后果"就是行为自身的结果，而不包含那种听命于外界力量所产生的次生性结果。但在实践中常常会出现价值原则与价值效果间不一致的现象，根本原因在于主观价值预期向客观价值实效的转化中受到诸多制约，如：第一，择取、建构的价值原则是否符合客观事物规律（真理正当性）；第二，择取、建构的价值原则是否符合良心和道德准则（伦理正当性）；第三，择取、建构的价值原则是否符合契约、法律及其内在逻辑与精神主旨（法理正当性）；第四，行为主体的价值智慧运作状况；第五，行为本身的客观环境因素；第六，是否具备各种实践手段；第七，非预期的偶然事件。这些因素都将影响预期效果，甚至可能产生与价值原则完全相反的坏效果。

"知行不一"问题很复杂，从知与行关系的内在心理机制看，存在多个变量，如人格特征、认知类型、个体认知能力、价值判断力、价值敏感性等。基尔戈尔（Killgore）等发现那些睡眠不足的被试更倾向于做出功利性价值判断，但情绪智力较高的被试却并不明显。另一些研究者还发现，沉思型（偏重理性思考）的个体、工作记忆能力高的个体更倾向于做出功利性判断。美国心理学家科尔伯格在继承瑞士心理学家皮亚杰和英国心理学家麦独孤（McDougall）学术思想的基础上，分析了道德教育中一个很普遍的现象：学生知行不一。他认为，价值判断和行为的一致性程度与价值判断能力之间呈现显著正相关。心理学研究已经证实，青少年言行不一致的问题随年龄的增长而更加严重，或许因为价值智慧发展了。朱智贤教授认为这种现象并不表明他们有意这么做，而是由青少年心理发展的四个特点决定的：模仿的倾向性；出于无意；以情感代替理智；缺乏价值意志。[①] 实际上，随着年龄增大，其价值认知中的价值原则固然越多，但其价值智慧还不足以把这些散乱的价值原则建构为一个适切的、内部一致性很强的价值体系。另外年龄越大，行为的场域和性质则越复杂，而将内在价值原则外化为价值行为尚需高超的价值智慧，价值智慧作为一种实践智慧能够根据情境选择合适的价值原则和行为方式。青少年固然能够快速掌握关于原则、规范的价值知识，但其价值智慧的成熟却不能一蹴而就。

　　"有知识无头脑"是知行不一的一种表征。基于维果茨基的研究，我们认为价值智慧以及人本身都在实践活动中透过内外双向律动而从简单到复杂，从低级到高级逐步发展：一是主体客观化，即内在价值智力动作外化为实际价值行为；二是客体主观化，即外在价值行为内化为高级价值心理机能。[②] 这种双向律动给我们鉴别知行不一现象带来启示：内化（外在的价值原则经鉴别、筛选、批判、重构为内在的价值体系或价值秩

---

　　① 林崇德：《发展心理学》，33页，杭州，浙江教育出版社，2002。
　　② ［苏联］维果茨基：《思维与语言》，1页，北京，北京大学出版社，2010。

序)的内容和过程是否符合主观世界；外化(内在的价值体系在价值实践智慧的引导下转化为价值行为)的形式和方法是否符合客观世界；主观世界与客观世界是否统一。根据马克思主义哲学，知(认识世界)更依赖主观世界，当然也关涉客观世界；行(改造世界)更依赖客观世界，当然也关涉主观世界。主客二分、物质与精神二元，应该是知行不一的先在性根源。

(三)"良知"作为价值行为的前提

以苏格拉底为代表的哲学思想被称为"重知论"，而中国传统哲学思想一直流淌着"重行论"的脉源。行比知更难，故而更重要。《尚书》言"非知之艰，行之惟艰"，用在价值品质领域就是说，知悉价值原则容易，而践行价值原则艰难。孔、孟将"知"与"行"两者置于"学"上(修德)，从而尽量化解"知"与"行"的距离。至宋代，出现以"知"为进路的重大转向，如陆、王讲心即知，程、朱重格物致知。知者，知悉、知道也。知方能行，知即是行。明清之后，再次出现了转向——恢复了治学上重行的传统。孙中山曾讲"知难行易"，意思是知并不等于行，行更加容易且更重要。中国思想总体上是强调"行"比"知"更困难、更重要的。

古希腊苏格拉底认为"美德即知识"，不正当行为是由于"无意"或非志愿或被动，人并没有明知故犯的道德弱点。"没有人追求对他显得恶的事物；如果一个人在作恶，一定是因为他不知道那是在作恶；一个人之所以知善而不为，是因为他并不真的知道那是善。"①兹后，价值论便与认识论纠缠，宗教哲学、从事实命题难以推导出价值命题（休谟）、先天综合判断（康德）、厚事实与厚伦理间可互导（普特南）等思想的深处都反映了西方的一种"真理情结"。价值品质理论可以对此做出一种解释：按照康德"先天综合判断"思想，价值原则与体系若要作为"知识"，则需满足两点：一是个体的感觉经验，二是具有普遍必然性。

第二点姑且悬而不论，我们检视第一点是否满足。我们的家长和教师习惯于对学生命令"不许乱动""别胡思乱想""没有为什么""这就是唯一的标准答案""记住就行了""你应该……""这是……的规定""大家都如此的""本来就这样的"等。某些管理者排斥公共参与和监督，出现党同伐异情况和一言堂。这种模态的价值原则和体系不称其为"知识"，遑论"认知"，所以价值行为的知行统一仅仅是误打误撞的小概率事件。

纵然价值原则与体系通过教授而被个体吸纳为经验，价值行为习惯的矫正仍比较困难，要坚忍不拔地长期体悟。但是价值行为终究是个体内心价值原则与价值智慧合成运作后的终端产品，而价值智慧是价值品质的核心，是价值实践与行为的发动机。价值原则的觉解与价值智慧运作下的践行之间始终有个鸿沟——这正是价值品质内在张力的体现。

---

① 廖申白：《伦理学概论》，407 页，北京，北京师范大学出版社，2009。

三、教育可否促成知行合一

（一）价值之知是否可教

一般认为，学生学习知识，知识当然可教。但转识成智自然而然地发生吗？品德是否可教？能力与智慧是否可教？这也是知识的能力性和伦理性研究必须关注和讨论的问题。郝文武认为，不仅知识可教，而且能力和品德也可教。若将教或教育理解为给予，不仅品德、能力不能给予，且知识也无法给予。难道真的如一桶水和一瓢水的关系？但若将教或教育理解为启发、引导、指导、影响，则不仅知识可教可导，而且行为习惯、实践能力、品德修养、价值智慧皆可教可导。

知识不是死记硬背的公式定律，不是大量刷题在脑海中留下的残余，而是在主观性努力基础通过泛教育（学校、家庭、网络和社会环境）教化而习得的，当然，也不排除头脑中先天固有的认知模式、情感基因等。

教化的本质是让学生从偶然性的自然天性出发，实现普遍性的超越与提升。这种超越的基础正是幼年时期充分发展的自然性，也即个体自然感性生命的充分萌发。[①] 幼年时期充分发展的自然生命将个体品德超越形成一种内在的自我实现。科尔伯格通过海因茨偷药故事伦理推理，总结学生品德发展的三个水平和六个阶段，说明学生随着身体、心理发育，内在地倾向

---

① 刘铁芳：《个体发展的阶段性与哲学教育的审慎》，载《宁波大学学报（教育科学版）》，2020，42（1）。

于更高层次的德性水平。如果已经达到高阶水平，这种水平足以引导一个内心的呼唤："我要知行合一。"那么他会鄙视那些低阶价值行为，也即阻滞了知行合一的龌龊想法。布鲁姆、马斯洛等也有大量实证研究发现，学生的心智模式、自我实现的愿望总会随着长大成人，自然而然地跃迁，就如石头压制下的一棵幼苗，总是向阳而生。幼儿在成长之路上，应该有自由空间以便生命得到充分的舒展、历练，并得到实时反馈和激励以护佑个体生命真正翱翔起来。这样，他们才可能在成长后期有充分的主体意志、深度反思与生命自觉。

(二)价值品质如何生成

若把基于同一价值原则的所有价值行为看作同一类价值行为，则可简称为类价值行为。类价值行为体现价值品质。因为品质追求卓越，而卓越在于其功能的行使。价值品质作为一种潜在的卓越，要在价值实践之中才能实现和展开。价值品质是灵魂或精神的一种特殊状况或倾向性特质，是对人进行价值评价的依据。[①] 而且价值品质还不仅是一种状况，更是人的先天禀赋与后天习得结合的一种稳定的特质。良品特质是一种卓越，是人之为人本性的圆满；这种特质的实现，是指价值品质作为一种倾向性会产生与这种特质相同的正当行为。由于一种品质在概率上更会导致一种行为 A，而不会导致反向的行为－A。亚氏在他的伦理学中不断地说，要成为公正的人就要做公

---

① 高文强:《老子"味"范畴之哲学内涵的生成及流变》，载《天府新论》，2008(4)。

正的事，要成为节制的人就要做节制的事等。

　　良好价值品质的生成原因有两个：它最初是由良好的行为与感情习惯通过训导与矫正而形成的，随后是这种良好习惯被发展并且得到引导的价值智慧被理解为好的、善的。价值智慧的生成亦有双重原因：一方面，它有一个理智的"种子"；另一方面，这个理智的"种子"只有在良好的实践品质的"土壤"上才能够生长。因此我们可以得出这样的结论：价值原则与价值智慧乃相辅相生、共荣共存的。根据马克思主义观点——实践是社会关系的本质和基础，一切人类意识都产生于实践。那么价值原则与价值智慧，最终都毫不例外地依赖实践的性质。知行不一问题归根究底在于其价值实践的状态与性质。

　　个体若在生命早期通过教养获得价值行为与情感方面的良好惯习，并不断学习社会价值知识使之内化为生命的一部分，他就很可能成为"有价值感""有价值原则"的人。另外，价值品质的生成需要个体持久地做出艰苦的努力——为了自身内在的品德，自觉自愿地努力与懒散、颓废、敷衍做斗争，努力做正当之事，努力遇见最好的自己。① 如果他在价值智慧方面同样努力修炼趋于完善的话，他就能获得心灵的自由，获得应用伦理学中所说的"明智"。② 人一生若一直处于这种惯习与明智状态下，那么他就能时刻自制自律而使知行合一。的确，早期的

————————

　　① 金生鈜：《作为生命自觉的"努力"——对"努力"的教育现象学诠释》，载《宁波大学学报（教育科学版）》，2020，42(5)。

　　② 米尔斯：《人的权利和人的多样性》，23 页，北京，中国大百科全书出版社，1995。

良好引导与教养能为个人获得"值得过的幸福生活"奠定厚实基础。维果茨基提出的"最近发展区""学习关键期"理论，启发我们对青少年进行价值教育时，必须充分了解他们的需要并选择最佳的价值教育内容、方法和途径。不同身心发展阶段的优势需要影响着价值品质结构不同部分的学习关键期，教育者只有先了解学生的真正需求，方可掌握价值教育的关键期，进而通过价值实践活动孕育出价值品质。① 中学阶段是价值品质发展的关键期，他们的身心发展特点使其产生多种价值认识和价值行为上的矛盾（包含价值悖论和价值冲突），为此在对中学生进行价值教育的过程中，应基于其心理生理发展特点和自身的需要，对其进行适切的价值品质培育。

（三）教育的功效

除了关键期，人生的任何阶段都关涉价值品质的培育。例如，价值原则中一项很重要的价值是"生命"，而关于生命的价值教育从喂奶已经开始。价值教育绝非通过个别神圣仪式、树立崇高榜样或一朝一夕的说教所能完成，而是在日常生活、平凡事件形成的弥散性情境中浸染、熏陶而成。这正如杜威的主张"教育即生活"，抑或是陶行知所言的"生活即教育"。平凡生活中的为人父母者若忽视身边的未成年人，那便是天大的错误。卢梭深谙教育之道，故而在无力提供好的价值教育环境时，宁可割舍骨肉亲情将子女丢在育婴堂和孤儿院，也不忍心

① 陶志琼：《学生的限制及自由》，载《华东师范大学学报（教育科学版）》，2009，27(4)。

看到孩子跟着自己穷困潦倒。非正式的生活细节恰恰是价值教育的重要阵地，如果孩子"无意中"旁观了成人的口是心非、虚伪势利，进而在游戏、课堂、说教等正式的价值教育中采取阳奉阴违的应付，在这样的交往阅历后，成人若强行灌输核心价值观，结果只能激起其逆反心理。

石中英先生认为，一个人如没有在人生早期获得良好的引导与教养，尔后又没有做出长期努力来矫正感情与行为方面不够良好的习惯，当他对价值原则的领悟能力随着年龄与生活阅历的积累而发展时，这种发展就是局限的、不健全的，就不会凝聚较好的价值智慧。① 因而，他从如此发展的价值品质获得的对实践事务的理解就是不健全的，这是他对实践事务持非常不确定意见的根源。在这种状态下，他的"知"与"行"便会脱节，他就会虽然知道怎样做是好的，也常常由于不能自制而做不到。正像廖申白断言，我们多数人的实践的性质可能只是中等的，多少具有这种混合性质。所以，一个人价值智慧的发展状况常常成为价值品质的发展状况的镜子，反之亦然。如果我们处在后一种情形下，那么，仅当我们借助发展着的价值智慧努力地矫正在感情与行为方面的不健全的习惯，并坚持这种努力时，我们的心灵才能逐步获得德性的自由力量，我们对价值品质的理解才能升华为明智。明者，意味着保有价值原则；智者，价值智慧之谓也。

---

① 石中英、霍少波：《教育公平话语中的教育假设及其反思》，载《国家教育行政学院学报》，2018(6)。

四、知行不一的内在张力与外在消解

(一)知行不一的内在张力

南宋理学大师朱熹认为,知先行后,行重于知。知行常相须,如目无足不行,足无目不见。论先后,知为先;论轻重,行为重。① 若知而未能行,则此所谓知者,亦非真知也。真知则未有不能行者,知而不能行就不是真知,真知没有不能行的。② 历史真是巧合,朱熹不正好表达了古希腊苏格拉底"知识就是美德"吗?苏格拉底同样认为,真理正当性是伦理正当性的基础,若能真的了解真相、掌握真知,则一定会践行;若没有践行或错行,则一定没有真知。好的行为是基于好的认知。不过,朱熹始终坚持历史早已有的思想,即知与行两者是决然不同的,而他只是确认了先后之别、轻重之分。在儒学传统中,明朝心学大师王阳明的"知行合一"说最为著名,他曾说:"知是行的主意,行是知的功夫;知是行之始,行是知之成。只说一个知,已自有行在;只说一个行,已自有知在。"他认为,知中有行,行中有知,二者不能分离。他还明确表示知行合一:"我今说个知行合一,正是要人晓得一念发动处便即是行了。"③世人却将知行分作两件去做,以为必先知了,然后能行。王阳明去讲习讨论做知的功夫,待知得真了方去做行的功

---

① 刘宗贤:《退溪与阳明:朱熹哲学的不同走向》,载《中国哲学史》,2006(3)。
② 杨翰卿:《论朱熹重行不轻知的知行观》,载《西南民族大学学报(人文社科版)》,2010(4)。
③ 胡小林:《朱熹与王守仁的知行观》,载《孔子研究》,2005(6)。

夫，称"终身不行，亦遂终身不知"不是小病痛，其来已非一日。知行合一，正是治病的药。以此观之，王阳明借鉴了佛、道之学，深化了儒学之心学——"心外无物，吾心即宇宙"，[①]故而提出颇有禅意的"一念发动处便即是行"，这不暗合了唐朝佛教禅宗六祖惠能"非风动，非幡动，仁者心动"吗？由此看来，王阳明心学批判朱熹理学所谓的知与行之二分，而是坚持知行合体——知中有行，行中有知。

　　狭义而言，知是死的，行是活的；知是潜在的心理状态，行是现实的肉体机能；知是大脑内含的理论储备，行是身体外显的实践发挥。知行合一或许从来都是可遇而不可求的小概率事件，阴差阳错、无心插柳、知而不行、行而未知才是知行不一的常态。知与行之间相隔万里，无论从逻辑推演，或现实经验，两者都没有必然联结。古人讲知易行难，孙中山说知难行易，马克思主义辩证法认为，知与行必然有相关性，但却没有必然因果性，两者之间尚有无限不确定性。其中，知与行之间的重要因素有主体自由意志、能力、价值智慧、个体情感情绪、个人得失、事件的难易程度、信息是否透明、情境的利弊等。其中每一个因素在特定时刻或许都是致命的，心理学、行为学、管理学都有大量针对某一因素的实验研究。漫长的历史和鲜活的现实表明，知识转化为能力或智慧，或知识转化为道

　　① 董平：《王阳明哲学的实践本质——以"知行合一"为中心》，载《烟台大学学报》，2013(1)。

德都是非常复杂的。郝文武创造了"知核力"的概念①，表达知识的巨大力量和知识转化为能量的过程和方式的复杂程度。知识及其转化为能力和道德等精神力量的能量是取之不尽、用之不竭的，人类只要有知核力，就会不断发展。

知行不一中最令人费解的是"知"和"行"都声称自己是正当的，那么此时也许需要伦理学中一个核心概念"善"的介入斡旋。罗国杰在其《伦理学》中指出，善就是指某一行为或事件符合一定社会或阶级的道德原则和规范所表达的要求；而恶是指某一行为或事件，违背一定社会或阶级的道德原则和规范所表达的要求。本句中关于善的叙述值得推究，根据廖申白对古希腊伦理学中德性、善的考察，善是构成美好生活的关键因素，它包含道德的善与非道德的善。显然，罗先生仅从道德意义上阐述善。价值行为与善关系密切，因为价值行为就是主体在意志自由状态下根据价值原则、运用价值智慧所做的正当性行为。我们的落脚点还是在行为的正当性——包含真理意义的、伦理意义的、法理意义的，而伦理意义的正当即遵循人与人相处的良心和道德善。真理意义和法理意义的正当性无法排除非道德善。

那么，价值行为就是包含道德善以及非道德善的总体的"好行为"（有时总体上的好行为在一个具体情境中就不是好行

---

① 郝文武：《知识的能力性和伦理性及其知核力研究》，载《宁波大学学报（教育科学版）》，2020，42（1）。

为，反之亦然）。这种好行为是幸福的充要条件。

(二)知行不一的外在消解

按照亚里士多德关于德性的目的论观点，如果说幸福是目的和原因，则总体好行为或价值行为就是第二位的善。价值行为就是合乎卓越价值品质的活动——通往幸福的价值实践，此种意义上的幸福既包括内在善也包括外在善。所以人类的善理应是心灵合于正当行为的活动；若正当行为不止一种，则人类的善就应是合于最好的和最完全的正当行为的活动。① 这便回到前文所述之主张：面临真理的、伦理的、法理的正当选择时，应以厚正当为旨趣；次之，以伦理性正当为最终判据（但须谨记：没有唯一的标准答案，答案就在价值智慧根据当时境况所做的审慎取舍中）。伦理学者欧克里对行动与行动者品质做了很好的总结：善优先于正当——对于善的不同理解决定了不同的正当观念和伦理主张，好的品质（在恰当的场合以恰当的方式做恰当的事）本身就是内在善。②

品质论强调善优先于正当，规范论提倡正当优先于善。笔者作为品质规范论的拥趸，基于善已经被正当所涵盖的事实（主要呈现于伦理意义的正当性），故认为：首先应该追寻厚正当（真理、伦理、法理的统一性），若追寻未果，则以伦理正当优先。

价值品质是主体基于价值原则、运用价值智慧，在价值行

---

① 周辅成：《西方伦理学名著选辑》，287页，北京，商务印书馆，1964。
② 陶志琼：《中小学生价值教育的关键内容构成》，载《教育发展研究》，2013，33(8)。

为中蕴含的正当性行为倾向和合善的心理特征。价值品质自身的模糊性、理想性、高标性，必然对价值行为提出苛刻要求，这使得知行矛盾难以避免。所以两者之间的矛盾是必然的、长久的，价值之知与价值之行的统一是暂时而相对的。故而，价值品质、价值智慧的发展必然呈现出由不知到知、半知到全知，由或然性的知到行、必然性的知与行到知行合一的阶梯演进。价值品质的知行适度张力蕴含着品德进步发展的动力，理性的道德批判能够起到调节公民的价值知行紧张性关系的积极作用。① 知行不一的内在张力不可避免，同时可以发挥积极作用，强力压制只能导致"口服而心不服"。知行是否合一更是社会公正与否的风向标，社会据此不断改良完善，消解外在不当措施，从而减少假知和伪行。低层次的知行合一、表里如一，在持之以恒地内外兼修中，逐步走向有深度的表里如一、有高度的知行合一。

价值品质自身的理想性和模糊性等决定了知行矛盾始终存在，故而两者之间的张力具有客观必然性。② 事实上，生活中人为制造价值行为与价值认知之间矛盾的事例不胜枚举。如造假奶粉、伪劣疫苗的生产企业一方面广告宣传重视生命健康，另一方面做的却是草菅人命之事。知行合一不仅拷问个体良心，更拷问整个社会的良知。一个开放的、民主的、透明的、

---

① 黄明理、王利军：《论公民道德知行关系张力的客观性与调适》，载《南京师大学报》，2014(3)。

② 鲁宽民、杨尚勤：《当前大学生"知行不一"的理性审视》，载《社会科学家》，2010(1)。

自由的社会，允许多样化的认知与行为，因为知行不一亦是人性之常态。恰恰因为如此，反而涌现更多的真实的知行合一。现实就是如此诡谲，只有提供了知行不一的土壤，才能孕育知行合一的果实。

(三)语言符号的遮蔽

实际上，在知行之间，还有一个第三变量，即"说"。两面三刀、八面来风、阳奉阴违、冠冕堂皇、一本正经，皆表达了知—言说—行之间的复杂性。我们评价一个人的价值行为，不仅看他说了什么，更在于看其做了什么。许多成熟的人，总是巧妙的"伪装者"，因为知而不说、不知而说、知而假说、行而不知、不行而假知等，会使人雾里看花。

符号学家巴特认为，语言符号可以使人巧妙撒谎。典型的例子如"善意的谎言"，若按照康德普遍性价值原则(任何时候任何人都应该诚实)，那么无论多么美善，也是道德律令所不允许的。然而实践中，人们或许基于功利主义的考量，一般会容忍那些善意的谎言。谎言作为一种言说的语言符号，其实遮蔽了知与行的逻辑链条，或者混淆了某种知与特定行的一一对应关系。另一类例子是潜规则中的"能做不能说""能说不能做"，正是因为正当性不够充分，才被称为潜规则。价值行为的知行不一现象在言说的中介变量中，或许被"洗白"，或许被肢解。知—言说—行，这个完整链条被肢解后重组为知—言说，或言说—行。如是，内在心理状况的知与外在显性的行，两者脱节了，但却在言说符号的遮蔽下，显示出知行合一的假象。尽管人们知悉"试玉要烧三日满，辨才须待七年期"，但在快节奏的生活实践中，很少有耐心等到"真知"与"实行"喜结连理的那一刻，往往以中介符号做脑补。这种中介符号表现为思想品德的量化分数、少先队员的星与杠、思想档案、楷模的包装、伟人的塑造等。任何"行"都有相应的"知"，但是良知良心难以揣测，故而符号成为知行关系中最简便的操作工具。

知行不一，到底是真不一呢，还是言说符号中的不一，的确很难轻易判断。而言说的主体是谁，基于什么标准和立场，则又成为知行不一现象的次生性问题。

第七章
价值品质的民族性
与共通性

　　人，固然有千差万别，但人性必有共通之处。一国之人，纵然各有千秋，可作为特定族群，必有相似之国民性。而价值品质民族性正是这样的国民性，即特定国家或族群的大多数人所保有的价值品质。也即，价值品质不是玄虚的符号，而是民族性与国际性、差异性与共通性的复合体。

　　两个以上国家或族群的全体人群在比较中得出的差异性是价值品质民族性的逻辑起点，国家的产生是价值品质民族性的历史起源。价值品质民族性作为学术概念进入研究领域的历史尚且短暂。价值品质民族性含有双因子结构——内在的行为倾向与心理特征，照应于外在的两个因素——制度与人心。基于双因子结构，价值品质民族性内容在时（传统与现代）、空（民族与国际）两个维度嬗变与消解。价值品质民族性的嬗变与消解是个无止境的过程，所有国民直至全体地球人终将融汇出最大程度的共相——"星球人性"。此过程是否顺利，有赖于价值品质民族性改造切入点在制度与人心之间的平衡。

虽然在中国古代没有明确提出价值品质民族性这一学术概念，但远在春秋战国时期已有相关描述，如燕赵人侠肝义胆、秦人质朴厚道、吴越人灵巧俊秀等。在大一统的古代中国，亦多有描述边疆少数民族族群（如胡人、契丹人等）之禀性特点。1840 年以降，国门大开，中国人走出国门对照西人而审视国人性格特点。西方人利玛窦、马可·波罗、施密特、黑格尔对中国古代臣民性格的描述，是基于西方世界的常识来比较中国人与西方人的不同之处。显然，价值品质民族性是在两个以上国家或族群的全体人群的比较反思中产生的社会学、心理学概念。总之，价值品质民族性的内涵须通过与他者的比较才能得出。

第一节　价值品质民族性的概念及其结构

一、价值品质民族性概念阐释

价值品质民族性（national character）作为一个学术概念被国人了解是在 19 世纪末期，先由西方传入日本，而后经过梁启超、孙中山、鲁迅等人传入国内。明恩溥的《中国人的性格》成为当时最重要的参考文献。这个概念很有意义，指某国之民的特性。这便带来一些开放性的问题，如："某国"是政治概念还是地域概念，抑或是民族学概念？"民"是臣民还是公民，抑或是普通意义的全体国民？"特性"是特别的性格气质还是特殊的行为倾向，抑或是特殊的心理品质？显然对这些问题的不同回答构成了多元化的概念阐释。在中国价值品质民族性研究中，有学者认为既然"价值品质民族性"的关键词含有"国"，而"国"实乃一个阶级性概念，那么价值品质民族性乃是非统治阶级群体的具有代表性的精神面貌。另有学者认为价值品质民族性即民族性，因此中国价值品质民族性的主体就是所有中国人。还有人认为"价值品质民族性"子虚乌有。

基于学界已有的研究和笔者个人偏好，价值品质民族性在本书中被定义如斯：具有同一国籍的所有人的心理特征和行为倾向在概率意义上的共性，是相较于他国之民的个性。

二、价值品质民族性的双因子结构

无论是马可·波罗、利玛窦，还是陈独秀、鲁迅等人，都不能算作价值品质民族性的研究者，只是对价值品质民族性的记叙者或批判者而已。当然更主要的原因是，既有的关于价值品质民族性的描述，大量是关于性格、气质、品质的，也即主要是关于心理特征取向的。这些充其量只能算作"民族心理"。

根据笔者的定义，具有同一国籍的所有人的心理特征和行为倾向在概率意义上的共性，是相较于他国之民的个性。它包含两个辩证结合的因子：源于内在的心理特征和外在规制的行为趋向。任何个体都是戴着枷锁来到这个世界，一旦作为某国之民，也便受到该国制度的规制。个体的禀性和行为除了受到内在心理的时时刻刻的潜在影响，更受制于外在的制度约束。

也即价值品质民族性第二因子"行为趋向"直接对应于外在制度。犹如一个带有很多小孔的盛满水的塑料袋，袋中水会射向何方、射程多远（行为倾向），是由外在的塑料袋的约束力（制度）决定的，当然亦受水质（心理特征）的影响。所以价值品质民族性作为学术语言，天然地包含着制度因子规制下的内在行为倾向。从西方来看，政治制度就体现在民族性中，而我国的研究焦点放在价值品质上，这没错，但是漏掉了更主要的外在制度。制度和人心皆为价值品质民族性之外在因子，对应于内在二因子——行为倾向和心理特征。其关系如图 7-1 所示。

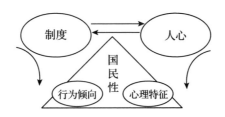

图 7-1　价值品质民族性双因子结构

第二节　基于双因子的价值品质民族性二维嬗变

基于价值品质民族性的双因子，价值品质民族性可在发展中逐步消解而嬗变，并形成更深层次上的新价值品质民族性。首先，人心从封闭、蒙昧状态渐渐进入开化、明智境界。其次，按照马克思主义观点，随着人类从原始社会进入奴隶社会、封建社会、资本主义社会、社会主义社会并最终进入共产主义社会，制度的演变和发展也从野蛮、冷酷、剥削、专制逐步进入文明、人道、公正、民主之境。由此，受人心与制度二维规约的价值品质民族性也将不断嬗变。

一、人心惟危，道心惟微

从人心上看，无论多么偏执的、狭隘的、极端的人，在人际互动和信息技术的推动下，也必将分享越来越多的共同价值。小国寡民走向大同世界，个性化的价值定会让渡于共同价值，尽管过程艰难而漫长。所以基于制度和人心的分化与整合，价值品质民族性必将在时空两个维度逐步嬗变与消解。其内在机理如图 7-2 所示。

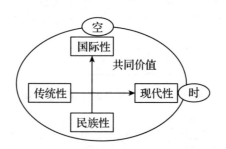

图 7-2　价值品质民族性之时空二维分解

在时间之维上，可区分出特定价值品质民族性的传统内容（文化基因）和现代内容（创新发展）；在空间之维上，可区分出价值品质民族性的民族特色（殊相为本）与国际一般性内容（共相为本）。其中第一象限的价值品质民族性是人类未来的发展方向，它统摄性最强，因而蕴含着最广泛的共同价值；第三象限的价值品质民族性最原始、最极端，如太平洋某些岛国的价值品质民族性、某些伊斯兰极端势力所控制的阿拉伯国家的价值品质民族性。第二、第四象限价值品质民族性是混合型的，也是最为普遍的。显然，在不同社会情境，价值品质民族性是由空间维度和时间维度渲染了底色，而特色是由制度因子和人心因子按照不同权重调和而成。各自权重几何，并非人人能看清楚。

随着历史演进，尤其是经济全球化，国家的丰富内涵和功能或许会日渐分离，其政治意味将越来越淡，也许终将成为一个地域概念。彼时，价值共识增多，共同价值获得更深程度和更大范围的认可。那么基于某些共通价值而形成的人口学群体，其聚类特征一定显著地比基于共同地域之国的国民群体明显。每个群体所认可的共通价值中，最能凝聚该群体人心的价值即其核心价值。在个体行为与心理的层面，核心价值与价值品质民族性产生交集。即使国家还没退出历史舞台，但是在一个昌明、开放、包容的世界，群体中的人更乐意被当作核心价值联盟的成员而非某特定国民。随着人类社会文明的演进和国家制度的公正合理化，价值品质民族性中的现代性和国际性内容日益增强，最终使特定的、孤立的、个别化的国民泯然众人。皮之不存，毛将焉附？所有国民直至全体地球人最终将融汇出最大程度的共相。

二、惟精惟一，允执厥中

从制度上看，人类社会最开始时，国家都是单一民族构成的小国，其价值品质民族性具有纯粹的民族特色。兹后，小国间的兼并与融合，使制度不断重新组合。人类发展史就是制度的不断解构与重构，更是基于制度的民族国家的兼并与融合。当民族国家挡不住历史潮流而进入复合的、多元的、多民族国家，以前那种纯粹的价值品质民族性就会消弭，然后在更高层次上融汇了民族性而形成大的价值品质民族性。现代美国是世界各民族的大熔炉，今日之美国人、美国价值品质民族性是高度整合后的产物，在整合之前，显然有多个民族性，如原住民的、英格兰裔的、法国裔的等。抛却意识形态，世界各国的制度越来越具有共通性，不等未来进入共产主义社会，地球村的居民们会形成一种更高形态的"村民性"。

价值品质民族性标签是在本国民与他者比较后所贴，而中国传统社会是封闭保守的，因此对整个中华封建帝国的价值品质民族性研究和描述十分罕见。直到 19、20 世纪李鸿章、张之洞、严复、孙中山、蔡元培、陈独秀、胡适、鲁迅、李大钊、钱玄同、林语堂、梁漱溟等人放眼看世界之后，才在国际比较中，得到了中国价值品质民族性的直观描述。因为这些人面对丧权辱国的状况憋屈甚久，忧国忧民之心万分迫切，在政治制度革命受挫后，不免一股脑地将失败归因于价值品质民族性之劣根。当时的确需要振聋发聩、矫枉过正，但今日我们应该辩证地、客观地总结价值品质民族性。任何事物都有优与劣、利与弊、积极和消极的双重性，所以对我国价值品质民族性的诸多传统内容应该一分为二地看待。例如，被新文化运动中批得最凶的劣根性——奴性，何尝不是包容、忍让、厚道、秩序等优秀品质之渊薮呢？颂华派思想家如伏尔泰和莱布尼茨认为，中国价值品质民族性主要表现在仁慈、守德、智慧、节制、正义；但贬华派思想家如孟德斯鸠、狄德罗则以为，中国价值品质民族性极其丑陋，其突出表现为虚伪愚蠢、奴性、抱残守缺、缺乏诚信等。

总之，开放性的政治格局、多元化的文化互动、一体化的经济沟通、全球性的种族融合使任何国民的独特性消弭，从而日益形成两个趋向：一是亚文化、亚组织或亚种族的分化组合形成了新的"亚价值品质民族性"，这就要求研究者避免宏大叙事，转而从微观解剖入手，采用人类学的方法，追寻具有新特色的"亚国民特性"；二是人类融合，包含经济、政治文化和基因的交融使整个地球村的居民具有更强的现代性，最终整合了此前的各价值品质民族性之特征，并且形成了新的特征，可称之为"超价值品质民族性"。

第三节　价值品质民族性的改造与教育

一、价值品质民族性改造切入点的平衡

戊戌变法、辛亥革命令人沮丧的结局使梁启超、孙中山、胡适、鲁迅等人深切认识到，仅有单维的外部政治制度的变革，而无人心（心理特征）之跟进，救亡图存难以实现。很多学

者在总结这段历史时，以为先行者们从前期的制度变革转向后期的价值品质民族性改良，笔者认为此说法并不准确，正确的说法应该是转向"人心"。如前所述，制度与人心均为价值品质民族性之外在因子，相对应的内在因子是行为倾向和心理特征。在制度与人心双重演进的社会发展中，价值品质民族性作为一个核心支点，使得内外和谐。当制度与人心两者不能匹配时，则社会呈现病态，其良药是价值品质民族性的改造。改造的前提是精准的判断，须在制度与人心之间找到最佳切入点，方能使两者平衡、匹配。

以"现代立场"而言，分析中国戊戌变法以来近代、当代的社会和价值品质民族性，可大致以公元 2000 年为界。在该年发生了两件具有重大意义的事：一是《中华人民共和国立法法》于 7 月 1 日正式施行。二是中共十五届五中全会于 10 月 9—11 日在北京举行，全会审议并通过了《中共中央关于制定国民经济和社会发展第十个五年计划的建议》。会议公报指出，我们已经胜利实现了现代化建设的前两步战略目标，经济和社会全面发展，人民生活总体上达到了小康水平。这是中华民族发展史上一个新的里程碑。会议还提出继续推进政治体制改革，加强民主法制建设，加强民主政治建设，推进决策的科学化、民主化，扩大公民有序的政治参与。

若欲通过改造价值品质民族性而达到制度与人心的平衡、匹配，其秘诀是选择精准的切入点。陈独秀、鲁迅犀利批判，蔡元培、胡适深度启蒙，其目标相同——使人心光明、自立，提升其品质从而与制度达到平衡，这正是他们找准了切入点的表现。今天，我们对价值品质民族性的改造显然异于前者，随着社会变迁，公平、正义、民主、自由等理念深入人心并成为一种主流品质。然而制度革新过于缓慢，造成极大不平衡，如警民冲突、群体性事件、网络封锁、仇官怨气等。所以，当前价值品质民族性改造的核心任务是对制度的批判和建构。当然有种陈腐的套话：人心才是根本因素，制度是由人心拿捏的，所以无须找准切入点，无论何种情况，均以改造人心为务。这种空话其实没有看到长效与短期、直接与间接、可行性与必要性的辩证关系。

制度与人心若能平衡协调，则价值品质民族性便可积极健康。而价值品质民族性的瑕疵或劣根性本身很难消除，正本清源的良策是：通过教育影响人心、涵养价值品质民族性；借由政治变革制度、规制价值品质民族性。制度对于价值品质民族性改造之重要性体现在国家制度的强制性、政治制度的规约性和生活制度的普及性，在这些不同层次的规制下，国民对制度产生路径依赖而形成生活习惯，进而形塑了行为倾向、烙印出心理特征——此即价值品质民族性的要件已然齐备。当然，制度本身的先进与反动、激进或保守也成为国民行为"好"与"坏"的自变量，而国民行为倾向性正是价值品质民族性的双因子之一。历史一再验证着价值品质民族性与制度最平俗的关系：好的制度使魔鬼化为人，而坏的制度令人变成魔鬼。

二、教育的限度与效度

与制度对价值品质民族性改造的刚性作用相比，教育主要发挥对价值品质民族性双因子之一的心理特征的柔性渗透之功。制度为阳，人心为阴。价值品质民族性改造需要阴阳合一、刚柔相济。价值品质民族性改造欲毕其功于一因子是有害的，教育万能论也难逃败绩。20世纪上叶，针对北大新青年的诘问"民国已经推翻大清，新制度已经基本确立，你为何还要留着大清辫子?!"辜鸿铭一句经典名言直击制度与人心的失衡——剪掉头上的辫子易，但剪除心中的辫子难！众口哑然，民国肇造，大清亡了，制度焕然一新，然而普天之下，人心依然沉沉。辜先生以瓜皮帽、长发辫的滑稽形象反讽着世道人心。

教育难以承担改造价值品质民族性之重托，因为教育的直接效应是善化人心，而改造价值品质民族性结构中的"行为倾向"因子，主要通过制度的规训。对制度的批判和建构，成为教育的限度，虽然可以通过善化人心而"曲线救国"，但是战线太长、成本过大。在阶级社会中，教育是维护统治阶级的利器，它通过向受教者阐释制度而维护当时的制度并复制着不平等。西方的批判教育学、解放教育学，伯恩斯坦的符号教育学以及福柯的《惩罚与规训》中对这些教育不平等有着精彩而深刻的论述。制度革新的主体不是教育者，制度革命的主要行动也非教育者的主要行为。

三、教育与制度的互动

辩证方法虽然老套，但却有效。作为形塑人心的教育与规制价值品质民族性的制度，两者之间同样有着辩证关系。新的制度、新的社会、新的世界难道会从天而降？一切都离不开教育。教育通过传播新的知识观、价值观、世界观为人心开启新的方向，通过批判性思维、辩证性方法、智慧性策略对行为倾向和心理特征进行同化与顺应；而制度为教育行动和个人发展提供社会基础和资源保障。教育与制度都应该以人的幸福为旨归，而人的幸福无不以人心的满足感为表征。满足感一方面有赖于教育的孕育，另一方面受到制度的保障与限制。

价值品质民族性改造是有着多项路径和手段的极其宏大的社会工程，教育仅仅是多项手段之一种，且是效果最好但周期最长的路径，它仅在特定限度内发挥着应有的作用。其效度取决于制度与人心之间切入点的选择。世事洪流，民心所向。自然和谐，不仅要百花当令，更需要环境适宜。

第四节　多元文化的二元嬗变

随着全球联系的日益紧密，多元文化的发展必将经历二元嬗变：一是文化的内核——价值品质的去核化，即不同价值品质的界线不再泾渭分明，这会使人无所适从；二是文化的内核——价值品质的增核化，即不同文化孕育出和既有价值品质相抗衡的新的文化内核，这会使冲突加剧。为避其弊端，使多元文化和谐发展，各种文化必须不断超越与升华价值品质，从而形成更具统摄力的上位价值品质，也即价值共识。自由、公正、民主可以作为新时代多元文化的价值共识。对待多元文化和价值品质还应将中庸作为世界观和行动取向，从而使人类走向和谐的未来。

所谓文化多元化，就是一个社会里并存着多种文化，且没有任何一种文化比其他文化更为优秀，也不存在一种超然的标准可以证明任何正当性可以把自己的标准强加于其他文化。由于文化的核心是价值观，故文化的多元化必然导致价值观的多元化。多元文化论（multiculturalism）是 20 世纪 80 年代以来盛行于西方世界的一种反对种族歧视和差别，要求重新认识少数民族及其文化，尊重各民族的文化特性、传统和价值观的泛文化思潮，属于现代西方社会科学中的后现代文化思潮。[1] 在当今，如何理解不同文化之间的整合与冲突，如何应对这种声势浩大、规模空前的价值大战，怎样做出合理的价值选择，是时代给我们提出的重大课题。

多元文化因其"和而不同、各得其所"，势必潜藏着两种嬗变：一是文化的内核——价值品质的去核化，即在全球的时空平台上，不同价值品质的界线不再泾渭分明；二是文化的内核——价值品质的增核化，即不同文化通过自组织或建构者在

---

[1]   高媛媛、高峰强：《试析心理学中的多元文化论对后现代心理学的贡献》，载《山东师范大学学报（人文科学版）》，2007(6)。

全球平台上获得生长的空间与能量，尤其是那些弱势文化、边缘文化以及亚文化，会倏然增强而孕育出足以和既有价值品质相抗衡的新的文化内核。

一、多元文化去核化使人无所适从

美国后现代主义的巨匠罗蒂（Richard Rorty）认为，当代民主国家的政治、制度和社会都渗透着文化多元论之隐喻"拒绝核心和深刻"[①]。信息的传播与扩散速度呈指数上升，人们每天都主动或被动地接受着各种信息的轰炸。多如牛毛的观点如过眼云烟，没等人们做出价值判断时则又被另一种观点所代替，观念变更的频率比各种无线电信号变更的频率还要快，观念的丢弃比更换一件衣物还要随便，各种价值体系再也不像以前那样长久了。[②] 文化多元主义甚至逃离确定性而投诚于理论相对性和不可通约性，它重新将质的维度引入人文和科学认知，这一切都在质疑着当代知识界对过去片面超越性的长久信仰。

文化多元进而产生价值多元的问题，其积极作用自不待言，而消极方面主要反映在当前青少年存在理想信念模糊、价值取向扭曲、社会责任感薄弱等问题。价值观念多元并存的局面，将人们拖出了"诗意的栖居之地"，使得现代人处于一种无所适从、无所归依的状态，使为数众多的青少年丧失了对善恶美丑应有的道德判断力，在道德认知、道德实践方面陷入了无法解脱的困境，主要表现为道德选择的迷惘、价值取向的紊

[①]　［美］理查德·罗蒂：《后哲学文化》，153页，上海，上海译文出版社，1992。
[②]　范俊玉：《论世界文化体系的多元特征》，载《学术探索》，2004(11)。

乱、道德评价的失范和道德理想的迷失。①

价值的边际效应再不像以前那样明显，任何一个国家、任何一个民族、任何一种势力如果想把自己的价值观不折不扣地强加给其他民族、国家，那是绝对办不到的。既然如此，各种价值体系及其价值观的对立和冲突也就被冲淡，从而为价值共识的整合提供了机遇。

二、多元文化增核化使冲突加剧

增核化的过程其实就是各种文化此消彼长的碰撞历程。

文化冲突使青少年学生的价值观整合过程不可避免地遇到矛盾和冲突，令其出现价值混乱、无所适从的感觉。多元文化环境下，随着多元文化冲突蜂拥而至的各种思潮为大学生提供了各不相同甚至冲突激烈的信仰选择，不少大学生经受不住西方价值观念的诱惑，导致精神和信仰的危机和分裂。另外，多元价值观冲突带来了道德失范。随着 21 世纪政治、经济与文化的进一步变革，我国的社会群体都有特有的文化、特有的价值取向，因而难免会产生范围渐广、层次渐多、频度渐繁的价值摩擦乃至价值冲突。人们将不得不经常面对一些多发的、难有止期的价值冲突，不得不经常综合考虑外部压力与自身境况，对处于冲突之中的各种价值取向做出适时的取舍选择。中国传统价值观念与西方现代价值观念，在许多方面都发生着激烈的冲突。

---

① 王学风：《论多元文化环境下高校思想政治教育的改革》，载《科学社会主义》，2006(2)。

三、价值品质的不断超越与升华

在思想大活跃、观念大碰撞、文化大交融的时代背景下，从理论上探明或建构当代多元文化背景下的价值品质的具体内容，具有极强的现实针对性和理论意义。

价值的根本特性在于主体性。无论价值主体具有多大的差异性，任何主体作为人类大家庭的一个成员，不容否认地因为属于共同的物种而具有共同的尺度。[①] 在各种文化体系相互碰撞的过程中，最终将会形成一种作为"世界文化"价值维度的价值共识。

核心价值，就是每个人都能够自觉地认可，并且自觉去践履的价值，它是其他价值的根据和理由。比如说在中国传统社会里面，就是仁义礼智信。在现代社会，自由、平等、民主、博爱，那是所有人都会拥护的，因为这些东西与每一个生命的质量、每一个人的幸福密切相关。党的十六届六中全会指出，要逐步建立起社会主义核心价值体系，它体现社会主义的性质，同时具有国家民族之特色。党的十八大明确提出了"三个倡导"，即倡导富强、民主、文明、和谐，倡导自由、平等、公正、法治，倡导爱国、敬业、诚信、友善，积极培育和践行社会主义核心价值观。

从根本上说，中国特色社会主义价值品质是根源于和服务于中国特色社会主义建设实践的。这种价值品质反映了中华民族或者中国特色文化的内核，是世界价值观之林中非常瞩目的

---

① 孙伟平：《普遍价值：可能性及其限度》，载《天津社会科学》，2001(1)。

一棵参天大树。然而在经济全球化和文化多元化的背景下，是否需要一个统摄全人类的、更上位的、带有共通的伦理意味的价值品质呢？答案是肯定的。

我们非常迫切地需要在东西方不同价值观之间架起一座桥梁，使不同文化的价值品质得到最大化的超越与升华。这个超越与升华的过程就是达成价值共识的过程，但价值共识并非普世价值。价值共识可以具有一定程度的普遍性，而普世价值是一种以抽象人性论为依据、以绝对的普遍性为方法的唯心主义价值观。西方借助强势话语霸权，把西方资本主义的核心价值称为普世价值，以达到他们西化和分化的政治目的。我们要揭露西方"普世价值论"的实质，但应肯定在经济全球化和多元文化视域中在一定程度上达到价值共识的可能性。不能因为人类可能具有的价值共识而陷入普世价值的政治陷阱，当然也不能因为反对西方普世价值论而拒绝人类文明进步的积极成果，否定人类的一定程度和范围的价值共识。[①]

第五节　自由、公正、民主：更具统摄力的上位价值品质

价值共识的达成，需要超越和升华当前的价值品质，这需要把握两条准线：一是人类纵向发展中永恒的价值诉求。二是世界横向存在中共通的价值理念，如自由、平等、民主、法

[①]　陈先达：《论普世价值与价值共识》，载《哲学研究》，2009(4)。

治、公正、环保、幸福、道德、智慧、责任、公平、正义、博爱、富强、和谐等日益成为人类共同追求的理念。党的二十大报告也指出，和平、发展、公正、正义、民主、自由是全人类的共同价值。在这些准线的规制下，本书经过聚合分析而得出当代价值品质（当前的价值共识）应当包括自由、公正、民主。①

一、自由

人类发展的历史，说到底，就是人类争取自身解放的一部自由的发展史。正如恩格斯所指出的，文化上的每一个进步，都是迈向自由的一步。自由是人的内在本性的体现，自由问题从来就是人类思想的主题。

把自由看作人的本性，是西方文化的一大传统。古希腊人就骄傲地把自己称作"自由人"，直到今天，西方人仍然处处强调其国家和社会是"自由世界"，可见他们最珍视的就是自由。在他们看来，人之为人的最本质的东西就在人有自由，能独立自主，不受外物和他人的支配和奴役。"不自由，毋宁死"这个口号就表达了这些意思。

----

① 将自由、公正、民主看作当前的价值共识也是基于大量的文献梳理。另外，笔者认真查阅了国际和国内关于核心价值观的普遍性论争：一次是 20 世纪 90 年代，国际上兴起的倡导"全球伦理"和"普遍价值"热潮，在当时联合国教科文组织关于"全人类普遍价值宣言"的准备起草阶段，自由、公正、民主被特别提及；另一次是 2008 年前后国内的"普世价值"之争，这次争论也聚焦于自由、公正、民主等，当然是否属于普世价值还有两说。另外，2007 年 11 月，中国常驻联合国日内瓦办事处李保东大使在人权理事会第六次会议纪念《世界人权宣言》通过 60 周年仪式上发言指出，和平、自由、平等、公平与正义，是我们的前辈们早在半个多世纪以前就确立的最朴素的人权价值，直到 21 世纪的今天，依然散发着不朽的文明之光、人性之光和理想之光。"另见，马俊峰、李德顺：《当代中国人的文化觉醒——国内价值哲学研究三十年述评》，载《社会科学战线》，2009(3)。

　　古希腊对自由做出比较明确的理论探索的哲学家当推亚里士多德。他提出了人本自由，为自己的生存而生存，不为别人的生存而生存。在他看来，人是自己行为的主人，人的行为追求着自己的目的和理想，因此人在自己的行动中是自由的。文艺复兴时期，人文主义运动最早的斗士、意大利诗人但丁最先举起自由的旗帜。他提出，自由的第一原则就是意志的自由。在他看来，人之所以区别于禽兽，人之所以是高贵的，就在于他有天赋的理性和自由意志。人文主义的自由思想唤醒了人们心灵深处沉睡着的自由意识，促进了人们的思想解放，对后来西方自由理论的发展，尤其对启蒙思想家的自由学说，产生了直接而深远的影响。"人本自由"的思想在 18 世纪的启蒙思想家那里得到了进一步的发挥和深化。他们力图从人的本性中给自由寻找最牢靠的根据。启蒙思想家卢梭提出了"人是生而自由的"这一重要命题，认为这种人所共有的自由，乃是人性的产物。在他看来，每个人生下来都是自由的，自由是人的本性，是不可剥夺和不可转让的天赋人权。"放弃自己的自由，就是放弃自己做人的资格，就是放弃人类的权利，甚至就是放弃自己的义务"，而"这样一种放弃是不合人性的"。①

　　自由作为价值品质具有极强的统摄力和普遍性。根据马克思主义者的看法，自由就是人的活动的一种特定状态。马克思和恩格斯关于"自由王国"的一系列论述从多方面阐述了这种状

---

　　① 贾高建：《三维自由论》，28～35 页，北京，中共中央党校出版社，1994。

态。马克思认为，自由王国只是由必需和外在的目的规定要做的劳动终止的地方才开始，在物质生产领域，"自由只能是：社会化的人，联合起来的生产者，将合理地调节他们和自然之间的物质变换，把它置于他们的共同控制之下，而不让它作为盲目的力量来统治自己；靠消耗最小的力量，在最无愧于和最适合于他们的人类本性的条件下来进行这种物质变换"①。从该论述来看，人的自由就是人活动的一种自主状态。

二、公正

公正是人类社会具有永恒意义的基本价值追求。早在古希腊时期，公正就已经是最重要的美德。亚里士多德认为，在各种德性中，"公正是最主要的，它比星辰更加光辉"，"公正不是德性的一个部分，而是整个德性"，"公正集一切德性之大成"。②

公正是人类社会发展的重要目标，也是社会主义本质的内在要求。从一定意义上讲，公正是社会主义的代名词。没有对公正的价值追求就没有社会主义。正是由于资本主义的不公平，激发了人们对公正的未来社会——社会主义、共产主义社会的向往，使社会主义成为劳动人民推翻资本主义的强大精神动力。作为对资本主义不公平的反动，公正是社会主义最核心的价值追求。

人是一种历史性的存在，人类对正义的追求具有历史性。

---

① 李萍、张淑妹：《从必然王国向自由王国飞跃的历史力量——马克思劳动概念中的自由维度》，载《现代哲学》，2018(6)。

② 《亚里士多德选集(伦理学卷)》，103~104页，北京，中国人民大学出版社，1999。

从思想史上看，正义问题的重心经历了一个由个人正义到社会正义演进的过程。由个人正义到社会正义是随着个人的独立和主体意识的觉醒而逐渐演进的。近代资本主义生产方式的产生与发展导致了个人的日益独立，文艺复兴运动的兴起与广泛传播，第一次在严格的意义上唤醒了人的主体意识，人性得到空前张扬并成为社会合理与否的唯一根据和标准。为资产阶级统治奠定基础的理论家们明确地提出了社会是否正义的问题，并给以资产阶级式的回答。社会被看成是人的创造物，建立社会的唯一目的是保证人的安宁和幸福。如果无助于人的幸福，甚至给人带来祸患，社会就是非正义的，就应该废弃。这种思想影响了几代人，并最终指导了资产阶级革命。从此以后，社会正义问题作为一个独立的领域成为正义理论的重要内容。公正是人类美好生活的基础，也是构建社会主义和谐社会的价值准则。

公正可以作为一种上位的价值品质，主要在于两点：一是它符合人类社会的终极价值追求；二是它冲出了各种意识形态的沼泽，具有极大包容性。公正是世人安居乐业、社会有序发展的伦理基础。任何一种秩序都要有一定的环境，良好的秩序需要有良好的伦理环境。在罗尔斯看来，社会是一个合作体系，在社会共同体中，由于人们对由他们协力产生的较大利益怎样分配并不是无动于衷的（因为为了追求他们的目的，他们每个人都更喜欢较大的份额而非较小的份额），这样就产生了一种利益的冲突。这就需要一系列原则来指导人们在各种不同的决定利益分配的社会安排之间进行选择，达到一种有关恰当的分配份额的契约。这些所需要的原则就是社会正义的原则，它们提供了一种在社会的基本制度中分配权利和义务的办法，确定了社会合作的利益和负担的适当分配。

三、民主

民主，今天已经深入人心。它是任何一个现代国家和人民在政治方面的核心价值理念。民主是社会主义的本质特征。民主不是"为民作主"，而是人民作主；不只是"让人讲话"，而是要在选举、决策、管理、监督等方面体现人民的决定作用。要实现民主，必须要有自由、平等和法治。自由和平等是民主的两大基石，法治是民主的基本保障。所以，要树立民主的理念，必须同时树立自由、平等和法治的理念。早在 1979 年，邓小平在党的理论工作务虚会议上就提出"没有民主就没有社会主义，就没有社会主义现代化"的著名论断。这一论断科学地指出了民主和社会主义、民主和社会主义现代化的不可分割性。因此，民主是社会主义核心价值必不可少的关键内容之一，也是构建和谐社会的基础工程和基本保障。

那么，民主作为上位价值品质是否可以跨越具有不同传统的东西方文化？众所周知，儒学是东方文化中最富影响力的一个大宗，汉代以来一直都是中国文化的顶梁柱，而民主则是西方政治文化的核心价值。[①] 美国著名的汉学研究专家郝大维

———————

① 刘斌、张斌：《儒家文化可否开出民主价值：二战后美国中国学界的相关探讨》，载《社会科学研究》，2007(3)。

(David Hall)、安乐哲（Roger T. Ames）对儒学与民主问题深入研究后说："儒家民主将会被认为与杜威式社群主义思想有许多相似之处，而我们认为这种社群主义思想会让人更富有成效地来理解美国的民主。"他们认为儒家的价值观是一块可以培育出民主社会的原生地。[①] 毋庸置疑，民主可以在全球不同的社会情境中作为公因式而被提取。

四、坚持中庸，走向未来

《中庸》是《礼记》四十九篇中的一篇。中庸，是以孔子为代表的儒家认识事物和处理问题的一种基本观点和方法，实际上是一种哲学观点。中庸思想的精髓是要"叩其两端""允执其中"（《论语》），即中行（庸）之道。任何德行之实践，都不可推得太过分，不然，就会流于虚伪或哗众取宠而"乱德"，成为"德之贼"。由此可见，孔子所说的中庸，是指过犹不及、恰到好处的状态或达到此种状态的行动取向。

今天，我们须以中庸思想对待多元文化与价值品质，尤其对普遍主义、一元文化论等思潮应持审慎态度。普遍主义（universalism）的做法"其实是一种虚伪的、压制性的文化帝国主义，它严重损害了其他生活方式存在的合理性"[②]。从多元文化论的路径分析来看，西方价值观霸权之下的统一不是真正的统一，真正的统一要建立在多元性的基础上，这是实现统一的必

---

① 郝大维、安乐哲：《先贤的民主：杜威、孔子与中国民主之希望》，39～40页，南京，江苏人民出版社，2004。

② Fowers B. J., Richardson FC., "Why is multiculturalism good?" American Psychologist, 1996(6), pp. 609-621.

经阶段。而他们通过对文化多样性、异质性的倡导可以将核心价值理念的发展导向某种程度的价值共识。多元文化论对文化多样性的倡导本身就潜含着整合的意向。这种价值共识是建立在文化间的相互交流、对话基础上的，是多元文化的共荣，而不是建立在一种或几种话语霸权的压制下。

坚持中庸思想还应批驳"民族中心主义的一元文化论"（ethnocentric monoculturalism）。我国研究者认为它的典型特征是从本民族文化背景出发，以自身的标准衡量、判断其他文化背景中的人。多元文化论认为，由于西方社会中的欧美文化价值观占统治地位，很多人会很自然地把其主流文化当作标准文化，忽视异质文化条件下的价值理念。他们通常会质疑异质文化之核心价值的普遍性，但却往往不会反思主流文化之核心价值的一般性。

中庸思想既是中国传统文化的重要思想，也是一种世界观，是我们观察处理一切事物的根本指导思想。中庸之道包括中与和。中指恰如其分，不走极端；和则是从整体观出发，谋求行动体系的和谐共处。贯穿二者的，是一种节制心态。中庸取向的价值品质，将会超越激进主义与保守主义的偏激。① 在多元文化的发展及其价值共识的达成中，中庸思想将成为重要的文化资源。

---

① 石中英：《中庸之道：超越激进主义与保守主义》，载《宁波大学学报（教育科学版）》，2004(6)。

第八章

价值品质生成

把培育和践行核心价值观融入国民教育全过程，需要警惕停留于价值原则阶段，而未深入内在心理状态即价值品质阶段。价值品质以外在价值原则内化而形成的价值体系为基础，以价值智慧为核心，它既是一种价值素养，也是个人依据一定价值原则所表现出来的稳定而和谐的心理特征和行为倾向。价值品质生成的路径主要有三：一是外铄式路径（制度规制、舆论压力、压迫规训）；二是内发式路径（生活体验、内省反思、教化感悟）；三是捷径式路径（遗传工程、基因修复、脑神经操作）。培育和践行社会主义核心价值观的最终目的是通过各种柔性方式将外在价值原则转化为内在价值品质。目前，价值教育（value education）是教育领域最常规化的途径。

价值品质的最切近渊源是德性，既然德性是一种"获得性人类品质"，那么不出意外，价值品质也主要由后天获得。本章将探讨价值品质的获得路径，并着重分析作为常规路径之一的价值教育及其本质。

第一节　价值品质何以生成

价值品质何以生成？在古希腊就有一个类似的、颇有争议的问题：德性是否可教？对于德性或品质是否可教、如何教的争论古今中外众说纷纭。不过现在答案越来越清晰——价值品质的某些成分（如价值原则、价值推理能力）当然可以教。不过教的场域、内容、途径和方法真的需要深入探索。

古希腊先贤普罗泰戈拉也很矛盾，一方面，基于善恶标准的相对性、个别性，他认为美德不可教；另一方面，基于法律、道德等都是约定俗成的结果，他认为美德可教。①虽然许多学者都认可良品是由人通过实践特别是行为活动而获得的一种品质，但亚里士多德认为，良品是人运用实践理性进行价值选择的活动。所以价值品质的生成不是外在价值原则的规制而是价值智慧运作的结果，当然，新的价值品质又会孕育出更高水平的价值智慧。亚里士多德认为，良品所涉及的是情感和行为，然而情感和行为都存在着过度、不及和中道三种情形。良品就是价值智慧在以上三种情形中选择的中道，过度和不及都属于劣品，只有中道才是良品。良品成为倾向于运用审慎选择、处于相对中道的一种品质，是由有价值智慧的人所决定的。在亚里士多德看来，良品是人为了成为好的或善的并履行

---

① ［德］策勒尔：《古希腊哲学史纲》，81～83页，上海，上海人民出版社，2007。

其适当功能而在情感和行为两方面做出的中道选择，而不是某种社会价值要求的内化或个性化。许多当代品质论伦理学家都赞同亚里士多德的这种观点，如迈克尔·斯洛特说："有良好品质的个体和那些使之配称为有良好品质个体的内在的特性、意向和动机是德性伦理学的焦点所在。"[①]虽然亚里士多德和当代品质论伦理学家强调在良品形成过程中人的智慧或理性选择的作用，但是这种选择的做出是基于人"成为好人"或"能过好生活"而对情感和行为本身是否中道的把握，而不是外在的行为规范。这种观点被称为"内在论"，指向人自身对善或过好生活的向往。

与亚里士多德的"内在论"观点不同，也有学者把价值品质看成社会价值规范在个人身上的内化。如唐凯麟[②]、弗兰克纳[③]等人认为社会价值构成个体价值的本质内容，价值规则或行为后果是第一性的，而良品是从属的、第二性的，良品只是按原则行动的心理倾向。内在论和内化论实为互补且在诸多方面有交集，其共同点是：都把良品看成人的品质或价值行为的稳定特征和倾向；都强调良品是后天获得的，而不是与生俱来的；都重视价值实践在良品形成过程中的作用。

黑尔（R. M. Hare）将价值思维划分为两类，即直觉性价值

---

① Michael Slote, *Moral From Motives*, Oxford, Oxford University Press, 2001, pp. 4-5.

② 唐凯麟：《伦理学》，159～161 页，北京，高等教育出版社，2001。

③ 陈真：《当代西方规范伦理学》，273～277 页，南京，南京师范大学出版社，2006。

思维和批判性价值思维。① 那些达到批判性价值思维层次的人，他们所选择形成的良品有三种可能：可能完全符合社会价值要求，可能完全不符合社会价值要求，也可能不全符合社会价值要素。并非所有人都具有批判性价值思维，通常只有对生活实践有深刻体悟者才会达到批判性价值思维的层次。

根据存在主义者的观点，任何价值行为都应该基于个体的自由意志，主体应该能自主行动并自我决定其应承担的价值责任；主体人的需要就是价值选择的首要指标，而无须所谓的客观的或者社会的外在价值标准。价值教育作为价值品质生成的重要路径，其内容不应以客观知识本身为依据，而应由学生的需要来决定。这在教育方法上就指向一个非常高妙的拿捏艺术：既要给予价值选择权利，又要加强核心价值；既要鼓励价值多元的自由，又要整合价值共识。马丁·布贝尔在《品质教育》中提出，人的品质是在后天环境、实践和各种矛盾交织中形成的，教育就是要通过各种手段和途径促发其更快更好地生成。②

这些思想对于中国当前价值教育颇有指导意义，但是也有个别思想过于极端，需要明辨。如价值澄清学派在继承了存在主义和杜威关于"经验乃价值之源"后，主张不要给学生规定特定价值。但这不能成为否定社会价值统摄性、主导性的理由，更不能以此抗拒核心价值、价值共识。价值主体的价值品质是

---

① ［英］黑尔：《道德语言》，5 页，北京，商务印书馆，1999。
② 丁锦宏：《品格教育论》，博士学位论文，南京师范大学，2003。

践行价值原则之结果，价值原则是价值品质形成之质料。每一类价值品质都对应着一条价值原则。当然，价值原则首先是外在的法理或者伦理、真理意义上的规范，价值主体运用价值智慧对这些价值规范鉴别、筛选、批判、重构后内化为心中的、自我认同的价值体系，而新的价值体系推动价值品质向纵深发展。价值品质与价值原则都是在价值智慧的引导下互动的。一旦孕育出内在品质，以后在相似的价值情境中，主体会自主地遵循内心自由行动——这种行动是天然的，是正当的。这和以前类似价值情境中主体的反应全然不同，后者面对情境时首先不是基于内在品质，而是查阅外在相关原则，然后做出符合外在原则的行为，这种行为我们可以称之为正当，但是显然意义很弱——相比后期基于内在品质而行动之正当性而言。价值品质的最高境界是在经历人生前 60 多年的实践体悟后方能达到的"从心所欲不逾矩"，这就告诉我们，纵然是圣贤，在人生前期的很长阶段，仍然需要参照价值原则，但其目的指向价值品质。

一、主体需要

传统价值思想界定价值时，一般从"客体满足主体需要"（即有用性）的功效视角来阐释。石中英所提"价值是主体提出和满足需要的正当性原则"[1]虽然是对传统价值思想的超越，但并未否定价值的"有用性"，只是将其踢出价值序列首位而放置

---

[1]　石中英：《关于当前我国中小学价值教育几个问题的思考》，载《人民教育》，2010(8)。

到第二位，排在方式视角（即正当性）之后。也就是说，"主体需要"无论在过去或是现在，都是价值研究的"心脏"，是价值品质得以生成的关键点。价值品质是主体自觉自愿地正当而行的心理特征和行为倾向。为何自觉自愿呢？那便是主体的内在需要，或者是马斯洛所说的"似本能"①。价值品质的生成不是一蹴而就的，也不是心血来潮的应景之作，而是恒常的、一贯的基于"价值内需"的惯习。所以，主体需要也是价值品质得以生成的重要根据。

　　人本主义心理学者马斯洛著名的需要层次理论告诉我们，人的行为通常是由最强烈的需要所决定的。人的需求从基础向高级阶段依次展开，如生理、安全、归属、爱、自尊、自我实现，其需求度由高向低呈阶梯状排列。这看起来似乎是从物质需要渐次过渡到价值需要，其实这种需要仅仅是从生物人的角度切入分析的，若从精神人、社会人的视角剖析，就会发现价值在任何层次的需要当中都有显现，尤其是关于"提出和满足需要的正当性原则"这样一种价值是人之为人的基础，都能看到它与价值生活之间的联系。生理、安全这些基础性需求是生命的条件，固然重要，但是从古到今人类都在演绎着"生，我所欲，义，我所欲。君子舍身而取义"，"生命诚可贵，爱情价

---

① 似本能（instinctord）概念是马斯洛人本主义心理学中的一个关键概念。人类除了一般意义上的动物式本能外，还有一种类似本能的需要，这种需要在某种显性程度上是先天给定的，但是其发展却离不开后天的学习和社会环境的影响，这就是人类的似本能需要。人类需要的重要性就在于它是一种似本能需要，这种需要的最高层次是自我实现，而自我实现是厚正当价值的人格化——以卓越价值品质为表征。参见杨伊生：《对马斯洛"似本能"概念的再认识》，载《内蒙古师范大学学报（哲学社会科学版）》，2004(5)。

更高。若为自由故，二者皆可抛"的价值史诗。孔子告诫弟子说"君子不受嗟来之食，不饮盗泉之水"。需求的内容、程度、层次在每个个体的"人之初级阶段"主要受制于自然本能，在"人之最高阶段"受制于价值本能，而在两个区间内则主要受制于价值信念，只有基于价值信念的需求的满足才能造就亚氏所言幸福的人，主体以这种方式满足需要才配享康德所言之幸福。石中英说，尽管正当性原则最适宜的（所需约束性条件最少）社会运作环境是"资源适度匮乏"（两个极端状况超出了价值品质所能运作的功能，在理想状态下，两个极端正好对应于个体的两个区间之外），但价值显然不以物质基础为唯一决定要素。

其实，对维持生命之需的生活资料的占有和分配这种行为本身就体现和运用着价值原则，个人是通过坑蒙拐骗偷或某种权势掠夺呢，还是通过诚实劳动、奉公守法而为？或者听天由命，被动等候社会制度的抉择与分配？这就是价值问题。若主体只能从其中选取一种，那么一般而言，选择总是基于机会成本的大小。英国的拉蒙特曾说："价值的排列秩序是预估机会成本的倒置。"[1]社会制度或社会正义的可靠性尽管在现代社会无可比拟，但其高成本非个人所能承担。非正当性方式尽管也许成本不高，但其不可靠性已经被人类反复证明。那么只有正当性方式的成本不是最高、可靠性不是最差。固然，在历史的

---

[1]　W. D. Lamont，M. A. Phil，*The Value Judgement*，New York，Philosophical Library，p. 118.

某个时期或某个境遇中，的确有人通过不正当手段获取很多资源，但是从人类历史长河或者人的一生来说，从概率论角度来看，正当行为总是更能满足大多数人的需要，总是更能满足长远需要，总是更能满足深层次的需要。从这个意义上说，价值原则与体系是满足人的需要的最有效的工具，也是人类为了总体的、长远的幸福而达成的契约或共识。人类只有按照这些契约、共识而行动，才能维持社会组织系统的和谐有序。价值原则、价值体系既反映了一定历史时期的社会需要，又体现了普遍的价值理想，所以，它具有历史性与动态性的价值特点。在"价值原则—价值品质—价值行为"动态伦理体系中，价值原则作为这一动态体系循环的始点，规制作用的实现是否具有目的性与规律性是人们由此内化外在价值原则，进而成就卓越价值品质的前提。一种价值原则之所以能够保证主体活动的顺利和有效，在于它反映了对象与活动的规律性和目的性，以及给人们提供了价值标准。为此，确立原则既要合乎目的，也要合乎必然。目的决定价值主体的价值趋向，而必然决定价值主体的认同与内化。如遵守交通规则不仅有减少事故、提高效率的必然性，而且有保障安全、捍卫生命的目的意义。

主体需要正当而行，这种基于自由意志的行为方式在惯习中形成主体的行为倾向和心理特征，这便是价值品质。

二、心理过程

在价值品质的生成中，需要关注价值接受的心理过程，这个过程包括五步：价值感知、价值评估、价值选择、价值整合、价值内化。

第一步，价值感知。价值感知，既是价值主体对价值客体的最初的感觉或者知觉，也包括对客体所具有的价值特征的某种印象。价值感知能力即"价值敏感性"①，它被视为人与人之间最重要的差别之一。一个人是否具有价值敏感性及价值感知能力是衡量其价值品质高低的指标之一。在大多数价值情境下，主体的感知及感知的正确与否，会受到主体本身思维能力及其既有价值范畴的影响。

布鲁姆认为行动者面对的"价值情境"是由价值感知所构建起来的，价值判断依赖于对这种情境的一种先在的个性化处理，而进行个性化的正是价值感知。所以价值感知为价值判断执行任务提供了背景。准确的价值感知能力的形成并不是一个简单直接的过程，它要受到各种社会环境的影响，某些不利的社会环境很可能在感知能力形成中造成各种障碍，因此，个体价值敏感性和感知能力的建构要经过一个复杂的过程。

第二步，价值评估。所谓价值评估，是指评价主体在一定的价值意识支配下，基于特定准则对人们的善恶、好坏等做出价值判断，表明其褒贬态度的活动。价值评估是价值意识与价

---

① 价值敏感性（value sensibility）在本文的意义源于郑信军关于道德敏感性的阐述。他认为，道德敏感性是在个体的道德生活和道德经验基础上形成的，对道德价值的优先反应趋向和对道德问题的敏锐觉察与解释能力。道德敏感性包含着倾向性道德敏感和情境性道德敏感两个重要成分。参见郑信军：《道德敏感性》，博士学位论文，上海师范大学，2008。

值实践的中间环节，往往可以反映个体或者社会的价值意识，而通过价值评估，又同时能指导个体进行价值实践。此外，价值评估也能反映个体的价值感知能力。

价值评估是人们从一定的价值标准出发对具体的人或事所做的判断，因此价值标准在评价活动中起着重要的作用。通常来说，由于社会的多元化，并不存在一个统一的评估标准，但一个社会中必然存在表明最低限度的善恶标准的主导价值观。价值评估的依据则主要从动机、手段、效果三个方面着手，但何种因素所占权重最大，不同理论视角的研究会得出不同的结论。然而，合理的方法应该统一这三者之间的关系，将动机作为评价的前提和基础，将手段作为评价的关键，而将效果作为评估活动的最根本依据，不能将三者的评价完全割裂开。

第三步，价值选择。人是具有选择意识与选择能力的主体，面对外界环境的变化，受主体能动意识的影响，人必然会在两个或两个以上事物之间进行取舍，这就是选择。价值选择作为一种选择，也是主体在各种价值准则与善恶是非意识间所做的自觉选择。在价值教育接受的过程中，价值选择又具有特殊的含义，主要是指价值教育的接受主体根据一定的价值原则而确定对价值信息的取舍态度及方式的过程。

价值选择应是价值判断与事实判断的统一。只有在明确是非区别的基础上，结合人的精神需求和德性水准，才能做出正确的价值选择。主体在进行选择时，主要从两个方面进行考虑：一是主体原有价值观，这是主体在上阶段的教育接受过程中根据需要及利益保留并认可的，通常很难改变；二是主体在各种社会交往活动中所感知或认同的价值观念，这部分价值观可能最终会进入主体的价值体系，也可能因各种原因被排斥在外。总而言之，主体会根据自身的需要及利益，结合外在环境的影响对纷繁复杂的信息客体进行选择。

第四步，价值整合。整合是主体依据思维器官，通过联想、比对和编码机制，对经过观察、感知、评价而进入认识场的价值信息运作处理而使之与已有价值观念保持协同的过程。如果说选择是对价值观念的粗加工，那么整合则是对其进行的细加工，前者的主要任务在于"去伪存真"，将符合主体需要和利益的观念筛选出来，而后者则是对原有的、新选择的观念进行整体性的"去粗取精"，并使之体现整体性、统一性。

整合主要包含两个方面的含义：一是当信息客体与原有价值观念相融时，出现的建构；二是当信息客体与原有价值观念相斥时，出现的重构。当进入整合阶段的信息客体与主体原有价值观念具有较高的兼容性并能统一发展时，个体只需对这些观念进行简单的加工，由此形成内容相似而结构不同的价值体系，这也就是新价值体系的建构。当进入整合阶段的信息客体与原有价值观念相排斥，甚至不相容且只能改变一方的取向时，主体必须对势能较弱的价值体系进行改变甚至重组，以顺应势能强大的价值体系，重构价值体系。无论是建构还是重构，对主体价值体系的发展都起着重要的推动作用，也正是在整个过程中，主体逐渐完成了对价值教育的接受过程。

　　第五步，价值内化。价值内化又是价值原则、价值知识逐步转化为个人内心的价值信念的过程。这个过程不是对所输入的信息的全盘照搬和机械复制，而是在前期感知、评价、选择及整合的基础上对保留下来的信息进行的创造性的接纳，并将其转化为自身稳定的价值观念及行为模式。前期几阶段的任务是否完成以及内化是否顺利，主要通过个体在社会生活中表现的价值观念及行为模式来体现，因为内化的最终目的便是价值观念转化为自觉的思想意识或行为方式。随着个体社会化程度的逐渐提高，其在内化过程中的主体性也日益增强，只有具有能动意识的主体参与，在内化过程中对各种信息进行感知、选择、评价、整合，才能真正实现主体对价值观念的真正接受。

　　价值接受的心理过程是稳定性与动态性统一、阶段性与系统性统一的发展过程。就其稳定性而言，这个过程基本遵循反映—选择—整合—内化的发展路线，但从反映到内化并非完全严格按照四阶段进行。由于受外界复杂环境及个体自身的影响，后一阶段的过程有时并不是前一阶段的简单顺接，而是可能出现倒退回前一阶段对信息进行再加工、再审视，这其中，反馈是必不可少的关键环节。无论怎样发展，价值接受的心理过程必然要经过各阶段，才能保证最后环节——内化的真正实现，但各阶段并不是完全孤立或者隔离的，而是系统性地联系在一起，相互融合、相互贯通。

　　虽然价值接受的心理过程是一个整体性的运行过程，但由于主体的接受图式（receptive schema）不同，同一教育内容或同一教育方式在不同个体身上体现不同的接受特点。接受图示是个体所固有且独特的思维加工系统，系统内部反映的思维方式及思维能力等特征因人而异，反映在接受过程上，这便是主体在反映、选择或者整合中的观念或方式不尽相同，从而使主体对同一教育过程产生了不同的反映。

第二节　价值品质生成路径

价值品质不是空中楼阁，也不是先天既定的，而是通过后天建构而生成。布贝尔在《品质教育》中认为，人的品质孕育于环境熏陶，如家庭和街坊、语言和习俗、历史事件以及通过谣传、广播和报纸传播的新闻事件等。① 那么价值品质的生成有哪些路径呢？条条大路通罗马，如前所述，基于价值品质一体两翼之结构以及现代新科技，其生成路径主要有三种（见图 8-1）：一是外铄式路径（制度规制、舆论压力、压迫规训）；二是内发式路径（生活体验、内省反思、教化感悟）；三是捷径式路径（遗传工程、基因修复、脑神经操作）。

由于目前的第三种路径技术手段尚不成熟，即便成熟，也面临极大风险，故不赘述。福柯（《规训与惩罚》，1975）、金生鈜（《规训与教化》，2004）等人对压迫规训和教化感悟早有宏论，石中英先生在价值教育方面已有多年的理论与现实探索，

---

① 丁锦宏：《品格教育论》，博士学位论文，南京师范大学，2013。

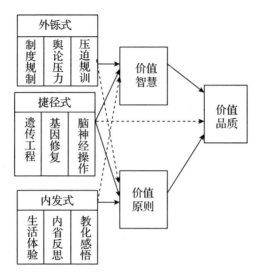

图 8-1 价值品质生成路径

故这里仅就舆论压力、制度规制、生活体验、内省反思等方面做简单解析。

一、舆论压力

价值品质的基础是价值原则和体系，这些起初对于内在品质而言只是外在性规范，它们从何而来，又是怎么沁入个体内在心灵的呢？除正规的学校、家庭教育途径外，社会舆论压力也不可小觑，它是价值品质"酝酿工艺"初级阶段中的重要一环。

价值领域的舆论通过各个群体的传播、交锋而凝聚为小范围的价值原则，当价值原则弥漫、普及，就形成事实上的、个体所认可的价值体系。当价值原则、价值体系被更大范围的主体所接受，就凝结为价值共识。在这样一个演化过程中，始终离不开自由、开放的舆论压力，若无舆论的传播、交锋过程，则所谓的价值共识都徒有虚名，实为价值专制和价值霸权。很多标榜其权利正当性的组织或国家总是大肆渲染其价值之合法性和普适性，辩护依据之一便是他们所宣扬的价值经过了自由、开放的舆论程序检验。西方社会的舆论工具常被资本集团所控制，有着严格的价值阈限和舆论禁区，比如对共产主义等意识形态特别敏感，不过他们做得非常隐蔽，经常通过信息不对称技术、价值意义的非同步性解释等对别的国家民众做价值引诱。公众舆论所形成的价值原则、价值体系影响个人的价值意识、引导个体价值行为。当外在舆论形成的价值与个体内在已有价值信念冲突时，则导致个体精神不适。在不良社会中，个体排遣不适的极端方式要么是殉道而自杀，要么是对抗社会。而在良性社会中，个体主要通过口诛笔伐的舆论交锋来排遣不适。

为了增强舆论的生动性和亲近感，舆论驾驭者总是制造议题、树立榜样，利用网络舆论对公共事件的价值辩论。很多事件如"范跑跑""马加爵""许霆案"等其实在法庭审判之外，已经通过网络舆论进行了价值审判。这种由舆论所搭建的审判有时候远比法庭审判影响更大。当然，舆论与价值的正当性并没有必然的联系，我们应善用之。

人的观念、思想无时不受到社会舆论的影响，当这些影响从外部沁入心灵，左右个人行为，进而形成某种惯习后，便混淆了个体自由选择与外部舆论规制的界限，或者说，个体"自由的"价值选择无不以无数个已有社会舆论为背景。"自觉自愿的"价值行为、行为惯习经过日积月累，便成为价值品质的因子。

二、制度规制

第一章中，我们已经明晰价值就是主体提出和满足需要的正当性原则，正当性包含了真理意义、伦理意义和法理意义的正当。法理即关于契约、法律的内在逻辑与精神主旨。价值品质作为正当而行的一种品质，当然与法理或者通俗意义上的制度具有必然的内在联系。哈耶克曾经说过，坏的制度会使好人做坏事，好的制度可以让坏人做好事。邓小平也曾讲："制度好可使坏人无法任意横行，制度不好可以使好人无法充分做好事，甚至走向反面。"①劳凯声、刘复兴②、康永久③等从教育制度学角度阐述了制度在教育中的关键性作用，吴向东认为"在制约人的全面发展的诸因素中，制度是直接决定性因素④。其实，制度与价值品质之关系早在 1861 年就被密尔如此论及："对任何政治制度来说，首要问题就是在任何程度上它们有助于培养社会成员的各种可想望的品质——道德的和智慧的品质。在这方面做得最好的政府，就很可能在其他一切方面是最

---

① 《邓小平文选》第二卷，333 页，北京，人民出版社，1994。
② 刘复兴：《教育改革的制度伦理：教育公平与政府责任》，载《人民教育》，2007(11)。
③ 康永久：《教育制度的生成与变革——新制度教育学论纲》，博士学位论文，华中师范大学，2001。
④ 吴向东：《制度与人的全面发展》，载《哲学研究》，2004(8)。

好的，因为人们的品质是政府获得任何优点的基础。"①

　　自原始社会末期开始，人开始生活于制度之中，现代社会的制度更像一张纵横交错的网，把人完完全全地罩起来了。对个人来讲，社会制度是先在的，每个人先是为社会所规制，然后才能去建构社会。如果制度结构不合理，制度本身就不正当，那么一方面，要求个人做出价值行为，则难以达至厚正当程度；另一方面，纵使个人在某些方面能够正当而行，亦难有多大社会作用，而只能独善其身。反之，如果一个社会制度本身设计合理，符合厚正当精神，那么一方面，它有权要求个体正当而行；另一方面，它也有助于个体做出正当的行为，并能对不正当行为进行有效控制。

　　当前，公众的思想自主意识增强，互联网时代新兴传播方式的普及，使受众呈现出"信息来源多样化、信息获取互动化、信息接收自主化"倾向。很多学者认为社会主义核心价值的宣传教育，应该适应这种变化，创新方法与理念，做到"润物无声"。如 2011 年 11 月初时任北京市委副秘书长傅华所说，价值引领、典型示范、文化推动、制度升华是价值体系建设的四个环节，价值引领是起点，品质提升是关键点，通过制度践行是落脚点。目前，一些地区和行业正在提炼自身的"价值原则""精神""价值取向"，但这只是第一步，更加紧迫的任务是：把这些价值原则呈现在制度设计、细化于政策法规制定和落实于

---

① ［英］密尔：《代议制政府》，26～27 页，北京，商务印书馆，1982。

社会管理之中。我们应该通过广泛的制度建设，使正当行为得到激励与讴歌，使不正当行为受到制约与鞭笞，从而让价值引领付之于行、内化于心。

三、生活体验

品质作为一个兼具心理学和伦理学意涵的词语，根本特征在于"善由己出"。在很大程度上，以心灵性状为内核的价值品质受制于身体，身体与世界相遇是每个人最原初的、最无法选择的认识世界的方式。伴随着第一声啼哭，婴儿通过身体体验到与子宫羊水这片"海洋"不同的世界，因而惊恐、惊喜、惊叫。有怎样的身体，就能感受到怎样的世界，继而触发怎样的心灵，最终孕育怎样的品质。伪装大师竹节虫的身体成为植物竹节的相似符，既不是其自我选择也不是基于外在规划。千千万万类直翅目昆虫的身体不容于世界，故而被食物链高端的他者所消灭，唯有与竹节相似的身体才苟活于世。这个误打误撞与世界相融的生命便是竹节虫。鳄鱼凶猛，但当牙签鸟在它的牙缝寻找食物残渣时，它的身体体验到舒爽，所以它"放下屠刀"。

人非鸟兽，但其理相通。人的身体与心灵乃至价值品质，经过感官的多模态通道而交流信息。每种模态对于身体而言都有着特殊意义，进而形塑特定的品质。所谓体验生活，只不过用身体去验证不同模态的切换，从而探究多种意义的可能性。正在扑面而来的符号教育学时代，AI、AR、VR 等新科技为教育剧变提供了丰富多彩的多模态学习空间，立体化多模态意义感知方式的浸入感、趣味感、真实感都是对教学中师生身体感官的无限发掘。第一次教育浪潮主要以语言符号为知识呈现方式，所以以语言器官为基础的身体体验是教学中最重要的模态；第二次教育浪潮主要以科学符号为知识呈现方式，所以以大脑器官为基础的身体体验是教学中最重要的模态；第三次教育浪潮主要以虚拟符号为知识呈现方式，所以以大脑器官为基础的拟真身体体验是教学中最重要的模态 ①。吊诡的是，眼见未必实，耳听未必虚。虽然身体体验无法保证相应模态获得的意义就是真知，但多模态的身体体验相互印证，最终无限逼近事物本身。"爱过才知情重，醉过方知酒浓"，价值品质便如此而生。《论语》中"志于道，据于德，依于仁，游于艺"是对此最好的佐证。

四、内省反思

亚里士多德《尼各马可伦理学》认为德性出于自愿选择之中道，从本质而言，德性即人为自己立法。时空嬗变、时事风云，纵然一个人先天品质良好，但若固守成规、拘泥原则，必然在实践中造成价值失序。《中庸》言："君子之中庸也，君子而时中；小人之中庸也，小人而无忌惮也。"中庸体现价值智慧的高级形态，在实践中大道至简、大化无形。这种形态如何可能呢？答案就是内省反思。古有孔子"吾日三省吾身"，今有胡萨宏论反思为主题的博士学位论文。内省方能明晰天上星空与

---

① 崔岐恩、张晓霞：《符号教育：第三次教育浪潮》，载《山西大学学报(哲学社会科学版)》，2017(6)。

心中道德律，反思可令平凡生活值得一过。人活一世，不仅向前看——运筹谋划未来，更要向后看——内省反思过往。世界有白天与黑夜之分，白天让人们勇往直前和拼搏到底，而黑夜留给人们内省反思与拥抱世界的时间。从空间而言，既有事与物所构成的物的世界，又有信息与意义构成符号的世界，物的世界孕育所有生物，而符号的世界乃是人所专属的，因为意义主观而实在，只有通过内省反思才能获得。就此而言，人之为人正在于内省反思，人所超越一般生物之处正在他于不仅生活于物的世界，还生活于符号的世界。通过内省反思，价值不再多元失序，原则无须"言必信，行必果"，价值智慧成为因地制宜、因势利导、因时而动、因人而异的心理特征和行为倾向。价值品质生成路径中，生活体验固然必不可少，但是那些体验只是实然的一部分，包含着各种经验，而内省反思是对经验的改造和重组，是应然的价值世界。通过内省反思，个体才会自觉领悟到德性之人的实践形态，这也成为德性伦理学的内在理据——像德性之人那样去实践的便是有德之人。怎样实践便形成怎样的价值品质，它是自由意志的自由选择，终将成为人的内在因了。

第三节　价值教育实践

价值实践包含两类：一类是一般性的日常生活本身，这是价值品质生成的普通途径，也是最主要的方式。洒扫庭除、吃喝拉撒睡无不在潜移默化中养成一般性的价值品质。另一类是特定的生活事件，即社会学中所说的"关键事件""重要他人"，这些是生成某种特定价值品质的特有方式。生活史中的关键事件会对心灵产生价值震颤，个体在生活史中遭遇的正面或负面的价值体验均会导致其价值经验增长、重组或变异，进而使得价值判断出现新的或冲突的价值标准。生活史的丰富性、异质性会导致主体情感态度张力的急剧变化，增强主体价值敏感性。下面的案例可以部分地说明这个道理。

案例 8-1　亲身经历

记得小学时的一次活动课，很多学生在操场上玩，一个学生与我在追球时不小心摔倒，磕破了头，一直流血。那个学生的家长闻讯后赶到学校，责骂班主任没有管好学生。班主任是中学毕业不久的代课教师，怕惹事，就对那个凶神恶煞的家长说是我推倒的。后来双方家长交涉，由我父母出钱治疗才算了事。很长一段时间，我对此耿耿于怀，那位教师也好像心有歉疚，每次在村里遇见我，都显得特别热情并有点不自然。后来当我做了教师，便对"理解""公正""宽容"特别敏感，同时严格要求自己务必做一名正义的教师。正义这种价值品质能在我身上留下烙印，正是源于儿时不正义的生活事件与重要他人。生活事件与重要他人如同水滴与沙粒，共同汇聚成生命之流的生活史。

案例 8-2　对孩子的观察

我的儿子是个很听话的孩子。我们告诉他要与别人分享玩具，对长辈要主动打招呼等，他真的就那样做了。可是他经常向我们诉苦，感觉很委屈。比如，每次下楼遇见一层的老邻居，他总是喊"爷爷好"，有时老人们正在交谈或者玩牌，就没注意孩子的问好。孩子就说："我这么有礼貌，可是他们没礼貌。"再如，孩子带玩具去幼儿园，主动和别的同学分享，可是有的同学却只玩他人的玩具而不愿意把自己玩具给别人分享。孩子在这种"单边行动"中体会不到人与人之间的平等性交往，从而会对许多正当性价值原则的信念产生动摇。他仅仅基于自身有限的行为和认知来看待身边的人和事，进而对这个世界构建出稚嫩的观念。这些观念正是生成个体内在价值体系的根基。

价值智慧是价值品质的核心和灵魂，它一方面将外在价值原则转化为品质之质料（即价值内化），另一方面将内在价值品质转化为实践（即价值外化或价值实践）。第一方面的价值认知智慧运作，第二方面由价值实践智慧运作，两者共同构成价值智慧。价值原则与价值智慧统一于价值教育实践。根据价值品质的两种生成路径（外铄、内发），价值教育实践又可细分为价值原则教育实践与价值智慧教育实践两类。

一、价值原则教育实践：外铄式价值品质的生成

亚里士多德说："一定要十分重视现实活动的性质，品质正是以现实活动而分殊。从小就养成这样或那样的习惯不是小事，相反，比一切都重要。"习惯性、生活化的价值实践活动是内在价值原则与价值体系形成的主要途径，个体任何的价值观念都必然产生于生活实践、凝结于日常习惯，并且验证和运用于生活实践。价值体验是理性与非理性的结晶，如果价值知识传授得不到个体经验的认同，那么价值原则的种子就无法在个体心灵中生根、开花、结果。所以，学校价值教育要回归生活，通过"本质直观"唤起并改组学生已有经验，使品质走入学生心灵。

价值原则实践要以把握一定历史时期的价值原则为前提，反映一定时期的价值理想，此时价值原则为那一历史时期行为的选择和评价提供了普遍的标准。一般的价值原则往往无法囊括一切具体的社会历史境遇，而如何把原则性知识转化为实践性知识是更加深层的问题。①因此，价值原则实现了历史性和现实性的动态统一，它总是蕴含着由前时代向后时代发展的规律性与目的性。凡是在目的性和规律性统一基础上的行为原则，都能被切实遵从和执行，反之则不然。不能忽视的是，在规律性转化为原则的过程中，在主体遵守并接受这种社会原则约束之时，价值、利益及其评价是一个不可分割的完整系统。因为当人们讲价值比不讲价值获益更大时，价值原则成为人们追慕的对象。情况相反时，价值原则就会显得脆弱无力。这也就如民间所评：当人们笑贫不笑娼时，说明价值原则良好运作的社

---

① 朱凯琳、谢妮：《创新创业教育与高等教育：从无涉到深耕》，载《教育学术月刊》，2017(11)。

会机制出了大问题。

几乎无人否认，人在蒙昧之时尚缺乏识别善恶的能力和理性判断能力，那么价值教育如何开展呢？亚里士多德认为，道德德性主要在日常行为习惯中生成，而理智德性则需启发、教化而形成。夸美纽斯、赫尔巴特等传统教育学者认为儿童学习和模仿成人世界的价值原则。赫尔巴特认为，儿童生来就有一种"盲目冲动的种子"，"处处驱使他的不驯服的烈性"，所以须规制其"造成一种守秩序的精神"，而不加管制则会形成"反社会的方向"。[①] 所以在蒙昧的孩提时代，价值教育的手段以外铄式为主，可以间或采取命令与威胁、禁止与惩罚、监督与警告以及剥夺自由等。毛铁经过煅烧成为精钢，同理，外在价值原则透过外铄而升华为价值品质。但是这种度的把握需要借助价值智慧而谨慎实施。古代中国的小孩被成人用教鞭督促背诵《弟子规》《三字经》，近年来的儿童读经运动由台湾掀起并在大陆风行。尽管行为出自外在规制，然而起码"看起来是正当的"，或者说，这种初步的正当性满足了某些外在约束条件。价值原则是价值品质的手段、前提——这就是传统价值教育认定的事实逻辑。古代通过乡规民约来明示何为正当行为，人们在经过长期遵循后养成正当而行的习惯，从而孕育出价值品质。基于传统文化和现实需要的核心价值就是价值原则的高度提炼，也是价值品质的核心质料。美国学者里克纳认为，"核

① ［德］赫尔巴特：《普通教育学·教育学讲授纲要》，257～258 页，李其龙译，北京，人民教育出版社，1989。

心价值界定了民主社会中人的责任，促进个人和群体向善发展。若不教育孩子这些核心价值，那就等于给价值教育掘好了坟墓"①。

二、价值智慧教育实践：内发式价值品质的生成

孕育价值品质最适切的方式就是价值智慧实践。价值智慧实践在本质上是通过主体对社会角色的扮演（正如亚氏所说：像有美德的人那样去行动）而铸就其价值品质。价值教育，"就是一种旨在引导和促进人们反思自身发展方式、原则或方向并不断加以重构的教育"②。石中英认为，价值教育不是有关如何增加物品或社会服务"有用性"的教育，而是有关人们如何行为才是"对的"（真理性正当）、"好的"（法理性正当）或"高尚的"（伦理性正当）的教育，是有关人们行为正当性原则的教育，因而也是有关培育良好价值品质的人的教育。③ 根据价值品质一体两翼的结构，学校价值教育应该着重促使青少年发展一个既具有丰富而正确的价值内容（价值原则），又具有较高价值运筹水平（价值智慧）的价值心理结构，并使之得到有效应用。其具体措施就是对受教育者进行价值规范教育以及价值结构的形式训练，即价值教育综合模式。所以也可以说，价值教育就是旨在孕育学生价值品质的一切教育。

---

① Lockwood，A.，"A Letter to Character Educators,"in *Educational Leadership*，1993，51(3)：9-10.

② 石中英：《关于当前我国中学价值教育几个问题的思考》，载《人民教育》，2010(8)。

③ 石中英：《价值教育的时代使命》，载《中国民族教育》，2009(1)。

卢梭、加达默尔、苏霍姆林斯基、陶行知、邓友超等都已论及"真正的教育就是自我教育"，也只有自我教育才能超越价值原则的桎梏而丰富价值智慧，进而孕育价值品质。从符号学角度看，意义与符境密切相关，生态符号学家乌克斯库尔创造的"周遭世界"（umwelt）一词，近似于文化符号学家洛特曼所用的"符号域"（semiosphere）。这与李吉林所言"教育情境"一脉相承，也是塔尔图-莫斯科符号学派的模塑系统（modelling system）——形塑社群意义和个体价值品质。内在价值体系使人们在社会化过程中潜移默化地将外在价值原则积淀于思想深处，符号情境熏陶的作用使得这种积淀"随风潜入夜，润物细无声"。个人的自主活动既是价值教育的目的——践行价值的生活是学校教育理想追求的最高境界，又是价值教育的手段——把活动作为个人价值生成的途径。"社会存在决定社会意识"正是环境氛围决定主体价值体系的理论依据。环境氛围常被当作价值判断的坐标系，它对于主体价值认识的作用是弥散性的、全程性的、内隐性的，其持久性、生动性、浸入性远胜单纯说教的作用。人的价值品质生成需要环境，根本原因在于所有价值都是社会建构的产物，即人在实践中，一方面适应特定情境以满足"适者生存，不适者亡"的自然法则，另一方面发挥主观能动性改造情境以"为我所用"。因此，价值始终是情境依赖而非情境独立的。①

---

① 康永久：《道德教育与道德规范——对康德与涂尔干道德理论的反思》，载《教育学报》，2009(6)。

　　网络化时代的价值性符号情境主要由信息构造，例如中央电视台历年"感动中国"年度人物评选，在社会上形成一种积极上进的价值信息氛围。身患渐冻症但一直坚守在抗疫一线的武汉医生张定宇；为营救洪水中的村民而英勇牺牲的安徽消防员陈陆；不惧碾作尘、无意苦争春的云南乡村教师张桂梅；陋巷厨房中温馨烹煮饭菜、为癌症病人送温暖的江西夫妇万佐成和熊庚香；为国击豺狼的空军战斗英雄王海；危难不退却、芳草递春风的武汉快递员汪勇；正心传华韵、蕴玉抱清辉的南开学者叶嘉莹；绝壁凿天路、山野得康庄的重庆基层干部毛相林；双脚丈国土、一队测蓝图的国测大队……模范人物以自己高尚的品质带给我们一种精神、一种力量，他们以自己的人生体悟震撼我们的心灵，从而诠释了社会主义核心价值体系的真谛。这种以信息符号为主要元素的符号域催人奋进，使我们身边涌现出越来越多的价值行为。这些行为契合了亚氏所说：行公正之事，成公正之人。

第九章

教师生活史：孕育教师价值品质

教师生活史是对教师生活的反思与升华，是对生活中的价值碎片进行修复，是对日常经验的改造与重组。按照生活史内容的意义，可将其分为教师时间生活史和教师价值生活史。教师价值生活史既是一种源于生活实践的理论建构和价值生成，又是对教师价值生活的生动描述和再现。同时，教师价值生活史是教师价值品质形成的基础，回归丰富的生活世界、感受多样化价值体验、深化反思与同情是孕育教师价值品质的有效路径。

师者主要不是靠一种技术活而谋存于世，而是依其价值品质傲立人间。然而，教师价值品质的获得并非易事，只有通过教师价值生活史才能孕育教师价值品质。近代以来，教师教育中的科学化、技术化、数字化提速日盛，越来越多的教育者被卷入到"技术理性"的路径依赖中，这种路向导致教师生活史被有意放逐。教育研究者对于定量指标的数字化崇拜助推了所谓的"科学主义"研究范式。这固然有其积极意义，如对提升教师知识水平、推进教师专业化、促使教师发展研究科学化功不可没，但是对教师个人价值品质的培育却鞭长莫及。科学主义范式选择性地遗忘教师、教育活动的内生性和人文性，"有意规避一个根本问题：探问整个人生有无意义？"[①]胡塞尔曾批判科学主义的虚假繁荣并提出生活世界的概念。经师易得，人师难求。如果说经师可以形塑于科学世界，人师则主要养成于生活世界。教师只有拥有卓越的价值品质方能为人师，人师难求缘于其生成有别于经师的技术化路径。价值化、日常化、现实化才是养成人师的土壤，也即只有在实实在在的生活中才能达成教师的情感、态度、价值观。杜威曾说"教育即生活"，陶行知对此做了本土化改造而称"生活即教育"。无论何种解读，都昭示了教师、教育与生活间密不可分的关联。

教师生活史的内涵是什么？它与教师价值品质有何内在关联？教师生活史对于教师价值品质到底有何意义？本章初做探讨。

第一节　核心议题

一、何为生活史

生活史指个体所亲历过的人生际遇和情感体验，它通过处在历史情境中的生活故事来表达。生活史研究是指对人一生中

---

① ［奥地利］胡塞尔：《欧洲科学危机和超验现象学》，张庆熊译，6页，上海，上海译文出版社，2005。

从生至死的经历和事件的研究，它是从个人怎样理解和解释周围世界的角度来研究个人的生活经历的。生活史理论最早源于进化心理学，主要用于探讨生物体生命发展历程中某些特质的时间表(timing)问题。进化心理学认为，当代人类的大脑里装着一个有着漫长进化历史的心理，因此过去是了解现在的钥匙。还有研究认为，个体未来预期的生育可能性与幼儿期的生活史时间长度成正比。人类学热衷于从生活史的角度来研究特定人群或种族的日常起居、语言交流、风俗习惯等，如托马斯、兹纳涅茨基等运用生活史方法(搜集、分析移民的信件、日记和自传性材料，追踪其社会关系等)研究波兰农民移居美国后的生存状态，并于 1927 年出版专著《身处欧美的波兰农民》(*The Polish Peasant in Europe and America*)[①]，兹后生活史研究方法崭露头角，开始在社会学研究领域中快速发展，如杜拉德(Dollard) 1949 年出版的《生活史的标准》(*Criteria for the Life History*)对生活史及其研究做了系统梳理和总结，并且表达了个体生活在社会文化规范宰制下的张力。通过再现个体生活史展现平时被人忽略的细节，有益于纠正人们对于某些个体生存状态的偏见。他认为，"对个体生活的细致分析将展示文化作为一个整体的新视角，而这是在原先的剖面上所观察不到的"[②]。虽然不同领域对生活史有着不同的认识，但学者普

---

　　①　[英]古德森：《环境教育的诞生》，贺晓星、仲鑫译，240 页，上海，华东师范大学出版社，2001。

　　②　杨跃：《生活史：一种重要的教师教育课程资源》，载《课程·教材·教法》，2009(10)。

遍认为生活史的核心内涵应该包含三个方面，即描述个体的生活故事、反映社会文化背景和揭示事件的前因后果。

生活史的精髓在于其"生活性"，即生活的特质与品性。根据马克思主义的观点，首先，生活要以物质资料的生产为基础，这也是人类生存的前提条件。社会学家和人类学家透过个体生活史的考察来解读生产力、生产关系，正是洞悉了生活性在生活史与物质资料生产之间的关联。例如，通过分析宋朝太监的生活史，可以明了造纸术的产生；通过梳理欧洲清教徒的生活史，能够管窥资本主义生产方式的萌芽。其次，生活包含了人之活动的诸领域，既有日常生活，也有非日常生活；不仅含物质生活，亦含精神生活。再次，生活具有生成性，生活时时刻刻向其主体开放，主体在这个免费出入的舞厅跳舞，因为主体的能动性而使舞池绚烂多姿。最后，也是至关重要之处在于生活具有体验性，即人在日常生活中亲自感受、经验。这份亲身、真切的情感赋予生活史鲜活的内涵，这一点使得科学史和理论史望尘莫及。

生活史研究运用观察法、访谈法、文献法等方法，通过描述研究对象的生活故事，探寻其日常生活与职业生涯中的信息、意义和价值，从而产生一个更加丰满的人种志研究。以生活史作为工具来研究教师的首推古德森，他认为，教师原先的职业和生活经历形成了他的教学观和教学方式，生活史研究之关键乃是将教师的生活故事嵌入复杂的社会情境中进行分析。生活史研究的一项重要内容则是通过协作性的研究实践来分析生活资料。教师校外生活中弥漫的隐性认同和文化可能严重影响其教育工作。生活史是发生在具体历史情境中的生活故事，是通过研究者与生活故事的讲述者以访谈、讨论、审视文本和背景关系的方式进行合作的叙事研究，它要争取实现情景与传记分析的重新整合。生活史研究在国外于 20 世纪 20—40 年代风靡一时，随后逐渐消沉，而在国内，近年来以生活史视角研究教育问题蔚然成风。生活史被看作教师实践性知识的重要来源和教师反思与自主发展的有效手段，甚至是一种重要的教师教育课程资源。[①] 教师个人生活史对于教师专业发展起着重要作用。

二、生活史的主要维度

笔者受到福斯特关于生活二分法的启示，从时间和价值两个维度解析教师生活史，这种时间-价值分类法的实质标准是生活史内容的意义[②]。每个人在自然流中的生态过程称为时间生活；人在时间生活中对于人生意义的追寻过程称为价值生活。任何个体的生活都以时间生活为纵轴、以价值生活为横轴而延展，人在时间与价值的纵横交错中安身立命、实现自我。这里的价值可理解为"主体满足需要的正当性原则"，它是个体或群体在行动时所应该坚持和体现的正确原则，同时也是人们评价其他人行为"好坏""对错"或"高尚与低俗"的重要标准。[③]

---

　① 张立新：《教师实践性知识形成机制研究》，硕士学位论文，上海师范大学，2008。
　② ［英］福斯特：《小学面面观》，冯涛译，1~7 页，北京，人民文学出版社，2009。
　③ 石中英：《关于当前我国中小学价值教育几个问题的思考》，载《人民教育》，2010(8)。

价值生活虽以时间生活为场域，但其度量不以时间短长来计算，而是以生活其中的主体的价值品质来衡度。当我们追忆魂牵梦绕的往昔岁月时，便在无意中游离于时间之维而趋近于价值之维，感到时间已然失去我们的青睐而唯有价值才为我们所珍视。二元生活论给教育工作者极大的启示：教师本人应该专注于生命的价值和意义，沉迷于深度生活，而非浮游于生活场景的变换或时光的流逝。同情、善良、诚信……这些跨越时空、沁入心灵的品质才是教师价值生活的灵魂。

优秀的班主任、伟大的教育家等真正令人肃然起敬的是其公正、仁爱、善良、宽容等价值原则背后的价值品质。因而教龄长短对教师来说并不是问题，重要的是为学生的幸福人生发现、传递和生成了多少价值。不只教师，任何追寻"值得过的生活"之人都如此。我们时常感叹某些有价值的人如流星划过般英年早逝，其实他们死得其所，因为他们在较短的自然生命中高质高效地完成了价值生命的无限增值。我们的感叹往往包含着两种情感：一是伤感其"时间生活"的平凡、短促，二是赞叹其"价值生活"的圣洁、永恒。其实生命是有限的，而为人民服务的精神是无限的，从这个意义上讲，人的价值层次决定了人的生命层次，价值主导生活并决定人生的境界。生活的本质不是活着，而是活出意义来。有价值的生活才是真正有意义的生活，才是人的生活。一个有思想的人能够更深刻、更全面地体悟到人生的苍凉与温馨，感叹岁月的匆促或绵长，从而积极地过一种"有价值的生活"。在他的价值生活中，虽然有乌云蔽日、道路曲折的时刻，但他恪守价值原则，坚信明媚的阳光终将出现。帕斯卡尔曾说，人只不过是一根芦苇，是自然界最脆弱的东西；但他是一根能思想的芦苇……思想形成人的伟大。因此可以说，时间生活决定了芦苇的长度，而价值生活决定了人的高度。荀子有一个著名的存在层级论，他认为水火有气而无生，草木有生而无知，禽兽有知而无义，最高级的是人的存在——有气、有生、有知，亦且有义（《荀子·王制篇》）。在荀子看来，以"义"作为标杆的价值生活正是人之为人的存在独特性，若无此价值内核的存在，则与禽兽之生存无异。

虽然教师的时间生活与价值生活性质不同，但是两者密不可分。时间为价值生活的展开提供场域，价值为时间生活的定位提供坐标，价值生活的延展平面本身构成为时间生活。价值生活的意义经常需要时间来发现或建构生活体验，生活体验是现象学研究的切入点。现象学旨在以文本形式把生活体验表述、转化，从而使生活意义得以显现和反思。[①] 我们可以把"生活体验的实质"理解为生活史之价值，"有意义事物的重新体验和反思性成果"正是价值生活中的一种后效性价值。

第二节　教师生活史的价值之维

一、教师价值生活史

在教育领域，因为教育活动与价值生活具有同质性，因而

---

①　[加]马克思·范梅南：《生活体验研究》，44～46页，北京，教育科学出版社，2003。

教师的价值生活史理应受到特别关注。教师价值生活史既是教师价值生活的生动描述和再现，又是一种源于生活实践的理论建构和价值生成。从个人-社会二分法来看，可将其分为教师的个人价值生活史与社会价值生活史。教师的个人价值生活史，是指教师个体在日常生活、教育工作中关于价值的行为、体验、反思的经历，它是教师价值智慧形成的基础。教师的社会价值生活史是一个民族或国家的教师总体价值生活的历史陈述与再现。社会价值生活史绘制了一个民族或国家价值生活的宏大画卷，凝聚着这个民族或国家对人文价值和价值文化的历史认知与现实感受，反映出该民族或国家在价值生活上的历史变迁和发展走向。

教师的价值生活既是个人的，又是社会的。个人价值生活汇合而成社会价值生活并受其规制，社会价值生活蕴含着个人价值生活。个人价值生活中的价值原则经由对话、理解、协商而达成价值共识，价值共识的存在使社会共同价值生活成为可能。

二、教师价值生活史与价值品质的内在逻辑

价值品质反映个人的性情或精神状态。一个人若是诚信的，那么他在实际生活中就会以各种价值行为（显性或隐性）展现诚信这种品性，在其内在性情上，他会倾向并乐于诚实待人、遵守诺言。价值品质的形成首先通过价值原则的内化，其次通过实践体验反思而形成价值智慧，这种一体两翼的结构一

旦形成，就会成为一种习惯，使人达到自主自觉。价值品质作为基于正当性理由而行动的禀性、倾向，通过行动者的实践智慧或价值智慧而起作用。尤其在面临多种异质性正当原则时，它会做出最优的价值选择——不是基于经济学的理性算计，而是以内化的价值原则即正当性原则为指针，并且在价值智慧的指导下对特定对象和情境做综合考量。偶然的、并不自知的某种行为也许看似符合某种价值原则，但是它并非价值行为，这种行为也没有反映相应的价值品质。价值行为的主体应该是意志自由的、自觉自愿的、基于内化的价值原则的。价值品质就是这样一种品性——心怀仁爱、基于正当的理由而乐做正当之事的精神状态。细细品尝生活的滋味，生命才不致沦为无谓的浪费。齿上留香，舌有余甘，回味咀嚼，才当得起体验二字。未加咀嚼的日子，等于白过；未浸透体验的生命，等于白过。无论面对人生的何种命与运、苦与乐、生与死，都要活出生活的全过程、全部细节。一切都指向生活，指向对生活的体验。

教师工作的价值性特征集中体现在情感投入、师生交往、价值规范等方面。教育必然是有目的的行为，教师所从事的是一项规范性活动，是"良心活儿"，有强烈的价值指向性。教师对学生、对社会抱有良好期望，有着"为了孩子好"的愿景，并以一种良好而恰当的方式影响着孩子。[①] 教师工作的内在属性的价值性要求研究者把奠定教师教育信仰的个人价值生活史纳

---

① 陈向明：《理论在教师专业发展中的作用》，载《北京大学教育评论》，2008(1)。

入视界，价值生活是教师提升价值品质、重构价值秩序的动力来源。每个教师都有或短或长的受教经历，在他们的求学阶段，他们的教师在用品格、行为、思想和人格操守诠释教师的价值担当。不当教师的人，也许不必刻意去回忆和审视自己受教经历中的价值行为和价值事件，但若是教师，这种价值回望就颇具特殊意义。这种回望是从学生的角度出发的，它有利于师生在对话实践中更好地移情，有利于教师同情心的培育，有利于教师在后续工作中以价值智慧指导其价值行为。在回望中，教师将从另外一个角度去体味什么是好的生活、好的教育、好的教师，教师应该追求什么，等等，然后从学生出发考虑和调整自己的教育行为。回望受教生活史一般都要经历事件唤醒、情境再现、意义建构、价值生成等几个阶段。事件唤醒、情境再现是根据专业发展标准或价值原则的需要进行有意选择和价值明确的过程。而在意义建构阶段，教师所学的教育理论将被激活，用来判断价值情境和解释价值事件，与此同时产生价值哲思。教师在这几个阶段的历练中铸就了以价值智慧为核心的价值品质。

第三节　教师生活史的功用

教师生活史为教师的价值品质生成提供了土壤，教师生活史通过生活世界引导教师获得多元化的价值体验，通过反思优化教师内在心理机制。

一、通过生活世界引导教师品尝多元化价值体验

赵汀阳先生认为做人乃是"价值次序"问题①，做教师亦如斯。教师的教育生活主题正是运用价值智慧对各种价值选项进行取舍、排序、内化、协调、转变，从而消解价值困惑，最终使教师的生活世界走向和谐。② 为此，教师需要一种灵活驾驭各种价值的价值智慧来安排和处置好各种价值间的关系。于是，如何提高以价值智慧为核心的价值品质便成为教育中的重大课题。尽管有很多路径提升教师价值品质，但从教师生活史角度来说，回归生活世界显得颇为重要。昨日生活建构了今日的生活史，今日的生活史形塑着明日的价值品质。优良的价值品质源于生动活泼、丰富多彩的正能量的价值生活。我们对生活史可做多维度划分，然而真实的生活难以分割。胡塞尔所说的"生活世界"包含相互融合的三个场域：一是由情感、意志、信念等构成的主观世界，二是为人类生存提供生产、生活资料的客观世界，三是作为人类共同体的社会世界。这三个场域构成了人的生活不可或缺的整体。生活既是指称"为生存和发展而进行的各种活动"，即"日常生活"，也意味着这些活动的意义和价值的源泉。③ "生活世界"并非"日常生活世界"，因而回归生活世界是完备性地向这三个场域的回归。只有完整性的生活世界才能孕育出健全的价值，也只有那些能够提供更丰富的

① 《赵汀阳自选集》，201～223 页，桂林，广西师范大学出版社，2000。

② 龙宝新：《论教师工作的价值之维》，载《中国教师》，2009(1)。

③ 夏宏：《生活世界理论视角中的价值教育》，载《教育评论》，2007(5)。

多样性价值体验的生活世界，其价值含量才更高。只有在这样一个完整性的生活世界里，教师方能真实领悟其生存意义和价值追求。教师的价值品质形成于"意义领悟"和"价值追求"的过程之中。

充沛而圆满的教师人生应当有某一种价值贯彻始终，但绝非任何一种价值能适用于所有场域。确立教师、教育中的多元价值观已然成为共识，这即西方教育哲学文献中多用复数价值（values）而极少使用单数之故。价值的多元契合于主体的自由，向内，它与以价值体系为基础的内在价值品质相互映射，向外，它与丰富多彩的教育生活实践彼此观照。学生的更好发展有赖于高效的课堂，同理，教师的更好发展有赖于高效的价值体验，即教师在成长中尽可能体验更多的价值，使之嬗变为价值品质的质料。近年来，不少教师对于政府主导的"国培""省培"计划持有"听着激动，过后不动"①的感受，这也再次提醒我们，只有回归生活，打开宽广的生活世界，去体验多元化的价值，才能获得丰满的价值品质。

二、优化教师内在心理机制

一般而言，生活史中的负面价值经历倾向于形成负向的价值品质，正面的价值经历易于孕育正向的价值品质。然而，这并不绝对。通过大量案例，我们发现，正、负面价值生活史在向良好价值品质转化的过程中，有着不同的心理机制，前者以

---

① 朱旭东、宋萑：《论教师培训的核心要素》，载《教师教育研究》，2013(3)。

同情为基础，而后者以反思为中枢。

正面的价值生活史要以同情为基础，才能孕育出充盈、完整的价值品质。同情是人们对其他生命的处境或遭遇感同身受，并渴望采取积极行动的心理活动。休谟、斯密、卢梭、叔本华等都认为同情是伦理学中的重要议题，也是人类原初的价值意识。[①] 在舍勒的话语体系里，同情已远非日常语言中的怜悯感，而是人之德性与德行的内在基础，它包含情感共有、情感参与、情绪感染、情感认同这四种心理形式。[②] 亚当·斯密在《道德情操论》中阐述了同情这种心理对个体德性之内生性、反应性和基础性的作用：旁观者的同情心一定产生于这样一种想象：若自己处于某种悲惨境况而又能以健全理智和判断力去思考（尽管不太可能），自己会是什么感觉。[③] 一些在顺风顺水中成长起来的教师，他们没有体验过不公正对待或非正当性遭遇，所以有时在价值教育方面尽管可以做到正面引导，但是对于学生的生活挫折、情感伤痛或价值迷惘，往往束手无策，只能作为旁观者而不能设身处地、同喜同悲。究其原因，在于这些教师仅仅由正面的价值生活史而自发形成的价值品质是单面的、脆弱的。在美国哲学家努斯鲍姆看来，"有了同情心，我们才达至圆满……但目前对同情心的教育不但在学校里被系统地忽视了，而且被严厉地压制了"[④]。价值品质的基础是内化的

① 张钦：《休谟的同情原则探析》，载《伦理学研究》，2004(4)。
② 张志平：《情感的本质与意义》，118页，上海，上海人民出版社，2006。
③ [英]亚当·斯密：《道德情操论》，9页，北京，商务印书馆，1997。
④ [美]玛莎·努斯鲍姆：《告别功利》，105页，北京，新华出版社，2010。

价值原则，任何一条价值原则都是无数个由负到正的价值序列中"最中道"的那一项。个体只有对各种变幻诡谲、不同性向的价值有所体悟，才能真真切切地领悟教育真谛，才能进入学生心灵，才能"扣其两端、执两用中"。苏霍姆林斯基说："缺乏同情心会导致对他人漠不关心，进而会堕入自私自利、冷酷无情。"①因而对于那些仅有单向的正面价值体验的教师来说，同情是对其价值意识的弥补。那么同情何以引出价值品质？石中英提出了同情的内在机制：观察—移情—想象—体验或再体验—信仰，同情沿着个体的同情—社会的同情—人类的同情这个路径演化与超越。② 笔者认为，同情这种比较原生态的自然情感需要与个体的价值理性相结合，才能孕育出价值品质。

负面的价值生活史依靠反思这种心理机制方可转化出良好的价值品质。孤苦伶仃、漂泊流浪、遭遇不公、饱受奚落构成了卢梭的生活史，而卢梭非但没有堕落，反而通过反思(《忏悔录》便是明证)孕育出公正、仁爱、朴实等优秀价值品质。可见，反思对个体矫正纠错、回归德性具有特殊功效。反思即主体为增强今后实践之正当性与合理性，提升对实践与其相应情境的觉解而采取的自我反省活动。正如苏格拉底所说，未经反思的生活不值得去过。师者的反思是指教师为了提升自身品质或改进教育效果，积极地深入思考自己的教育教学生活史，并

---

① ［苏联］苏霍姆林斯基：《育人三部曲·公民的诞生》，498 页，北京，人民教育出版社，1998。

② 石中英：《社会同情与公民形成》，载《北京师范大学学报(社会科学版)》，2012(2)。

不断调整自身教育策略的过程。① 其实，在中国传统文化中，反思几乎成为孕育价值品质的不二法门，如曾子曰："吾日三省吾身——为人谋而不忠乎？与朋友交而不信乎？传不习乎？"（《论语·学而》）笔者认为，反思的路径是诘难—内疚—批判—建构。反思还与主体相应的德性、态度密不可分，它需要勇气批判负面价值生活史中的那个"本我"，建构一个拥有正向价值品质的"超我"。

价值品质的主体扎根于特定的生活史，通过对价值原则、价值体系的内化而形成以价值智慧为核心的价值素养。价值品质通过主体的外显行为、内在心理认知和倾向而展现价值原则。单就一般社会实践而言，教师的教育生活在价值上便有着质的差异。在相同的教学时间内，有的教师要么在知识教学中忽视价值原则的发现和引导，要么单维地重复顾及某一种价值原则而忽视了生活的丰富性和价值的多元性。而那些有着较好价值品质和教学智慧的教师却处处传价值，事事留意义。在教育场域，所有的细微之处无不渗透着生动、丰富、个性化的价值教育。正是在价值生活的维度上，教师分化出优秀者与平庸者，因为价值生活承载着价值品质，而价值品质是教师品格中的核心要素。

---

① 魏本亚：《"研究型"中文师范生培养模式：变革、反思与创新》，载《江苏师范大学学报（哲学社会科学版）》，2013(5)。

第十章
中小学教师价值品质
影响源分析

　　价值教育是培育学生价值品质的重要方式，对于教师而言，其方式十分多样。[①]中小学教师的价值品质固然以先天禀赋为基础，但体系化的价值观念在主客观生活场域中受到外界影响，这种影响方式有时润物细无声，有时是强制灌输。本研究不是探讨方式问题，而是考察个体价值受到哪些因素的影响，并追根溯源，调查其作用大小和机制。教师个体在做价值判断和价值选择时受其所处场域中的特定因子影响，不同影响因子构成不同的价值品质影响源。了解不同价值品质影响源的效果，可以有的放矢，采取个性化的价值品质培育方式。

　　根据已有文献和初步调研，我们认为中小学教师主要有 7 类价值品质影响源，即大众传媒、个体偏好、同学与朋友、家庭成员、教育者、社会幸福意识、正义尊严感。我们通过德尔菲法凝练出中小学教师的 6 项核心价值——良心、和谐、正

---

① 石中英：《关于当前我国中小学价值教育几个问题的思考》，载《人民教育》，2010(8)。

当、公正、仁爱、诚信。基于此，根据寇彧[①]的相关研究并借鉴怀特道德权威量表（Moral Authority Scale）[②]，本研究开发出《价值品质影响源问卷》（Sources of Influence in Values Questionnaire）。项目组使用该问卷进行小样本调研，要求被试依据 6 种情境做出选择，然后阐述原因，再对各种以随机顺序出现的 7 种价值品质影响源对自己产生的影响给予李克特式 5 级评价。调研所用完整问卷见附录。

在下面的问卷中，希望您做三件事。第一，选择一种看法；第二，尽可能详细地解释您持有这种看法的原因；第三，所列观点对您的影响程度如何？请在空格中填入相应数字。

没有影响＝1 很小影响＝2 中等影响＝3 较强影响＝4 很强影响＝5

在任何情况下，正直的人都应该诚实守信用。

是/否/不能决定（请选择一个打"√"。）

为什么？ _____

请判断下列观点对您的观点的影响程度：

_____ A 每个人都有责任使这个社会变得更好。

_____ B 人人应该公平相待的看法。

_____ C 家人如父母亲等的看法。

_____ D 朋友、伙伴、同学的看法。

_____ E 符合自己兴趣的看法。

本研究采用随机抽样法调研了 X 市基础教育教师及高校师

---

① 寇彧：《论个体价值取向发展与其道德权威影响源的关系》，载《北京师范大学学报（人文社会科学版）》，2001(1)。

② White, F. A., "Sources of Influence in moral thought: the new moral authority scale," in *Journal of Moral Education*, 2006, vol. 25, No. 4, pp. 421-439.

范类大四学生 150 人，有效被试 111 人，其中在职教师 63 人，师范类毕业班在校生 48 人。学校所在地情况：省会城市 47 人，地市县城区 59 人，乡镇 5 人。在职教师所在学校的阶段：中学阶段 20 人，小学阶段 36 人，幼儿园 7 人。教师的学历：中师或高中学历 4 人，大专学历 26 人，本科及以上学历 81 人。数据采用 SPSS V13.0 软件进行统计分析。

第一节　不同类别教师的价值品质影响源状况

学校所处位置不同其所受价值品质影响源作用也有所不同，除乡村学校教师外，其余三处不同学校位置的教师与 7 类不同价值品质影响源维度上的情况基本一致，各均值之间没有显著性差异。其中，大众传媒对省会城市学校教师影响最大（2.87±0.81），对乡村学校教师影响最小（1.67±0.00）。个体偏好对乡村学校教师影响最大（4.00±0.00），对地市县城学校教师影响最小（3.31±0.85）。同学与朋友对省会城市学校教师影响最小（3.01±0.86），对乡村学校教师影响最大（5.00±0.00）。

对小学和中学教师作用最强的三类价值品质影响源相同，分别是正义尊严感、社会幸福意识、家庭成员。对幼儿园教师作用最强的价值品质影响源是个体偏好、正义尊严感、社会幸福意识。教师（3.67±0.83）与师范生（3.31±0.72）仅在"社会幸福意识"这一影响源上有显著性差异（$p < 0.05$），在其他价值

品质影响源上没有显著性差异。根据不同年龄组统计显示，不同年龄段教师在各价值品质影响源维度上无显著性差异。对 45 岁以下教师价值影响最强的是"正义尊严感"，对 45 岁以上者而言，影响最强的是"教育者"。根据影响程度强弱，男性教师的价值品质影响源排序依次为正义尊严感、社会幸福意识、家庭成员、教育者、个体偏好、同学与朋友、大众传媒。女性教师的价值品质影响源排序依次为正义尊严感、社会幸福意识、个体偏好、家庭成员、教育者、同学与朋友、大众传媒。

从不同学历看，对于中师或高中学历的教师，最强的两类价值品质影响源分别是"个体偏好"与"社会幸福意识"，最弱的两类价值品质影响源分别是"同学与朋友"与"教育者"；大专学历的教师，最强的价值品质影响源是"社会幸福意识"与"正义尊严感"，最弱的价值品质影响源是"大众传媒"与"同学与朋友"；本科以上学历的教师，最强的价值品质影响源是"正义尊严感"与"社会幸福意识"，最弱的价值品质影响源是"大众传媒"与"同学与朋友"。

第二节　价值品质影响源的作用分析

在前期研究中，我们已通过德尔菲法凝练出中小学教师的 6 项核心价值——良心、和谐、正当、公正、仁爱、诚信。从外在价值原则转化为教师个体内在价值品质的过程中，各类影响源所起作用各不相同。

一、良心

(一)含义及影响源

良心(conscience)指一个人的内心对伦理正当性的正确认识和判断。良心具有价值标准意义古已有之，如人们常说"按良心办事"，"教书育人要对得起良心"。良心作为教师心中自我约束的最终机制，增强教师的价值敏感性，促使教师自我反省，督促教师正当而行。各影响源对良心的作用从大到小依次是大众传媒、教育者、同学与朋友、个体偏好、家庭成员、正义尊严感、社会幸福意识。良心与其他各影响源之间虽有一定相关性，其中与大众传媒、同学与朋友、教育者之间有正向相关关系，与其他各影响源之间呈现负相关，但均无统计学上显著性意义。

(二)因素分析

"当人们做了违背良心的事情时就应该受到谴责"，对这一观点大多数人持赞同和不能决定的观点，极少数人持否定观点，主要原因如下。

(1)选择"是"的教师认为：违背良心基本上是价值上不允许做的事，如果做了，就应该付出代价；人的行为付出与结果回报是成正比的，做好事就会有好的回报，做坏事就会有恶的惩罚；是对真、善、美的一种追求；人要有良心，有正义感，有功德心。

(2)持"否定"者理由：不管违不违背良心，只要别人不知道就不会受到谴责。

（3）"不能决定"的理由：因具体情况而定，有时人会遇到价值两难的问题，如"海因茨偷药"；每个人对违背良心的事情的标准不一样，因此难以确定；外界的谴责是必要的，但更重要的是自身的反省和觉悟。

二、和谐

（一）含义及影响源

和谐（harmony）是不同事物在一定条件下的对立统一。和谐处于正当性与非正当性的边缘，同时也是价值品质得以呈现的调合剂。有了和谐的环境，人们的生活中才会有价值，人们价值品质的培养和提高才会成为可能。影响源对和谐的作用从大到小依次是大众传媒、家庭成员、个体偏好、同学与朋友、教育者、社会幸福意识、正义尊严感。对和谐价值与各影响源进行 Pearson 相关分析，结果显示，和谐价值与正义尊严之间的相关显著（$p < 0.01$），与其他各影响源之间均无明显相关。除大众传媒与和谐价值具有正向相关关系外，其他各影响源与和谐价值之间均有负向相关关系。

（二）因素分析

"不同种族和地位的人应该在一起和睦相处"，这一观点绝大多数人持赞同肯定的态度，部分持不能决定的态度，主要原因如下。

（1）选择"是"的教师认为：世界是个大家庭，社会是个大家庭，人与人之间的地位、身份是平等的，人们应该和睦相处，不该有歧视；这有助于社会稳定。

(2)持"否定"者理由：人分三六九等，大多数有钱人看不起穷人。

(3)"不能决定"的理由：不同种族和地位的人生活方式、习惯等不同，相处在一起比较难适应；有些种族矛盾是不可调和的。

三、正当

(一)含义及影响源

正当(rightness)，包含真理性正当、伦理性正当和法理性正当，主要指实事求是、按照德性行事并合乎法理。正当是一种人们在价值上普遍认可和遵循的东西，对人们价值行为的评价有重要指导意义。影响源对正当的作用从大到小依次是社会幸福意识、正义尊严感、大众传媒、个体偏好、教育者、家庭成员、同学与朋友。对正当价值与各影响源进行 Pearson 相关分析，结果显示：正当价值与个体偏好、家庭成员、教育者、社会幸福意识之间的相关在 $p<0.05$ 的显著水平上显著，与同学与朋友之间的相关在 $p<0.01$ 的显著水平上显著，与大众传媒和教育者之间的相关不显著。除社会幸福意识与正当价值之间具有正向相关关系外，其他各影响源与正当价值之间具有负向相关关系。

(二)因素分析

"只要目的是正当的，对于实现目的的手段不必过于苛刻"，对这一观点出现了不同看法，主要原因如下。

（1）选择"是"的教师认为：实现目的的方式有很多种，目的的正当性可以消解手段的不正当性，正所谓"条条大路通罗马"。

（2）持"否定"者理由：违法犯罪，触犯价值标准是不可以的，每个人要有自己实现正当目的的价值标准底线；不能把实现自己的目的建立在损害他人利益的基础上，虽然目的正当，但如果手段过激，在实现目的的过程中伤害到别人，损害到对方的利益，那也是不可取的。

（3）"不能决定"者的理由为：目的固然重要，但过程也不能忽视，合理合法的过程可以促成目的的实现。

四、公正

（一）含义及影响源

公正（justice）意味着不偏私、正直。影响源对公正的作用从大到小依次是同学与朋友、社会幸福意识、个体偏好、家庭成员、大众传媒、教育者、正义尊严感。除与正义尊严感间有显著相关性（$p < 0.05$）外，公正与其他各影响源之间的相关均无统计学上的显著性意义。个体偏好、同学与朋友、社会幸福意识与公正价值之间呈现正相关，其他影响源与公正之间均为负相关。

（二）因素分析

"人应该有同样的机会，不管他的种族和性别如何"，绝大多数被调查者都认为这是正确的，当然也有少部分人不能决定，主要原因如下。

(1)选择"是"的教师认为：机会面前人人平等，大家公平竞争；机会与种族和性别之间没有必然的联系，它更倾向的是个人的能力；为每个人创造更多的机会，有利于用人单位更好地选拔优秀人才，更好地促进社会的公正和谐；

(2)选择"不能决定"的理由：由于国家政策具有倾向性，少数民族的机会比汉族的机会多，如就业机会等；个体之间存在差异性，有些人可能并不适应某些特殊的挑战机会，如残疾人不能当驾驶员。

五、仁爱

(一)含义及影响源

仁爱(kindheartedness)是指人与人在交往过程中的相互关爱、怜惜。教师的仁爱观念的出发点应该是非功利性的，它是耐心、爱心、热心的价值起源。仁者爱人，我国的价值传统一向重仁爱，仁爱观念的确立是我国价值建设的一个高层次的目标。影响源对仁爱的作用从大到小依次是大众传媒、同学与朋友、个体偏好、教育者、正义尊严感、家庭成员、社会幸福意识。除与社会幸福意识之间具有显著相关性($p<0.05$)外，仁爱与其他各影响源之间均无显著相关性。其中，与大众传媒、同学与朋友之间存在正向相关关系，与其他各影响源之间均有负向相关关系。

(二)因素分析

"残疾人、穷人应该得到更多的关爱和尊重"，这一项调查中没有人持否定的态度，除少数被试不能决定外，其余被试都认为这部分社会群体应该得到更多的关爱和尊重。主要原因如下。

（1）选择"是"的教师认为：帮助弱势群体是社会和谐，人间有爱的体现；弱势群体应该得到关爱和尊重，不能因为他们身上的某些缺陷而忽略他们的存在，相反，他们一些身上积极向上的品质值得我们学习、借鉴。

（2）选择"不能决定"的教师认为：有些人不需要关爱和尊重，不要把自己的意念强加给别人，适得其反；残疾人和穷人的自尊心比较强，莫名的关爱可能会对他们造成无形的压力，所以，应该帮助他们通过自己的努力改善学习、生活。

六、诚信

（一）含义及影响源

诚信（honesty and credit）即诚实守信。它被看成公民的另外一个"身份证"，既是价值之本，也是一个社会赖以生存和发展的基石。[1]各影响源对诚信的作用从大到小依次是家庭成员、同学与朋友、个体偏好、大众传媒、社会幸福意识、正义尊严感、教育者。诚信与各影响源之间虽有相关，但都不具有统计学上的显著性水平（$p > 0.05$）。除同学朋友、家庭成员与诚信间具有正相关外，其余各影响源与诚信间均具有负相关。

（二）因素分析

"在任何情况下，正直的人都应该诚实守信"，对这一观

---

[1]　赵丽霞：《当前我国中小学生基本道德品质调查研究》，载《中国教育学刊》，2012(7)。

点的主要调查结果如下。

(1)选择"是"的教师认为：诚信是为人之本，讲诚信，守信用，有利于人与人之间的和睦相处；中华民族传统美德的体现；诚实守信有利于个人自身发展，是做事最起码的价值规范，是为人之根本。

(2)选择"否定"的教师认为：正直的人也是人，有时候善意的谎言比讲实话更有效果。

(3)选择"不能决定"的教师认为：看所处的环境，视具体情况而定，具体问题具体分析，不能太死板，不能墨守成规；凡事都没有那么绝对。

第三节　教师价值品质培育中存在的主要问题及措施

根据《价值品质影响源问卷》的调查分析结果，不难看出我国现阶段中小学教师的价值品质和价值修养得到了整体提高。从 7 类价值品质影响源对价值品质的 6 种核心要素来看，在对"人应该有同样的机会，不管他的种族和性别如何"和"残疾人、穷人应该得到更多的关爱和尊重"的虚拟情景问题回答上，被试中近99%的人都是赞同的。也就是说，在公正和仁爱这两方面，绝大多数人是持肯定态度的。

一、存在的问题

问题主要体现在：

(1)在良心价值上，有的教师心存侥幸，没有自己坚定的立场和严格的是非、善恶判断标准。

(2)在和谐价值上，教师从自身经济、社会地位的比较悲观的认知中，感受到和谐对于个体来说极其重要，但又无法消解内心的怨气、憋气、丧气。教师对学生成绩的过分关注和过度的竞争性激励措施，使得学生之间、教师之间难以和谐。

(3)在诚信价值上，出现了对诚信观念的新理解，有的教师认为不是任何场合、情境下都要讲诚信。

二、建议措施

(一)树立高尚的价值理想信念

信念作为人的精神支柱，是人们生活工作中必不可少的。调查中的"正义尊严感""社会幸福意识"成为 7 项价值品质影响源中作用非常大的两项。所以，将崇高的价值理想信念作为精神追求的最高境界，会帮助教师确立正向的价值观。

(二)加强核心价值教育

从研究结果分析可以看出，现阶段中小学教师群体在良心、和谐、诚信这三方面的价值观念比较薄弱，很多人在遇到良心、诚信等问题时动摇不定，所以应重点加强良心教育、和谐教育和诚信教育。

(三)正确处理一元和多元的关系

不同的社会存在不同的文化差异，但不管差异有多大，人们都承认存在着一些基本的价值品质，如尊重、诚信、宽容、和谐等。然而在对待相同的价值问题上，不同的人会有不同的观点，这就要求我们多角度、多方面去思考和处理问题。例如，在正当这一价值原则中，很多人认为实现目的的方法有很多，只要目的正确，对实现目的的具体手段则不必过于苛刻。又如诚信价值原则中，虽然大家都认为恪守诚信是正确的价值取向，但也有人提出，恪守不是死守，很多时候美丽的谎言比残酷的事实更受人们青睐。所以，应当多组织教师举行沙龙讨论、辩论或者借鉴美国价值澄清学派的方法。

(四)优化价值品质影响源

本研究中的 7 大类影响源作用各有不同，调查发现有些影响源起到负面作用，如仁爱这项价值与大众传媒、同学朋友之间存在正相关，与其他各影响源之间均为负相关。这需要细致追问其因。只有克服负面的干扰，才能使价值品质影响源给教师正能量。

总之，教师的价值品质培育是一个系统工程，它不仅事关教师的个人修养，而且涵盖了职业伦理和社会制度等多方面议题。中小学教师的主要活动场域在校园，但是其价值品质的形成绝非囿于校园之内。我们在培育教师价值品质时，要充分利用好各种影响因素，采取有针对性的影响源策略。

价值品质与人生幸福

　　价值与幸福具有天然的关联，正如石中英说，不正当行为无非是为自己谋取更多的实惠，但幸福更多是一种精神性的体验而非功利性的满足。正当而行不仅直接带来幸福的心境，而且能为幸福生活创造很多间接条件。赵汀阳提出幸福公理：假如一个人的某个行动本身是自成目的的（autotelicity），并且这一行动所试图达到的结果也是一个具有自足价值的事情，那么，这一行动必定使他获得幸福。我们认为，幸福是人们对生活和人生的正当满足并由此产生的愉悦心情。价值品质以其正当性规约着人们"如何满足"，以其向善性指引着"为何满足"，以其内在性决定着"何为满足"。所以，人的幸福问题首先是人的价值品质问题。如前所述，价值品质包含着价值原则与价值智慧。价值原则因其可普遍化与正当性，从长远看，成为大多数人获取总体的幸福所享有的公共资源；价值智慧因其个体性与实践性，从程度上看，成为每个主体谋取个性化幸福所珍视的根本性私人资源。价值教育孕育价值品质。

　　人生幸福与价值品质的密切关联，在历史上已被德福问题一再佐证。①亚里士多德曾说："幸福就是合乎德性的实现活动……如若德性有多种，则须合乎那最美好、最完满的德性，而且在整个一生中都须合乎德性。一只燕子造不成春天，一个白昼或短时间的德性，不能给人带来幸福。"②他告诫人们，只有毕其一生坚持过有德性的生活，才能成为一个幸福的人。根据《尼各马可伦理学》，幸福是人生的最终目的，而本身并非人所具有的品质，品质是一种潜质。幸福是就自身所选择的事情，它一无所缺，天然自足，别无他求，也即"实现活动自身"。它是合乎良品的实现活动，是艰苦严肃的劳动过程。③ 价值品质的外化——价值实践，正是这样的活动，也存在于这样的过程之中。价值实践不仅提供了个体拥有、确认自由和幸福的手段，还激发了人的自身需求，这是一个满足手段、创造需要的无限循环过程。康德认为，德福统一就是最高善④，即"至

---

　　① 德福关系问题是人类发展中一个恒久的课题。纵观人类历史，我们发现，德福对立与德福统一的概率一样。例如，莎士比亚戏剧中的"重视伦常天性的人，必须遍受各种颠沛困苦的凌虐，灭绝悖义的人，才会安享荣华"。关汉卿《感天动地窦娥冤》里的"为善的受贫穷命更短，造恶的享富贵又寿延"。康德认为，德性与幸福没有必然联系，二者完全契合需要三个前提假定：自由意志、上帝存在、灵魂不朽。本研究认为，在理想社会或者"原初状态"，价值品质水平与幸福程度一定是统一的，然而境遇的复杂性和生活的非预期事件，导致二者间有 0.5 的概率背离。但是卓越价值品质又会令两者间有 0.5 的概率统一。现实中多数人的价值品质尤其是价值智慧尚不够卓越，因而导致背离的概率大于统一的概率。

　　② 苗力田：《亚里士多德选集：伦理学卷》，16～18 页，北京，中国人民大学出版社，1999。

　　③ 苗力田：《品质、德性与幸福——亚里士多德选集〈伦理学卷〉前言》，载《中国人民大学学报》，1999(5)。

　　④ 谢地坤：《从道德的"至善"到道德的"底限"——读阿多诺〈道德哲学的问题〉》，载《江苏行政学院学报》，2002(2)。

善"需要价值品质与幸福的统一。幸福既是全人类追求的终极目标，也是每个人追求的个体目标。但丁在《神曲》和《帝制论》里隐喻，此生幸福须在哲学(包括一切人类知识)的指导下，通过价值实践而达到。永生的幸福则须在启示的指导下，通过神学之德(信德、望德、爱德)的实践而达到。孟子在《尽心上》中说，君子有三大幸事，其中第二件即仰不愧于天，俯不怍于人。这种价值品质境界不仅体现了主体所达之完满境界，而且也是幸福与价值品质的循环论证。

良好品质孕育于正当行为的践行中，厚正当行为的充要条件是价值智慧。如前所述，价值智慧是多元智能，基于加德纳的研究，价值智慧一定内含心灵体悟，它不仅是关于生存状态的事实判断，更是对生存意义的价值判断。受价值智慧之光映照的幸福感不同于快感或快乐，它具有社会学、伦理学的基础，是价值智慧的现实体现。檀传宝分析，在相同的外部条件下，有些人比另一些人更易体验到幸福。①故而，幸福是一种心灵把握能力，这种把握能力就是价值智慧。如果说幸福是一种生活得更好的能力，或者说幸福意味着一种获得幸福的能力，那么孕育品质就要全方位地培养这种品尝幸福的能力。一次次的尝试，一次次的体悟，这就是品质的孕育，这就是幸福本身。孕育教师价值品质的主要目的在于使学生获得幸福，不能为任何不相干的利益而牺牲这种幸福。弗洛姆说："幸福和情

----

① 檀传宝：《论教师的幸福》，载《教育科学》，2002(1)。

感强度、生命力、生产性及思想的提高相关；不幸福与这些能力和功能的衰退相关。"而罗素认为，人生的不幸很大程度是由对世界错误的看法、伦理观、生活习惯引起，这就导致了对可获得事物的热情和欲望的丧失。孕育价值品质的实践将使人跨越现状，引领心灵自由，成为自主、自立、自强的智慧个体。

拥有价值品质的人是幸福的，因为他能够理解、欣赏、合作、审慎、节制、宽容、同情、尊重、自尊、感恩、分享。价值品质拥有者承认他人、他物的存在价值，并领悟与自我的适当关系；善于学习周围的人和物，以此丰富和完善自我。他具有内省的品质，放弃自身的偏狭性，不断优化自我的言谈举止，超越自我当前的生存状态。罗素认为，不幸的根源既在于社会制度，也在于人心。价值品质卓越者善于珍视自我的独特经历，并从自我经历的内省中觉察到生存智慧，感悟到自我的渺小，明白自我的生存价值存在于与世界的关联中，因而，就会常存对天、地、人的敬畏之心，并常存感激之情。这是一种和谐发展的品质，品质要素发展均衡，心理和行为协调，价值与智慧、才能与性格、直觉与理性才能全面地生长。

正在孕育价值品质的人是幸福的，因为他如此正当而行，方可"柳暗花明又一村"；保有良好价值品质的人是幸福的，因为他如此正当而行，便能"随心所欲不逾矩"，他是率性的、自足的、愉悦的。直行正道，朗朗人格；山登绝顶，翩然而立。

走正当大道，做智慧之人，育价值品质，过幸福生活。

生长着，幸福着。

参考文献

一、中文著作

[1]陈会昌.道德发展心理学[M].合肥：安徽教育出版社，2004.

[2]陈真.当代西方规范伦理学[M].南京：南京师范大学出版社，2006.

[3]邓正来.规则·秩序·无知[M].上海：上海三联书店，2004.

[4]范忠信.中西法传统的暗合[M].北京：中国政法大学出版社，2001.

[5]黄希廷，张进辅，李红.当代中国青年价值观与教育[M].成都：四川教育出版社，1994.

[6]江畅，阿尔巴诺，等.价值论与伦理学研究：2008、2009年卷[M].北京：中国社会科学出版社，2009.

[7]江畅.幸福与和谐[M].北京：人民出版社，2005.

[8]康永久.教育制度的生成与变革：新制度教育学论纲[M].北京：教育科学出版社，2003.

[9]劳凯声，郑新蓉.教育法学概论[M].开封：河南大学出版社，1994.

[10]李德顺.新价值论[M].昆明：云南人民出版社，2004.

[11]李建华.道德秩序[M].长沙：湖南人民出版社，2008.

[12]李连科.哲学价值论[M].北京：中国人民大学出版社，1991.

[13]李连科．价值哲学引论[M]．北京：商务印书馆，1999．

[14]廖申白．伦理学概论[M]．北京：北京师范大学出版社，2009．

[15]刘复兴．教育政策的价值分析[M]．北京：教育科学出版社，2003．

[16]林崇德．品德发展心理学[M]．上海：上海教育出版社，1989．

[17]罗国杰．伦理学[M]．北京：人民出版社，1989．

[18]毛祖桓．从方法论看教育学的发展[M]．重庆：重庆出版社，1990．

[19]苗力田．古希腊哲学[M]．北京：中国人民大学出版社，1990．

[20]苗力田．亚里士多德选集：伦理学卷[M]．北京：中国人民大学出版社，1999．

[21]倪愫襄．善恶论[M]．武汉：武汉大学出版社，2001．

[22]任法融．道德经释义[M]．北京：东方出版社，2009．

[23]石中英．教育学的文化性格[M]．太原：山西教育出版社，2005．

[24]石中英．教育哲学[M]．北京：北京师范大学出版社，2007．

[25]石中英．知识转型与教育改革[M]．北京：教育科学出版社，2001．

[26]司马云杰．文化价值论[M]．济南：山东人民出版社，1990．

[27]檀传宝．教师伦理学专题：教育伦理范畴研究[M]．北京：北京师范大学出版社，2010．

[28]万增奎．道德同一性的心理学研究[M]．上海：上海教育出版社，2009．

[29]王海明．新伦理学[M]．北京：商务印书馆，2001．

[30]王海明．伦理学原理[M]．北京：北京大学出版社，2001．

[31]王国银．德性伦理研究[M]．长春：吉林人民出版社，2006．

[32]王玉樑．21世纪价值哲学：从自发到自觉[M]．北京：人民出版社，2006．

[33]王玉樑．价值哲学新探[M]．西安：陕西人民教育出版社，1993．

[34]魏贤超．道德心理学与道德教育学[M]．杭州：浙江大学出版社，1995.

[35]韦政通．中国的智慧[M]．长春：吉林文史出版社，1988.

[36]肖鸣政．品德测评的理论与方法[M]．福州：福建教育出版社，1995.

[37]夏伟东．道德本质论[M]．北京：中国人民大学出版社，1991.

[38]解兴权．通向正义之路：法律推理的方法论研究[M]．北京：中国政法大学出版社，2000.

[39]杨国荣．伦理与存在：道德哲学研究[M]．上海：上海人民出版社，2002.

[40]杨绍刚．道德教育心理学[M]．上海：上海教育心理学，2007.

[41]叶奕乾，何存道，梁宁建．普通心理学[M]．上海：华东师范大学出版社，1997.

[42]于建福．孔子的中庸教育哲学[M]．北京：中央编译出版社，2004.

[43]俞吾金．杜威实用主义与现代哲学[M]．北京：人民出版社，2007.

[44]袁贵仁．价值学引论[M]．北京：北京师范大学出版社，1990.

[45]张文修，梁怡，吴志伟．信息系统与知识发现[M]．北京：科学出版社，2003.

[46]章志光．学生品德形成新探[M]．北京：北京师范大学出版社，1993.

[47]赵汀阳．论可能生活[M]．北京：生活·读书·新知三联书店，1994.

[48]赵孟营．跨入现代之门：当代中国的社会价值观报告[M]．北京：北京师范大学出版社，2008.

[49]邹诗鹏．生存论研究[M]．上海：上海人民出版社，2005.

[50]弗洛伊德．精神分析引论[M]．高觉敷，译．北京：商务印书馆，1988.

[51]黑格尔．法哲学原理[M]．范扬，张企泰，译．北京：商务印书

馆，1982.

　[52]包尔生. 伦理学体系[M]. 廖申白，译. 北京：中国社会科学出版社，1988.

　[53]石里克. 伦理学问题[M]. 张国珍，赵又春，译. 北京：商务印书馆，1997.

　[54]康德. 道德形而上学原理[M]. 苗力田，译. 上海：上海人民出版社，2002.

　[55]Kurt Pawlik，Mark R. Resenzeweig，张厚粲. 国际心理学手册[M]. 上海：华东师范大学出版社，2002.

　[56]康德. 实践理性批判[M]. 邓晓芒，译. 北京：人民出版社，2003.

　[57]韦伯. 法律社会学[M]. 康乐，等译. 桂林：广西师范大学出版社，2004.

　[58]康德. 道德形而上学[M]. 李秋零，译. 北京：中国人民大学出版社，2006.

　[59]约纳斯. 技术医学与伦理学[M]. 张荣，译. 上海：上海译文出版社，2008.

　[60]马克斯·舍勒. 伦理学中的形式主义与质料的价值伦理学[M]. 倪梁康，译. 北京：商务印书馆，2011.

　[61]夸克. 合法性与政治[M]. 佟心平，王远飞，译. 北京：中央编译出版社，2002.

　[62]亚里士多德. 尼各马可伦理学[M]. 廖申白，译. 北京：商务印书馆，2003.

　[63]弗兰克纳. 伦理学[M]. 关键，译. 北京：生活·读书·新知三联书店，1987.

　[64]罗尔斯. 正义论[M]. 何怀宏，等译. 北京：中国社会科学出版

社，1988.

[65]罗尔斯．道德哲学史讲义[M]．张国清，译．上海：上海三联书店，2003.

[66]科尔伯格．道德发展心理学：道德阶段的本质与确证[M]．郭本禹，等译．上海：华东师范大学出版社，2004.

[67]普特南．理性、历史与真理[M]．童世骏，李光程，译．上海：上海译文出版社，2005.

[68]海伦·帕尔默．九型人格[M]．徐扬，译．北京：华夏出版社，2007.

[69]玛莎·纳斯鲍姆．善的脆弱性[M]．徐向东，译．南京：译林出版社，2007.

[70]普特南．重建哲学[M]．杨玉武，译．上海：上海译文出版社，2008.

[71]罗斯著．正当与善[M]．林南，译．上海：上海译文出版社，2008.

[72]詹姆斯·雷切尔斯．道德的理由[M]．杨宗元，译．北京：中国人民大学出版社，2009.

[73]伊·谢·康．伦理学辞典[M]．王荫庭，等译．兰州：甘肃人民出版社，1983.

[74]休谟．人性论下册[M]．关文运，译．北京：商务印书馆，1980.

[75]西季威克．伦理学方法[M]．廖申白，译．北京：中国社会科学出版社，1993.

[76]亚当·斯密．道德情操论[M]．蒋自强，钦北愚，朱钟棣，等译．北京：商务印书馆，1999.

[77]布劳德．五种伦理学理论[M]．北京：中国社会科学出版社，2002.

[78]安斯库姆．现代道德哲学[M]//谭安奎译，徐向东编．美德伦理与道德要求．南京：江苏人民出版社，2007.

[79]麦金太尔．追寻美德：理论研究道德[M]．宋继杰，译．南京：译林

出版社，2008.

[80]罗素.罗素的道德哲学[M].刘烨，编译.北京：中国戏剧出版社，2008.

[81]亚当·斯密.道德情操论[M].孙善春，李春长，译.北京：中国华侨出版社，2010.

[82]刘禾.国民性理论质疑：跨语际实践[M].北京：生活·读书·新知三联书店，2002.

二、中文期刊文章

[1]陈欣银.德性结构的基本成分及其发展初探[J].心理科学通讯，1987(2).

[2]张岱年.论价值的层次[J].中国社会科学，1990(3).

[3]王海明，孙英.几个价值难题之我见[J].哲学研究，1992(10).

[4]李伯黍，顾海根.道德判断能力测验编制中的几个问题[J].上海教育科研，1994(5).

[5]刘丽，韩向明，辛志勇.小学生道德价值观发展与教育的实验研究[J].心理科学，1996(4).

[6]陈勋武，顾速.正义是否包含真理?：罗尔斯与哈贝马斯有关正义理论之争[J].哲学动态，1996(12).

[7]王重鸣，陆兴海.不同年龄城乡青少年价值取向的多方法复合分析[J].心理科学，1997(2).

[8]龚群.关于道德价值的概念及其层次[J].哲学动态，1998(1).

[9]杨宜音.社会心理领域的价值观研究述要[J].中国社会科学，1998(2).

[10]寇彧.西方品德心理学研究新进展[J].心理发展与教育，1998(2).

[11]闵家胤.价值和价值系统[J].系统辩证学学报，1999(7).

[12]苗力田. 品质、德性与幸福——亚里士多德选集《伦理学卷》前言[J]. 中国人民大学学报，1999(5).

[13]郑新蓉. 帮助陌生人也需要智慧[J]. 父母必读，1999(10).

[14]檀传宝. 教育是人类价值生命的中介：论价值与教育中的价值问题[J]. 教育研究，2000(3).

[15]吕耀怀. 道德建设：从制度伦理、伦理制度到德性伦理[J]. 学习与探索，2000(1).

[16]应奇. 正义还是德性：自由主义/社群主义之争的一个侧面[J]. 哲学动态，2000(2).

[17]杨国荣. 道德系统中的德性[J]. 中国社会科学，2000(3).

[18]王逢贤. 价值教育及其在新世纪面临的挑战[J]. 高等教育研究，2000(5).

[19]冯增俊. 珠江三角洲的价值教育与公民教育[J]. 学术研究，2000(11).

[20]万俊人. 儒家美德伦理及其与麦金太尔之亚里士多德主义的视差[J]. 中国学术，2001(2).

[21]肖士英. 现代德性准则立足点与结构的反思：麦金太尔现代德性准则观批判与反思[J]. 陕西师范大学学报，2001(4).

[22]詹世友. 刘道德德性的哲学分析[J]. 人文杂志，2001(2).

[23]唐凯麟. 德治建设中一个重要问题：把握行为"应当"、"失当"和"正当"的维度[J]. 道德与文明，2001(5).

[24]张曙光. 价值的哲学思考：价值及其超越[J]. 新华文摘，2002(1).

[25]谢地坤. 从道德的"至善"到道德的"底限"：读阿多诺《道德哲学的问题》[J]. 江苏行政学院学报，2002(2).

[26]聂沉香. 制度与德性的双重呼唤[J]. 社会科学家，2002(2).

[27]陈根法. 论德性的意义和价值[J]. 复旦学报，2002(3).

[28]郑婷，赵刚. 朝向正义与德性[J]. 国外社会科学，2002(5).

[29]成中英. 论东方德行伦理与西方权利伦理的结合[J]. 浙江学刊，2002
(5).

[30]戴兆国. 德性伦理何以可能[J]. 南京晓庄学院学报，2002(5).

[31]崔宜明. 德性论与规范论[J]. 华东师范大学学报，2002(5).

[32]王坤庆. 论价值、教育价值与价值教育[J]. 华中师范大学学报(人文
社会科学版)，2003(4).

[33]范蔚. 我国人格心理学的发展与人格教育实践[J]. 教育理论与实践，
2003(3).

[34]沈国方. 心理品质之我见[J]. 心理科学，2003，26(3).

[35]寇东亮. 德性伦理研究述评[J]. 哲学动态，2003(6).

[36]陆有铨，迟艳杰. 中国教育哲学的世纪回顾与展望[J]. 教育研究，
2003(7).

[37]郑发祥，叶浩生. 文化与心理[J]. 心理探新，2004(1).

[38]王远美，赵玉如，肖玉柱. 生活价值教育的实践与思考[J]. 北京教育
学院学报，2004(1).

[39]龚群. 重新审视事实与价值的区分[J]. 湖北大学学报(哲学社会科学
版)，2004(1).

[40]拉蒙·达斯. 美德伦理学和正确的行动[J]. 陈真，译. 求是学刊，
2004(2).

[41]杨韶刚. 确定问题测验与道德心理的结构成分探析[J]. 教育科学，
2004(6).

[42]周俊波. 论道德品质内外影射集合结构的构成[J]. 教育评论，2004
(3).

[43]罗莎琳德·赫斯特豪斯. 规范美德伦理学[J]. 邵显侠，译. 求是学刊，2004(2).

[44]石中英. 中庸之道：超越激进主义与保守主义[J]. 宁波大学学报（教育科学版），2004，26(6).

[45]蒋开富. 正当性的语义学与语用学分析[J]. 广西社会科学，2005(5).

[46]俞吾金. 从思维与存在的同质性到思维与存在的异质性[J]. 哲学研究，2005(12).

[47]冯立鳌. 孔子对中华民族"内方外圆"理想人格的塑造[J]. 广东社会科学，2006(4).

[48]石中英. 谈谈校长的价值领导力[J]. 中小学管理，2007(7).

[49]王成兵，林建武. 论皮尔士的科学形而上学观[J]. 江汉论坛，2007(5).

[50]刘复兴. 教育改革的制度伦理：教育公平与政府责任[J]. 人民教育，2007(11).

[51]高国希. 德性的结构[J]. 道德与文明，2008(3).

[52]万俊人. 美德伦理学研究的几个问题[J]. 道德与文明，2008(3).

[53]万俊人. 美德伦理的现代意义[J]. 社会科学战线，2008(5).

[54]于建福. 孔子的中庸人格教育及其价值[J]. 国家教育行政学院学报，2008(5).

[55]石中英. 价值教育的时代使命[J]. 中国民族教育，2009(1).

[56]石中英. 教师的基本价值品质及其形成[J]. 中国教师，2009(1).

[57]任继琼. 论亚里士多德的德性是品质[J]. 天府新论，2009(3).

[58]魏英敏. 试论道德行为与道德品质[J]. 湖南师范大学社会科学学报，2009(5).

[59]洪明. 教育者的价值品质是教育的基石：访石中英教授[J]. 少年儿童

研究，2009(6).

[60]康永久. 道德教育与道德规范：对康德与涂尔干道德理论的反思[J]. 教育学报，2009(6).

[61]任继琼. 论亚里士多德的德性是品质[J]. 天府新论，2009(3).

[62]于伟，李姗姗. 教育理论本土化的三个前提性问题[J]. 教育研究，2010(4).

[63]金生鈜. 公共价值教育何以必要[J]. 华中师范大学学报(人文社科版)，2010(4).

[64]牛楠森. 试论核心家庭在儿童价值品质养成上的困境与出路[J]. 少年儿童研究，2010(4).

[65]刘秀玲. "诗意"裁判彰显尚"善"情怀[J]. 东南大学学报，2010(S2).

[66]杨义芹. 公正、善、正当辨析[J]. 山东社会科学，2010(5).

[67]马永翔. 美德，德性，抑或良品？[J]. 道德与文明，2010(6).

[68]石中英. 关于当前我国中小学价值教育几个问题的思考[J]. 人民教育，2010(8).

[69]石中英. 全球化时代的教师同情心及其培育[J]. 教育研究，2010(9).

[70]于文华，喻平. 个体自我监控能力、思维品质与数学学业成绩的关系研究[J]. 心理科学，2011(1).

[71]魏则胜. 在德性与规范之间[J]. 哲学研究，2011(1).

[72]刘静. 正当与德性的分离：康德在伦理学主题现代转向中的作用[J]. 道德与文明，2011(1).

[73]王强. 何谓"认同行动"？[J]. 北京师范大学学报，2011(3).

[74]劳凯声. 教育体制改革与改革伦理问题[J]. 首都师范大学学报(社会科学版)，2011(4).

[75]韩东屏. 论对行为的道德评价方法[J]. 华中科技大学学报社科版，

2011，25(4).

[76]江畅. 论品质及其道德性质[J]. 社会科学战线，2011(4).

[77]董礼. 论杜威共同体思想的道德意蕴[J]. 道德与文明，2011(5).

[78]龙兴海. 现代性道德谋划：中国背景下的探讨[J]. 道德与文明，2011(5).

[79]童建军. 行动正当性的美德伦理论证及其现代性困境[J]. 华中科技大学学报，2011(5).

[80]肖群忠. 智慧、道德与哲学[J]. 北京大学学报(哲学社会科学版)，2012(1).

[81]檀传宝. 子诺子言：诺丁斯教授北京行纪[J]. 人民教育，2012(2).

[82]孙强. 国民性研究的理论反思：兼论话语研究的意义[J]. 文艺争鸣，2010(3).

[83]崔岐恩. 正当及其合理性阐释[J]. 哈尔滨工业大学学报，2017，19(3).

[84]周宁. 文明之野蛮：东方主义信条中的中国形象[J]. 人文杂志，2005(6).

[85]尚虎平. 政府绩效评估中"结果导向"的操作性偏误与矫治[J]. 政治学研究，2015(3).

[86]崔岐恩. 对教育标语"三个面向"的反思[J]. 教育现代化，2018，5(33).

[87]唐魁玉. 创造美好生活应从寻找生活真相开始[J]. 哈尔滨工业大学学报，2017，19(6).

[88]摩罗. 国民性批判与近代思想史的逻辑关系[J]. 鲁迅研究月刊，2009(9).

[89]王义遒. 建设世界一流大学靠什么[J]. 高等教育研究，2011(1).

[90]杨跃. 生活史：一种重要的教师教育课程资源[J]. 课程·教材·教法，2009(10).

[91]石中英．关于当前我国中小学价值教育几个问题的思考[J]．人民教育，2010(8)．

[92]亚斐．论智慧的历史性[J]．安徽师范大学学报(人文社会科学版)，2011，39(3)．

[93]陈向明．理论在教师专业发展中的作用[J]．北京大学教育评论，2008(1)．

[94]龙宝新．论教师工作的价值之维[J]．中国教师，2009(1)．

[95]夏宏．生活世界理论视角中的价值教育[J]．教育评论，2007(5)．

[96]朱旭东，宋萑．论教师培训的核心要素[J]．教师教育研究，2013(3)．

[97]张钦．休谟的同情原则探析[J]．伦理学研究，2004(4)．

[98]石中英．社会同情与公民形成[J]．北京师范大学学报(社会科学版)，2012(2)．

[99]魏本亚．"研究型"中文师范生培养模式：变革、反思与创新[J]．江苏师范大学学报，2013(5)．

三、中文学位论文

[1]寇彧．青少年道德判断、价值取向发展与道德观念影响源关系研究[D]．北京师范大学，1999．

[2]刘惊铎．道德体验论[D]．南京师范大学，2002．

[3]辛志勇．当代大学生价值观与行为的关系研究[D]．北京师范大学，2002．

[4]丁锦宏．品格教育论[D]．南京师范大学，2004．

[5]吴亚林．价值与教育[D]．华中师范大学，2006．

[6]郑林．事实与价值的缠结与"是—应该"问题[D]．华南师范大学，2007．

[7]刘先义．德育价值论[D]．山东师范大学，2008．

[8]张亚月．道德品格与实践智慧[D]．北京大学，2008．

［9］曲孝利．当代青少年价值观的发展研究［D］．南开大学，2009.

［10］陈丛兰．十八世纪西方中国国民性思想研究［D］．中国人民大学，2009.

四、英文著作

［1］Aldo Leopold. A Sand Country Almanac［M］. New York：Oxford University Press，1966.

［2］Nancy Sherman. The Fabric of Character：Aristotle's Theory of Virtue［M］. New York：Oxford University Press，1991.

［3］Stephen Darwal. Philosophical Ethics［M］. Colorado：Westview Press，1998.

［4］David Ross. The Right and the Good ［M］. New York：Oxford University Press，2002.

［5］Michael Pakaluk. Aristotle's Nicomachean Ethics ［M］. Cambridge：Cambridge University Press，2005.

［6］Julia Annas. Virtue Ethics ［M］. New York：Oxford University Press，2006.

［7］ Julia Driver. Ethics：The Fundamentals ［M］. Oxford：Blackwell Publishing，2007.

［8］W. D. Ross. Foundations of Ethics，Bakhsh Press，2008.

五、英文论文

［1］Jurgen Habermas，"Reconciliation through the Public Use of Reason：Remarks on John Rawls's Political Liberalism"，The Journal of Philosphy，XCII，1995 (3).

［2］Rosalind Hursthous. Normative Virtue Ethics. How Should One Live，ed. Roger Crisp. Oxford：Clarendon Press，1996.

［3］Killgore，W. D.，Killgore，D. B，Day，L. M.，Li，C.，Kamimori，G. H.，& Balkin，T. J. The effects of 53 hours of sleep deprivation on moral judgment. Sleep，2007，30(3).

[4]Bartels，D. M. Principled moral sentiment and the flexibility of moral judgment and decision making. Cognition，2008，108(2).

[5]Moore，A.，Clark，B. A.，& Kane，M. J. Who shall not kill? Individual differences in working memory capacity，executive control，and moral judgment. Psychological science，2008，19(6).

六、报纸、论文集等

[1]杜素豪.世界价值观调查推动计画[C].台湾中央研究院调查研究专题中心学术调查研究资料库，2006.

[2]王蒙.说"知"论"智"[N].光明日报，2011-01-07.

致　谢

　　跟随石中英先生进行博士阶段的学习，乃我人生一大幸事。不仅在于接受知识，更在于体悟价值。我亲身感受到石老师公正严明、学识渊博、治学严谨、亦庄亦谐的人格魅力。在教育原理课上，石老师对教育哲学问题的深邃见解，使我豁然开朗；在每周三的 seminar 里，石老师与弟子们的思想交锋，令我醍醐灌顶；在各种交流中，石老师总是言传身教——多读书、少评论，正直做人、追求正义。石老师体谅到我年龄偏大、有家庭重担，故宽严相济，叮嘱我务必处理好读书与工作的关系。这些都让我深深受益、铭记终身。

　　感谢答辩评审专家：劳凯声、檀传宝、刘复兴、于建福、康永久。庆幸他们高高举起的大棒轻轻落下，他们的批评与呵护定会鞭策我前行。

　　在我博士学习期间，得到诸多卓越学者的点拨和启示，如丁道勇、韩震、江怡、寇彧、兰久富、李红、廖申白、刘宝存、马健生、马永翔、毛亚庆、王本陆、王葎、肖川、许燕、张斌贤、张曙光、赵孟营、郑新蓉、周作宇、朱旭东等，感谢他们在我开题与研究写作中所给予的思想启迪与研究建议。

感谢博士同窗阿依提拉、常宝宁、段会冬、高莉、黄学军、姜朝晖、李辉、李重、林伟、刘福才、刘华杰、刘云英、罗容海、任海宾、孙金鑫、孙苟、涂诗万、王善峰、魏寿洪、徐文新、杨小敏、尤莉、张永军、赵章靖、周俊、周序等。

感谢在读博期间有交集的石门弟子的激辩和同行，他们是：陈伟、高政、郭兴举、郝明君、胡萨、黄万飞、贾玉超、姜雪、邝红军、林可、娄雨、梅蕊、牛楠森、乔芳、任艳红、孙瑞玉、王立刚、王占魁、魏宏聚、文亚、肖伟、于超、余清臣、张夏青、周娟等。

感激夫人张晓霞在我学习期间为我查阅资料、整理文本，同时抚育小孩、兼顾工作、任劳任怨。感谢孩子崔鸣哲小朋友忍痛割爱，把本该陪他玩的时间略有怨言地留给我"写作业"。

感谢北京师范大学出版社郭兴举先生的大力支持，同时感谢鲍红玉、钱君陶编辑等认真负责、精益求精的专业精神！

感谢国家社科重大项目"面向自然语言理解的逻辑构建和符号接地问题的哲学、心理学研究"（18ZDA032）、浙江教育厅项目"小学生符号意识研究"（Y202043191）、教育部产学合作协同育人项目、温州大学出版基金的支持。

为了纪念学生时代的终结，特赋《学涯》一首：

我梦老庄青崖涧，永执中庸品孔弦。

谢了桃花春更艳，导引教化沁心田。

师者品质高山范，石破天惊成神仙。

中华价值重实践，永嘉事功意志坚。

崔岐恩

2012 年 5 月初稿于北师大学三楼 519 宿舍

2015 年 8 月修改于湛江崇德苑 502 室

2020 年 12 月改定于温州永嘉书院

图书在版编目(CIP)数据

价值品质论 / 崔岐恩著. —北京：北京师范大学出版社，
2023.10

（当代中国价值教育研究）

ISBN 978-7-303-27787-2

Ⅰ.①价…　Ⅱ.①崔…　Ⅲ.①德育－研究－中国
Ⅳ.①G41

中国版本图书馆 CIP 数据核字(2022)第 013725 号

图　书　意　见　反　馈　gaozhifk@bnupg.com　010-58805079
营　销　中　心　电　话　010-58802755　58800035
北师大出版社教师教育分社微信公众号　京师教师教育

JIAZHI PINZHI LUN

出版发行：北京师范大学出版社　www.bnupg.com
　　　　　北京市西城区新街口外大街 12-3 号
　　　　　邮政编码：100088
印　　刷：北京盛通印刷股份有限公司
经　　销：全国新华书店
开　　本：710 mm×1000 mm　1/16
印　　张：21.5
字　　数：225 千字
版　　次：2023 年 10 月第 1 版
印　　次：2023 年 10 月第 1 次印刷
定　　价：80.00 元

策划编辑：郭兴举　鲍红玉　　责任编辑：郭兴举　钱君陶
美术编辑：陈　涛　焦　丽　　装帧设计：陈　涛　焦　丽
责任校对：张亚丽　　　　　　责任印制：马　洁　赵　龙